Uitblinkerz!

Veel leesplezier!

Thomas Leerink

**Thomas Leerink**

# Uitblinkerz!

met illustraties van
Pia Drent

BORNMEER 2016

DEZE UITGAVE IS MEDE MOGELIJK GEMAAKT DOOR

NIOZ Koninklijk Nederlands Instituut voor Onderzoek der Zee

NIOZ is een onderzoeksinstituut van de Nederlandse Organisatie voor Wetenschappelijke Onderzoek (NWO) in samenwerking met de Universiteit Utrecht

Natuurmonumenten

waddenacademie

Waddenvereniging

NUR 223 / 283
ISBN 978 90 5615 372 4



www. bornmeer.nl

**INHOUD**

# Geheim

Het was vrijdagmiddag. Bijna voorjaarsvakantie. Juf Ilse nam haar klas mee naar het melkveebedrijf en de groentekwekerij van Lars zijn ouders.
'Het is belangrijk dat jullie bij biologie ook in de praktijk leren,' had juf tegen de kinderen gezegd.
De boerderij bevond zich op twee kilometer van de school. De kinderen fietsten twee aan twee over het fietspad, tot juf riep: 'Achter elkaar!'
'Tegenligger!' schreeuwde Iris.
'Wielrenner!' brulde Joep.
Een man op een racefiets zoefde voorbij.
Tijs kon nog net op tijd uitwijken naar rechts, maar hij raakte daarbij wel het stuur van Rutger. Die begon te slingeren en knalde vol tegen de achterband van Iris.
'BOEM!' riep Lars.
De fiets van Iris stoof naar voren, waardoor Joep omviel.
'Stoppen!' gilde Mieke.
Juf keek achterom en trapte op de rem.
Jelle lette zoals gewoonlijk niet op en ramde het spatbord van juf.
Sophie, die naast Jelle fietste, schrok zo, dat ze haar evenwicht verloor en in de berm belandde. Ze begon gelijk zachtjes te snikken: 'Ik heb me pijn gedaan.'
Sjors keek hoofdschuddend naar de omgevallen fietsen.
'Foute boel,' zei Lars.
Juf verleende eerste hulp aan Sophie. Ze had een schaafwond opgelopen.
Joep mankeerde gelukkig niets, maar het stuur van zijn fiets stond nu wel scheef.
'Tijs zijn schuld,' zei Sem. 'Die lette niet op.'

'Dat is niet waar,' verweerde Tijs zich. 'Mieke ging te laat opzij, waardoor ik de wielrenner niet zag aankomen.'
'Ja, hoor eens, nu geef je mij de schuld,' reageerde Mieke verontwaardigd.
'Jongens en meiden, kom op,' zei juf. Ze plakte een pleister op de hand van Sophie. 'We hebben een schooluitje, dus laten we het gezellig houden.'
Tijs hielp Joep bij het rechtzetten van zijn stuur, waarna ze weer verder konden.
Vlak bij de boerderij riep juf: 'Linksaf.'
Jelle stak gelijk zijn hand uit, maar hij kon eigenlijk niet met één hand fietsen en daardoor raakte zijn fiets in een slip. Het leidde direct weer tot een opstopping.
Sjors riep: 'Jelle heeft nog zijwieltjes nodig. Wat een watje.'
Iris keek hem gemeen aan. Ze vond het niet leuk dat Sjors die opmerking maakte. Ze nam het voor Jelle op: 'Hij stak wel netjes zijn hand uit, hoor.'
Daar was Tijs het mee eens. Sjors deed wel vaker vervelend. Dan wilde hij stoer doen en werd hij onaardig.
Juf kwam bij Jelle kijken, maar die had zich gelukkig geen pijn gedaan.
De laatste meters naar de boerderij verliepen zonder ongelukken.
Op het erf liep een man in een blauwe overall. Het was de vader van Lars. Hij opende net een staldeur.
Joep kneep onmiddellijk zijn neus dicht.
'Het stinkt hier!' riep Sjors.
'Naar stront,' voegde Sem eraan toe.
Rutger was als enige zijn laarzen vergeten. 'Mijn nieuwe schoenen mogen niet vies worden,' zei hij.
Op de betonnen vloer lagen stro, hooi en strontspetters.
Lars zei: 'Jullie moeten je niet aanstellen,' en hij stapte als eerste achter zijn vader aan naar binnen.
In de stal bleven de meeste kinderen op veilige afstand van de grote, zwartbonte koeien.
Alleen Sophie durfde naast Lars te staan bij de ligboxen.
Een van de herkauwende melkfabrieken drukte zijn natte neus door het voerhek.
'Hij wil je zoenen!' riep Sjors.
Sophie deinsde achteruit.
Een andere koe zwiepte haar staart omhoog en flatsj, een bruine derrie spatte op de grond.
Mieke en Iris trokken een zuur gezicht.

Joep vroeg met dichtgeknepen neus: 'Hoe lang moeten we hier nog blijven?'
'Tot je aan de geur bent gewend,' zei Lars.
'Dan staan we hier nog tot ons honderdste,' reageerde Sem.
Daar moest de vader van Lars wel een beetje om lachen. Hij nam de kinderen mee naar een bijgebouw. Daarin stond een automatische melkrobot. Joep was gelijk de poepgeur vergeten en keek geïnteresseerd naar de knopjes. Als computergek had hij iets met toetsen.
De melkrobot was aangesloten op een melkkoeltank.
'Hoeveel liter gaat daar in?' vroeg Mieke nieuwsgierig.
'Vijfduizend liter,' antwoordde de vader van Lars.
Daarop zei Mieke wijs: 'Dat zijn dus vijfduizend pakken melk.'
Iris giechelde om de gele oorbellen die de koeien droegen.
'Dat is hun paspoort,' wist Lars te vertellen.
'En waarom dragen ze een halsband?' wilde Sophie weten.
'Dan kan Lars ze een voor een uitlaten,' grapte Sem.
De vader van Lars schudde zijn hoofd. 'In de halsband zit een zender,' zei hij. 'Daarmee kunnen we kijken hoe vaak een koe al is gemolken en hoeveel krachtvoer ze heeft gegeten.'
Juf merkte op: 'Dan word je als koe in ieder geval herkend.'
'Fendt,' rijmde Lars.
Iedereen keek hem vragend aan.
Lars zei: 'Dat is een trekkermerk.'
Juf haalde een opdrachtenblad uit haar tas.
Sjors slaakte gelijk een zucht.
'Maar juf,' zei Joep, die liever lui dan moe was, 'we hoeven hier toch niet te werken?'
Juf knikte heftig. Ze verdeelde de kinderen in twee groepen.
Tijs las in zijn groepje de eerste vraag voor.
'Vraag 1. Hoe lang slaapt een koe per dag?'
Mieke keek direct naar Lars.
'Twintig minuten,' antwoordde die.
'Wow!' zei Joep. 'Ik wou dat ik dat kon.'
'Slaapkop,' zei Sophie.
Mieke wilde door naar vraag twee.
'Vraag 2. Wat eet een koe?'
'Gras. Groen gras,' antwoordde Joep.
Lars knikte. 'Goed. Vraag drie.'
'Vraag 3. Hoeveel weegt een koe?'

'Dat weet ik, dat weet ik,' gilde Sophie. 'Een vijf met twee nullen!'
'Vijfhonderd kilo dus,' zei Mieke.
Tijs schreef de antwoorden op.
Zo werkten ze door tot aan vraag 10.
'Vraag 10. Wat gebeurt er met de mest van een koe?'
Lars antwoordde: 'Die rijden we uit over het land zodat het gras beter kan groeien.'
'Klaar!' riep Mieke.
Het andere groepje met Jelle, Sjors, Iris, Rutger en Sem was nog maar bij vraag 4.
'Dit is niet eerlijk,' brulde Sjors meteen. 'Zij hebben Lars en die weet alle antwoorden.'
'Pech voor jullie,' reageerde Tijs.
'Het is geen wedstrijdje,' zei juf. 'Het gaat erom dat jullie er iets van leren.'
Tijs mocht de antwoorden voorlezen. Het groepje van Sjors schreef gewillig mee.
Vervolgens liepen ze de stal uit. Op het erf scharrelden kippen, op een grasveldje stond een geit en in strohokken in de kapschuur lagen twee kalfjes.
'O, wat schattig,' zei Iris.
'Die wil ik een knuffel geven,' riep Sophie.
'Je hebt al een vriendje,' zei Sjors.
Sophie keek hem verbaasd aan.
'Die ene koe die je net een zoen wilde geven.'
Sophie stak haar tong naar hem uit.
Sjors vond Sophie leuk, maar hij durfde dat niet rechtstreeks tegen haar te zeggen.
De vader van Lars vertelde dat ze op de boerderij ook groente en fruit verbouwden. Hij wees naar een grote tuinbouwkas in de verte. 'Daar telen we in de zomer komkommer, tomaat en aardbeien.'
'Lekker,' zei juf.
'En gezond.' De vader van Lars pakte een kistje met raketsla die hij net had geoogst. 'Dit is rucola,' zei hij.
'Chocola,' rijmde Lars.
De vader van Lars zette het kistje weg en stroopte zijn mouwen op. 'Het is tijd dat jullie je handen laten wapperen,' zei hij.
Sem zwaaide met zijn handen in de lucht.
Iris begon te giechelen.

'Ik bedoel dat we aan de slag gaan,' verduidelijkte de vader van Lars. 'Er moeten vier dingen gebeuren. De kippenren schoonmaken ...'
Sjors trok een vies gezicht.
'... de koeien voeren ...'
Rutger haalde zijn neus op.
'... grond omspitten ...'
Joep geeuwde.
'... en tot slot de melk voor de pasgeboren kalfjes klaarmaken.'
'Jaaa!' riep Mieke gelijk.
'Ik ook, ik ook,' reageerde Iris enthousiast.
Juf glimlachte en zei: 'Ik stel voor dat we de groep opsplitsen in twee- en drietallen.'
Mieke, Iris en Sophie pakten meteen elkaars hand.
'Wij zijn al een groepje,' zei Mieke beslist.
'Voor de melk voor de kalfjes,' voegde Sophie eraan toe.
Juf schudde haar hoofd. De drie meiden bij elkaar leek haar geen goed idee. 'We maken een mix,' zei ze.
'Biks,' zei Lars, die zijn hand door het voer in een kruiwagen haalde dat bedoeld was voor de koeien.
'Ik ga wel langs de koeien,' zei Sjors. 'Die beesten zijn stoer.'
'Ik help je wel,' zei Sem.
Dat was te verwachten, dacht Tijs. Sjors en Sem waren onafscheidelijk. Ze deden alles samen en ze waren het vaak met elkaar eens.
Het volgende tweetal werden Mieke en Joep. Zij mochten van juf de melk voor de kalfjes klaarmaken.
Iris voegde zich ietwat teleurgesteld bij Tijs en Rutger. Ze kregen alle drie een schop en gingen een stukje grond omspitten in de moestuin. Daar kwamen later dat jaar de snijbonen in de grond, vertelde de vader van Lars.
Tot slot bleven Jelle, Sophie en Lars over. Zij gingen de kippenren schoonmaken.
De schoenen van Rutger waren binnen de kortste keren bruin van de aarde. Hij schepte driftig de grond om, net als Iris en Tijs.
In de stal reed Sem met de kruiwagen rond en Sjors veegde het kuilvoer netjes tegen het traliewerk. De jongens werkten prima samen.
In de kippenren was dat wel anders. Sophie had alleen maar aandacht voor de kippen en de haan, tot ergernis van Jelle, die door zijn onhandigheid Lars in de weg liep. Lars was uiteindelijk degene die al het werk deed, maar hij had het dan ook vaker gedaan en kon het alleen gemakkelijk af.

Bij het klaarmaken van de melk hielp de vader van Lars.
Mieke was in haar nopjes toen ze een kalfje de fles mocht geven.
Na een halfuur was het tijd voor pauze.
'Wie lust er een appel?' De vader van Lars hield het stuk fruit omhoog.
Iedereen knikte heftig van ja. Van het werken hadden ze trek gekregen.
Rutger keek naar zijn handen. Door het gewroet in de aarde waren ze zwart geworden.
Bij een spoelbak wasten ze een voor een hun handen. Sjors kon het niet laten om Jelle nat te spetteren. Die drukte op zijn beurt een klodder zeep op de rechterwang van Sjors. Die werd vervolgens kwaad, maar tot een echte ruzie kwam het niet, want juf haalde de jongens uit elkaar.
De vader van Lars opende een koelcel.
'Appels groeien toch aan een boom?' merkte Joep op.
'Toch niet in de winter, dombo,' zei Mieke.
In de koelcel lagen ook boerenkool, spruiten, wortelen en uien.
'Allemaal supergezonde groente,' zei juf.
Iris keek naar de boerenkool en ontdekte een slak. 'Iel,' deed ze. 'Slakken zijn vies.'
Mieke spuugde een hap van haar appel uit. 'Blegghh. Zitten slakken ook op appels?'
Lars grinnikte. 'Soms hele dikke, glibberige naaktslakken,' zei hij.
Mieke legde haar stuk fruit weg.
'Geintje.'
De vader van Lars legde uit dat een slak nog altijd schoner was dan een met gif bespoten appel uit de supermarkt.
Tot slot mochten ze nog even vrij spelen op het erf.
Iris, Mieke en Sophie snelden gelijk naar de kalfjes in de kapschuur.
Lars nam de anderen mee naar zijn boomhut. In een grote eikenboom achter de boerderij had hij van sloophout een hut gebouwd.
Er klonken lovende woorden:
'Cool!'
'Vet!'
'Knap gedaan!'
Alleen Sjors was kritisch. Hij moest even opscheppen: 'Ik heb ooit een hut gebouwd van zes verdiepingen.'
'Van lego zeker,' reageerde Jelle plagend.
Sjors vond het een nare opmerking en stormde op Jelle af om hem een lesje te leren. Jelle deinsde achteruit en kroop onder een hek door het weiland in.

'Sukkel,' blufte Sjors.
Jelle hield zich stil.
'Er staat wel stroom op het prikkeldraad,' zei Lars nuchter.
Daar schrok Jelle van. Zo voorzichtig als hij was, durfde hij niet meer terug.
'Watje,' zei Sjors weer.
Tijs keek naar de modderpoel waarin Jelle stond. De koeien hadden in de hoek van het weiland het gras kapotgetrapt. Het leek wel een beetje op het wad bij laagwater, dacht hij.
Juf kwam naar de jongens toe. Ze keek verbaasd toen ze Jelle aan de andere kant van het hek zag staan.
Rutger legde uit: 'Sjors heeft hem daarheen gejaagd en nu durft hij niet meer terug vanwege het stroomdraad.'
Juf schudde haar hoofd. Ze keek eerst nadrukkelijk naar Sjors en daarna naar Jelle. 'De volgende keer blijven jullie maar op school,' zei ze.
De vader van Lars hielp Jelle ondertussen over het hek.
'Geef elkaar een hand,' zei juf.
De jongens deden gehoorzaam wat juf hun beval.
Op de terugweg naar school hadden ze tegenwind. Tijs had daar samen met Rutger het minst last van, want zij fietsten precies in het midden van de groep. Tijs moest daarbij denken aan het vliegen van kanoeten. Hij was geïnteresseerd in de vogels van het waddengebied en had gelezen dat kanoeten in een V-vorm vlogen. Dat was handig, want zo profiteerde de ene kanoet van de luchtwervelingen die de andere kanoet voor hem opwekte. De kanoet die helemaal vooraan vloog, maakte met zijn vleugels kleine 'golfjes' van lucht, waarop de kanoet die achter hem vloog, kon 'surfen'. De 'surfende' kanoet bespaarde zo energie en had minder last van weerstand, omdat hij in de luwte vloog van de kanoet voor hem. Een kanoet die op kop vloog, verbruikte dus de meeste energie. Dat waren in dit geval Jelle en Sophie, want die fietsten voorop, zag Tijs.
Terug op school was Rutger uitgelaten. 'Yes!' riep hij. 'Mijn vader heeft twee kaartjes gescoord voor Heerenveen-PSV!' Hij las het berichtje van zijn telefoon hardop voor.
'Echt waar?' vroeg Sem.
Rutger knikte. 'Zaterdag om half acht.'
'Bofkont!' zei Sjors.
'Ik wil ook wel mee,' mijmerde Sem.
'Helaas,' zei Rutger. 'De wedstrijd is uitverkocht.'

Tijs zat in de klas naast Rutger. Rutger was zijn beste vriend. Hij droeg altijd een nette blouse met daaronder een merkspijkerbroek en keurige schoenen. Behalve op zaterdag, want dan voetbalde hij, net als Sjors en Sem.
Juf kwam de klas in.
Rutger stopte vlug zijn telefoon weg.
'Wat gaan we doen?' vroeg Iris.
'Jullie vakantieplannen doornemen,' zei juf. 'En ik ben benieuwd naar jullie onderwerpen voor de spreekbeurt. Maak maar een kring.'
'Ja, leuk!' Iris pakte gelijk haar stoel.
'Wij doen niet mee,' zei Sjors en hij wees ook naar Sem.
'Waarom niet?' vroeg Mieke.
'Kringgesprekken zijn saai en kletsen is iets voor meisjes,' antwoordde Sem.
En Sjors antwoordde stoer: 'Mijn plannen zijn privé.'
Juf verzocht de jongens in de kring te komen zitten. Morrend deden ze wat hun werd opgedragen.
Tijs dacht na. Hij had geen idee waarover hij zijn spreekbeurt kon doen. De ogen van juf gleden door de klas. Tijs voelde dat juf hem aankeek.
Hij zei vlug: 'Ik ga een paar dagen naar Ameland.'
'Wat fijn. Ga je weer logeren bij je oom en tante?'
Voor Tijs antwoord kon geven, riep Sjors al: 'Dat meen je niet, ga je nu alweer naar dat Waddeneiland?'
Sem zei: 'Het lijkt me daar vreselijk.'
'Hebben ze daar wel wifi?' vroeg Joep.
Tijs hield zich stil. Zo reageerden ze altijd als hij naar Ameland ging. Maar hoe konden ze nou zeggen dat het daar saai was? De meesten waren er nog nooit geweest.
Iris nam het voor hem op. 'Ik vind het niet gek dat Tijs weer naar Ameland gaat. Hij heeft daar familie wonen en zijn moeder is er geboren. Dus die heeft misschien wel heimwee.'
Sjors grinnikte. 'Heimwee is iets voor kleine kinderen,' zei hij.
Juf negeerde Sjors en zei: 'Tijs, ik hoop dat je een paar fijne dagen hebt op Ameland.'
Daarna gaf ze de beurt aan Sem.
'Ik ga alleen maar voetballen!'
'Verrassend,' zei juf. 'En jij, Sjors?'
'Ik ook.'
'En wat is jullie onderwerp voor de spreekbeurt?'

'Voetbal,' klonk het in koor.
'Nou, zo zijn we snel klaar.' Juf keek naar Joep.
'Twee computerspellen uitspelen en ik doe het over computers.'
'Jongens zijn saai!' riep Mieke.
'En stom,' voegde Sophie eraan toe.
'Ho, ho, ik ben nog niet geweest,' reageerde Jelle.
'Jij wilde toch niks vertellen,' merkte Iris op.
Jelle kreeg gelijk een kleur. Dat had hij inderdaad gezegd, maar zo bedoelde hij het niet. Jelle was een verlegen jongen. Hij was bang om er niet bij te horen, dus als de meeste jongens riepen dat ze een kringgesprek saai vonden, dan deed hij net alsof hij dat ook saai vond.
Juf knikte naar Rutger.
'Mijn week zit helemaal vol,' begon Rutger enthousiast. 'Zaterdag ga ik met mijn vader naar een voetbalwedstrijd, zondag naar het toneel, maandag naar de Efteling, dinsdag krijg ik van mijn ouders een nieuwe laptop en van woensdag tot en met vrijdag gaan we naar ons tweede huis in Denemarken.'
Iedereen keek met grote ogen naar Rutger. De ouders van Rutger hadden een eigen bedrijf waarmee ze veel geld verdienden. Rutger werd als enig kind daarom nogal verwend.
'Ik hoor het al,' zei juf. 'Een week vakantie is voor jou te kort.'
'O ja,' zei hij. 'En ik doe mijn spreekbeurt over voetbal.'
Juf knikte dat het goed was.
Tijs keek door het raam naar buiten. Hij zag een meeuw die door de lucht vloog. Het leek hem ook wel wat om te kunnen vliegen. Misschien kon hij daar zijn spreekbeurt over doen.
Mieke kreeg de beurt. Ze vertelde dat ze een familieweekend had en dat ze haar spreekbeurt deed over chocola. Lars ging zijn vader helpen op de boerderij en deed zijn spreekbeurt, hoe kon het ook anders, over trekkers. Sophie vertelde dat ze op ponykamp ging en dat haar onderwerp 'dieren' werd. Iris zei dat ze elke dag moest trainen op de rekstok en dat ze haar spreekbeurt ging doen over turnen.
Tot slot was juf aan de beurt. 'Lieve kinderen,' begon ze, 'ik wil jullie vlak voordat de vakantie begint, nog iets bijzonders vertellen. Maar wel op één voorwaarde: dat jullie het geheimhouden.'
'Een geheim geheimhouden kunnen wij heel goed,' riep Sophie direct.
Juf knikte. 'Daar vertrouw ik ook op, want alleen meester Sietse weet ervan.'

'Wow!' klonk Mieke verrast. Meester Sietse was de man van juf en als alleen hij het nog maar wist ... Ze ging op het puntje van haar stoel zitten.
'Zijn jullie klaar voor het grote geheim?' vroeg juf.
De hele klas knikte heftig van ja. Iedereen stak zijn linkerhand in de lucht. Dat was voor juf een teken dat ze de kinderen kon vertrouwen, zoals ze eerder hadden afgesproken, want juf vertelde wel vaker geheimen.
Juf sprak het woord 'ik', maar voor ze de kans kreeg haar zin af te maken, ging de zoemer. Het was kwart over drie. Juf klapte in haar handen. 'Het is tijd.'
'Ah, juf, toe,' smeekte Mieke. 'Vertel het ons nog vlug even.'
Sjors ging snel staan. 'Niks daarvan,' riep hij. 'Tijd is tijd. We gaan naar huis.'
'Muis,' rijmde Lars.
Mieke liet haar schouders hangen.
'Hup hup,' zei juf. 'Schuif je stoel aan en pak je jas van de kapstok. Ik beloof dat ik het na de vakantie direct zal vertellen, maar ik heb nu pleindienst.'
De kinderen liepen naar buiten.
'Wat flauw, zeg,' mopperde Iris.
'Mee eens,' zei Mieke nukkig.
Lars reageerde nuchter: 'Het maakt toch niet uit of we het voor of na de vakantie horen? Dat is maar een week wachten.'
'Dat maakt wel uit!' reageerde Mieke fel. 'Weet je wel hoe lang een week duurt?'
'Precies zeven dagen,' antwoordde Rutger.
Mieke sloeg haar armen over elkaar. 'Je bent niet grappig.'
'Ik denk dat het niet zo belangrijk is,' zei Tijs. 'Anders had juf het vast verteld.'
'Het is wel belangrijk!' sputterde Mieke tegen. 'Juf zei dat het heel bijzonder is wat ze wil vertellen.'
Iris zuchtte.
'Laten we gaan,' stelde Tijs voor. 'Of willen jullie hier blijven wachten tot de week voorbij is?'
Ze schudden allemaal hun hoofd.
Op de fiets bleef Mieke zich druk maken om het geheim van juf.
'Geheimen zijn stom,' zei ze.
'En al helemaal als ze voor jou bedoeld zijn,' vulde Iris aan.
De jongens haalden hun schouders op, al was Tijs stiekem ook wel nieuwsgierig wat juf nu voor hen achterhield.

Thuis maakte hij een beker limonade klaar. Hij liep naar zijn slaapkamer en pakte de rolkoffer onder zijn bed vandaan. Moeder had gevraagd of hij die dit keer zelf wilde inpakken. Zij had daar geen tijd voor, want ze kwam pas laat thuis van haar werk en ze moest direct door naar volleybal.
Tijs vond het prima. Hij wist intussen wel wat hij mee moest nemen als ze naar Ameland gingen. Hij pakte een stapel schone onderbroeken en sokken uit de kast, een trui en zijn fleecevest, drie T-shirts, twee spijkerbroeken, een pyjama en er was nog iets.
Hij pakte zijn telefoon. Moeder had voor de zekerheid een lijstje gemaakt en dat naar hem gestuurd. O ja, tuurlijk, dat hij daar niet aan had gedacht, zijn oude trainingsbroek! Voor als neef Jurre hem meenam het wad op.
Hij plofte neer op zijn bed. Hij dacht aan Ameland, het strand, de duinen en het wad. De laatste keer dat hij er was geweest, bulderde er een heftige najaarsstorm over het eiland. Het was twee dagen lang windkracht 8 geweest. Het angstaanjagende geloei van de wind klonk 's nachts in het donker als een huilend spook. Maar hij was niet bang geweest. Integendeel, zo'n storm dicht bij zee was juist cool! Op het strand spoelde van alles aan: flessen, stukken touw, hout, een schoen en zelfs een autoband. Hij had er een mooi kunstwerk van gemaakt. En toen de wind weer was gaan liggen en het water in de Waddenzee daalde, had Jurre hem meegenomen het wad op. Lopen over de dikke laag zeeklei had iets bijzonders en Jurre kon er heel mooi over vertellen. Hij hoopte dat ze weer zouden gaan.
'Eten!' riep vader van onderaan de trap.
Tijs pakte zijn oude trainingsbroek en stopte die in de rolkoffer. Sjors moest eens weten hoe gaaf het was om te wadlopen. Dan was je pas een watje, maar wel met een d!
Hij ritste zijn rolkoffer dicht. Klaar voor vertrek!

# Spletsj!

Op de derde vakantiedag was het zover. Neef Jurre nam Tijs mee naar het wad. Ze droegen oude broeken en jassen, en om hun voeten zaten goed aansluitende laarzen. In het voorjaar was dat de basisuitrusting voor een avontuur op de zompige, drooggevallen Waddenzeebodem. Vanaf de dijk liepen ze voorzichtig naar beneden.

'De grote basaltblokken kunnen glad zijn,' waarschuwde Jurre.

Hij had zijn zin nog niet afgemaakt of Tijs gleed weg met zijn linkervoet. Met een flinke vaart roetsjte Tijs op zijn kont van de glibberige stenen het wad op. Zijn broek, handen en jas waren gelijk vies.

Jurre schudde zijn hoofd. 'Ik heb hier al zoveel mensen onderuit zien gaan,' zei hij.

Jurre werkte als wadgids namens Natuurmonumenten op Ameland. Hij was vijftien jaar ouder dan Tijs en een neef van moeders kant. Jurre woonde al zijn hele leven op het eiland en had verkering met Els.

Tijs krabbelde overeind, deed twee stappen, maar bij de derde zakte zijn rechterlaars diep weg. Hij probeerde zich los te maken, maar toen dat lukte, viel hij voorover.

Jurre hielp hem rechtop. 'Je lijkt nu net een varken,' proestte hij.

Tijs probeerde de ergste modder van zijn jas en broek te vegen, maar hij smeerde het eerder uit dan dat zijn kleren er schoner van werden.

Jurre schraapte met zijn hand een laagje slik van de wadbodem, pakte een kleine zeef en zeefde de modder in een poeltje met water. Honderden minuscule schelpdiertjes, wormpjes en wadslakjes werden zichtbaar.

Tijs ging door zijn knieën en keek vol verbazing naar de beestjes. 'Ik zou niet met ze willen ruilen,' zei hij.

'Je past er anders prima tussen,' grapte Jurre. 'De wadblubber zit nu ook op je rechterwang.'

Tijs haalde vlug zijn hand van zijn gezicht. Ook dat nog, dacht hij. Wat een begin.
Jurre zei: 'In de Waddenzee leven wel triljoenen beestjes.'
Tijs probeerde zich voor te stellen hoeveel nullen dat waren. Hij wist dat een miljoen zes nullen had, een miljard negen, maar een triljoen?
'Achttien nullen,' zei Jurre. 'Je kunt alle koelkasten in Nederland vullen met waddendiertjes.'
Oink! Zoveel! Tijs keek weer naar het wad. De modderbodem zat dus tjokvol leven.
Op een plek waar het minder zompig was, legde Jurre uit waar het water van de Waddenzee naartoe stroomt.
'De mensen die met mij meegaan op een excursie,' zei hij, 'vergelijken de Waddenzee met een zwembad. Als je de stop uit de afvoerput van het bad trekt, loopt het water via de onderkant weg.'
'Dat komt door de zwaartekracht,' wist Tijs. 'Juf heeft uitgelegd dat de zwaartekracht onzichtbaar is en alle voorwerpen op aarde naar zich toe trekt.'
Jurre spletsjte met een schaatsbeweging over het slik. 'Dat heb je helemaal goed,' zei hij. 'Maar de Waddenzee is natuurlijk geen zwembad, want het water zakt hier niet in de bodem.' Hij wees naar beneden. 'Door de zwaartekracht kan het water natuurlijk niet omhoog stromen.'
Dat klonk logisch, vond Tijs. Maar waar bleef het water dan?
Jurre tekende met zijn greep twee cirkels in de bodem. 'De binnenste cirkel is de aarde waar wij op wonen,' zei hij. 'De buitenste cirkel is het water van alle oceanen en zeeën dat om de aarde stroomt. Dat water beweegt, omdat de maan en de zon aan het water trekken.'
Tijs knikte.
'Waar de maan aan het water trekt,' zei Jurre, 'daar stijgt het water. Dat noemen we vloed. Als op de ene plek het water stijgt, dan moet op een andere plek het water dalen.'
'Dat is eb!' riep Tijs.
'Keurig,' zei Jurre.
'Maar,' onderbrak Tijs, 'waarom valt de wadbodem dan twee keer per dag droog?'
Jurre legde uit: 'Het stijgen en het dalen van het water gaat best snel. Het duurt bij elkaar iets langer dan twaalf uren.'
Tijs keek nog een keer goed naar de tekening. Dit moest hij goed onthouden. Vervolgens schaatste hij wat heen en weer over de smurrieachtige laag van zand en water. Hij begon zich af te vragen hoe het kon dat een

veerboot de hele dag op de Waddenzee kon varen.
Jurre vertelde: 'Het zeewater van de Noordzee stroomt tijdens vloed naar de Waddenzee. Als het eb is, is het precies omgekeerd. Op de plekken waar het water in- en uitstroomt, is het heel erg diep. Daar vormen zich grote geulen waarin altijd water blijft staan. De vaarroute van de veerboten is door die geulen uitgestippeld.'
'Aha!' riep Tijs. 'Dus daarom varen we ook slingerend naar Ameland. De boot volgt de geulen.'
'Klopt als een bus,' zei Jurre.
'Boot,' verbeterde Tijs.
Jurre grijnsde. 'Wijsneus,' zei hij.
Ze keerden terug. Het was mistig en daarom niet verstandig om ver bij de dijk vandaan te lopen.
Tijs keek naar de bodem. Het viel hem op dat er overal zandhoopjes lagen. Het leek op spaghetti of tandpasta.
'Dat is poep,' zei Jurre. 'Van headbangende wadpieren.'
Tijs trok een vies gezicht en keek vervolgens verbaasd.
Jurre vertelde: 'In de bodem leven heel veel wormen die we wadpieren noemen. Ze hebben een U-vormige woning met een ingang en een uitgang. Zie je al die gaatjes?'
Tijs knikte. Bij elk zandhoopje zag hij een rond trechtertje.
'Dat zijn de ingangen,' legde Jurre uit. 'Daar eet een wadpier een hapje zand van de bodem. Onderin zijn huis haalt hij de voedingsstoffen eruit en aan de andere kant van de U-vorm perst hij het zand weer uit zijn lijf.'
'Dus die poep is helemaal niet vies,' merkte Tijs op.
'Precies,' zei Jurre. 'Je laarzen blijven dus schoon.'
Tijs keek naar de modder op zijn laarzen. Het zag er niet bepaald fris uit.
'En hoe vaak maken ze zo'n poephoopje?' vroeg hij.
'Om de drie kwartier.'
'Zo vaak!' Tijs keek naar de bodem.
'En het is nog gevaarlijk ook,' zei Jurre.
Gevaarlijk? Tijs begreep het niet.
'Ja,' zei Jurre, 'vogels lusten graag wadpieren, dus als de wormen te dicht bij het oppervlak komen, dan worden ze opgepeuzeld.'
'Zielig,' vond Tijs.
Jurre haalde zijn schouders op. 'Zo werkt dat in de natuur,' zei hij. 'Maar meestal krijgt een vogel alleen een stukje achterlijf te pakken en niet de hele worm.'

'Hoe dan?' vroeg Tijs.
Jurre legde uit: 'Een wadpier bestaat uit segmenten en bij het achterlijf zitten om de zoveel segmenten breekpunten.'
Tijs riep verwonderd: 'Een wadpier heeft dus meerdere levens!'
Jurre knikte.
'Jaloers!' riep Tijs uit en hij dacht even na. Jurre had ze headbangende wadpieren genoemd. Maar waarom?
Jurre antwoordde: 'Een wadpier dreunt met zijn kop heen en weer door de bodem. Dat doet hij om de gangwanden van zijn woning te verstevigen.'
Tijs voelde aan zijn hoofd. Hij kreeg er nu al koppijn van. Ze liepen een stukje verder.
Tijs vroeg: 'Waarom is de hele Waddenzee niet één grote geul, net zoals een rivier?'
'Poeh,' zei Jurre. Hij dacht even na en vervolgde: 'Als het water stijgt, wordt het via de grote geulen over de Waddenzee verspreid. Elke grote geul vertakt zich in een aantal kleinere geulen. Daarin gaat het water steeds langzamer stromen. Het wordt ondieper en bij laagwater vallen sommige delen van de wadbodem helemaal droog. Daar vormen zich zandbanken waar je makkelijk overheen kunt lopen of slikplaten waar je diep in wegzakt. De slikplaten vind je vooral vlak in de buurt van de eilanden en langs de kust van het vasteland.'
'Petje af,' zei Tijs.
Jurre voelde aan zijn hoofd.
'Nee, ik bedoel, dat jij dat allemaal weet,' lachte Tijs.
Jurre gaf een knipoog. 'Och, ik weet hier nog zoveel meer over te vertellen. We hebben het nog niet eens gehad over alle andere dieren die in deze laag modder leven. En over de vogels die daar weer van afhankelijk zijn. En over de vissen die hier hun jongen grootbrengen voordat ze de grote zee op trekken. En over de zeehonden die op de wadplaten moeten zonnebaden. En waarom het zo belangrijk is dat het water hier elke dag twee keer stijgt en daalt. En waarom ...'
Tijs trok Jurre aan zijn jas.
'Hé, Jur, we moeten gaan, anders is het water al terug voor we bij de dijk zijn. Dat heb je me net zelf verteld.'
Jurre glimlachte. 'Je hebt goed opgelet. Laten we gaan.'

's Avonds pakte Jurre een kaart van Ameland. Hij vroeg aan Tijs: 'Zie je de grijsgekleurde vlakken in de Waddenzee?'

Tijs knikte.
'Dat zijn de wadplaten die droogvallen met laagwater.'
'Best een groot oppervlak,' vond Tijs en hij zag de blauwgekleurde vaargeul van de veerboot. Die kronkelde om de droogvallende wadbodem heen, precies zoals Jurre had verteld. Rechts op de kaart was een groot natuurgebied getekend.
'Dat is het Oerd,' zei Jurre.
'Waarom houdt de dijk daar op?' vroeg Tijs.
'Daar liggen de kwelders, die een overgang vormen tussen zee en land. Een kwelder is een natuurlijke dijk die het water tegenhoudt. Er zijn veel prielen, slenken en geulen waarin zeewater kan worden opgevangen.'
'Oké,' zei Tijs. 'En bestaat een kwelder ook uit slik?'
Jurre knikte. 'Ik zal het je laten zien.' Hij liep naar de keuken en pakte een theekopje, goot er heet water in en pakte de suikerpot van het aanrecht. Hij bracht het op een dienblad naar de eettafel. 'Strooi maar twee theelepeltjes suiker in het kopje,' zei hij.
Tijs deed wat Jurre van hem vroeg.
'En nu mag je goed roeren.'
Tijs zwenkte het lepeltje rond. Het water in het kopje vormde een draaikolk en de korreltjes suiker zweefden in het water.
'Genoeg geroerd,' zei Jurre.
Tijs stopte.
'Wat zie je nu gebeuren?'
Tijs zag dat de suikerkorreltjes naar beneden dwarrelden en dat het water rustig werd.
'In de Waddenzee gaat het net zo,' zei Jurre. 'Op plekken waar het water zachtjes stroomt, bezinken de klei- en zanddeeltjes, net als de suikerkorreltjes in het theewater. En omdat een kwelder niet zo vaak met zeewater wordt overspoeld, stapelen de zandkorrels en slibdeeltjes zich daar op. De kwelder bestaat dus uit aangeslibd land.'
Tijs keek weer op de kaart en zag de brede, gele rand aan de kant van de Noordzee. 'Kun je ook uitleggen hoe een duin ontstaat?' vroeg hij.
'Ja,' zei Jurre, 'en ik kan het je ook laten zien.' Hij liep de woonkamer uit en kwam terug met een haarborstel en een föhn.
Els keek nieuwsgierig om de hoek van de deur en keek verbaasd toen ze haar spullen zag. 'Wat ga je met mijn borstel en föhn doen?' vroeg ze.
'We gaan een duin maken,' antwoordde Jurre. 'Ik haal nog even wat zand.'
'Dat doen jullie dan maar buiten,' zei Els beslist. 'Ik wil geen zand in huis,

want dan kan ik het allemaal opzuigen.'
Jurre wenkte Tijs. 'Dan gaan we wel naar de schuur.'
In de schuur schoof Jurre wat spullen aan de kant. Hij klapte een tuintafel open en strooide er een bultje zand op. Hij stak de stekker van de föhn in het stopcontact. Al het zand werd van tafel geblazen.
'Zandstorm!' riep Tijs en hij werd ondergestoven.
Jurre legde de haarborstel op tafel en strooide er wat nieuw zand overheen.
Dit keer mocht Tijs met de föhn over de tafel blazen. Een deel van het zand stoof weer door de lucht, maar er bleef nu ook een deel liggen. Om de borstel vormde zich een hoopje zand.
'Zo gaat dat in de natuur ook,' zei Jurre. 'Het zand blijft liggen achter aangespoelde schelpjes en vormt een bultje. Als op het bultje een plantje gaat groeien, dan wordt het zandhoopje hoger.'
'En als het dan stormt?' vroeg Tijs.
Jurre pakte een ventilator en zette die op de hoogste stand. Het bultje zand verdween gelijk.
'Hmmm ...,' mompelde Tijs.
Jurre zei: 'Het begin van een duin kan door een storm weer uiteen worden geblazen. Daarom planten mensen helmgras op duinen. Het helmgras houdt met haar wortels het duinzand op haar plek.'
Tijs pakte zijn telefoon en googelde een plaatje van de beschermende plant. 'Het lijkt op riet,' zei hij.
Jurre pakte een bundeltje helmgras. 'Hier,' zei hij. 'Ik heb gisteren meegeholpen om een nieuw stuk duin te beplanten.'
Tijs voelde aan het gras. Het was steviger dan een losse rietstengel. 'Waarom is het zo buigzaam?' vroeg hij.
Jurre antwoordde: 'Daarmee kan het goed tegen de zoute zeewind, opstuivend zand en een storm.'
Tijs knikte. 'Gesnopen.'
'Mooi, dan kunnen we nu naar buiten,' en Jurre opende de deur. 'Zin in een nachtelijk avontuur in de duisternis?'
Tijs knikte. Naar buiten in het donker was altijd gaaf, vond hij. En spannend.
Gewapend met een zaklamp liepen ze de straat uit. Buiten het dorp was het aardedonker. Af en toe flitste het licht van de vuurtoren, maar verder was er pure duisternis. Op een duin bleven ze staan.
'Het is nieuwe maan,' zei Jurre.
Tijs keek naar boven. 'Ik zie helemaal geen maan,' zei hij.

'Dat klopt. De maan staat tussen de aarde en de zon in, met de onverlichte kant van de maan naar de aarde gekeerd.'
'O,' zei Tijs. 'De maan staat dus uit.'
Jurre lachte. 'Die staat altijd uit, want het is niet meer dan een groot rotsblok.'
'Huh?' deed Tijs. 'Maar waarom is de maan dan soms wel verlicht?'
'Dat is het licht van de zon dat reflecteert. Als de maan volledig voor de zon staat, zie je hem niet. Hij verduistert dan zichzelf. Maar als de maan aan de andere kant van de aarde staat, dan zie je volop maneschijn.'
'Oké,' zei Tijs. 'En wat moet je met die informatie?'
Jurre schraapte zijn keel. 'Dat is belangrijk voor als je gaat wadlopen. Ik heb je al verteld dat de maan aan het water om de aarde trekt. Daardoor ontstaat eb en vloed. Maar de zon trekt ook een klein beetje aan het water. Als de zon en maan aan dezelfde kant van de aarde staan, dan versterken ze de aantrekkingskracht en krijg je extra hoogwater. Dat wordt springvloed genoemd. Het water van de zee kan heel hoog komen.'
'Petje af,' zei Tijs.
Jurre grijnsde en wees in de verte. Er was een vallende ster te zien.
'Je mag een wens doen.'
Tijs zei: 'Ik wil alles leren over de Waddenzee en de dieren die daarin leven.'
'Dan zal ik je daarbij helpen,' bood Jurre aan.
Ze struinden een eindje verder door het donker. Tijs scheen met zijn zaklamp op het duingras. Hij zag in een flits een konijn zijn hol inschieten. In de lucht hoorde hij af en toe een kreet van een vogel. Verder was het stil. Ze liepen van duintop naar duintop en op de hoogste duin in een rij bleven ze staan. Tijs zag het vuurtorenlicht en het groene licht van de veerhaven.
'Dat is voor de trekvogels,' legde Jurre uit. 'Het is bekend dat vogels in de war raken van felle lichtstralen. Soms blijven ze uren rondjes vliegen om een lichtbaken en vallen ze doodmoe in zee. Het groene licht is natuurvriendelijker en stoort de vogels niet.'
Tijs tuurde naar de hemel en zag heel veel sterren.
Jurre zei: 'Trekvogels gebruiken de zon en de sterren om te bepalen waar het noorden en zuiden is. Overdag kijken ze naar de zon en naar kustlijnen en rivieren, 's nachts naar de sterren. Zo weten ze precies hoe ze moeten vliegen.'
'En als het dan 's nachts bewolkt is?' vroeg Tijs. 'Hoe doen ze dat dan?'

'Dan maken ze gebruik van het aardmagnetisch veld. In hun kop zit een ingebouwd kompas dat daarop reageert.'
Tijs knikte bedachtzaam. Wat wist Jurre er toch veel van af.
Ze luisterden naar de stilte. Er was geen geluid van auto's die op een snelweg reden of van scheurende brommers op een fietspad. Alleen in de verte hoorden ze het ruisen van de zee.
Ineens zei Jurre: 'Je ziet het nu niet, maar voor je ligt een wereldberoemd natuurgebied. Het is zo belangrijk dat ze het tot werelderfgoed hebben benoemd. Net als de koraalriffen in Australië en de piramides in Egypte.'
Tijs keek naar zijn neef. 'Je bedoelt de Waddenzee?' vroeg hij.
'Inderdaad,' bevestigde Jurre.
'Maar waarom wordt dat werelderfgoed genoemd?'
'Omdat het een uniek en onvervangbaar natuurgebied is.'
'Maar het ligt toch niet in de hele wereld?' vroeg Tijs verbaasd.
'Nee, dat klopt. Het ligt in Europa, maar de Waddenzee is voor alle mensen op aarde heel belangrijk. Vandaar.'
Tijs begreep het nog niet helemaal. 'En wat heeft dat "erfgoed" er dan mee te maken?'
'Dat de Waddenzee eigendom is van de wereld.'
'Ja, ja. En wie heeft dat bepaald?'
'Belangrijke mensen uit verschillende landen.'
'En wat vinden zij er dan zo uniek aan?'
'De weidsheid, de droogvallende wadplaten, de miljoenen trekvogels en de natuurkrachten.'
Bij dat laatste keek Tijs zijn neef verbaasd aan.
'Ja,' zei Jurre, 'door eb en vloed, golven, stuivend zand en stormen verandert het waddenlandschap van dag tot dag. De planten en dieren die hier leven, moeten flink hun best doen om te overleven.'
Tijs knikte. Dat kon hij wel begrijpen. Hij had vanmiddag zelf gezien hoe een wadpier in de modderbodem leefde. Hij zou niet willen ruilen.
'Hoe groot is de Waddenzee eigenlijk?' vroeg hij.
Jurre antwoordde: 'Vijfhonderd kilometer lang en gemiddeld twintig kilometer breed. De Waddenzee strekt zich uit langs het noorden van Nederland en Duitsland en loopt door tot in Denemarken.'
'Tjonge,' zei Tijs, 'dat is echt mega.'
Jurre knikte en zei: 'Alleen daarom al is het bijzonder. En als je weet hoeveel planten en dieren ervan afhankelijk zijn, dan begrijp je ook waarom het erkend is als werelderfgoed.'

Tijs knikte. 'Ik wil alle planten en dieren leren kennen. En ik wil graag beginnen met de vogels.'
'Dat kan,' zei Jurre. 'Ik zal oom Mervyn vragen of hij je een keer meeneemt naar het wad. Hij weet veel van wadvogels.'
'Gaaf!' riep Tijs.
Jurre scheen met zijn zaklamp op zijn horloge. Het was half elf. De hoogste tijd om naar huis te gaan.

# Kleurentaal

Het was de laatste dag van de voorjaarsvakantie. Tijs en oom Mervyn vertrokken al vroeg naar het wad.
'Ik zie ze!' riep oom Mervyn verheugd. Hij draaide aan de lens van zijn telescoop. 'In de verte loopt een groepje kanoeten!'
Tijs keek om zich heen. Hij zag de dijk met de windmolen, het wad en het water in de verte, maar de vogels niet.
'Zie je de windmolen?' vroeg oom Mervyn.
Tijs knikte.
'Daar rechts van.'
Tijs pakte zijn verrekijker. Hij zag alleen maar grijs. 'Oom Mervyn, hoe stel je ook alweer scherp?' vroeg hij.
'Eerst aan de linkerkant draaien en daarna aan de rechterkant.'
Tijs draaide aan de knoppen, maar het beeld bleef wazig.
'Kom maar even achter mijn kijker staan,' zei oom Mervyn.
Tijs sopte door het slik.
Oom Mervyn draaide het statief omlaag en deed een stap opzij.
Tijs zag de grijs-witte vogels op hun dunne poten en riep verwonderd: 'Wow! Dat zijn er veel!'
'Het zijn er zo'n vijfhonderd,' schatte oom Mervyn en hij vertelde dat de kanoeten net terug waren uit West-Afrika. Ze hadden meer dan vijfduizend kilometer gevlogen.
'Vijfduizend kilometer?' herhaalde Tijs.
'Yep,' reageerde oom Mervyn. 'En dat zonder eten, drinken en rusten.'
Tijs keek verbluft naar de kanoeten. Hij zag hoe ze driftig met hun snavels in de slappe wadbodem pikten. Als boormachines boorden ze gaatjes in de modder, op zoek naar kleine schelpdieren. Tijs probeerde zich voor te stellen hoe het zou zijn om niet te eten, niet te drinken, niet te slapen en

toch heel ver te reizen. Hij schudde zijn hoofd. Dat kon toch niet?
'Ze zullen wel moeten,' zei oom Mervyn. 'De vogels willen graag in West-Afrika de winter doorbrengen en op zomervakantie naar de toendra. Die twee plekken liggen wel tienduizend kilometer bij elkaar vandaan. Alleen in de Waddenzee maken ze een tussenstop, omdat in de wadbodem voedsel te vinden is dat ze lekker vinden.'
'Wat je lekker noemt,' mompelde Tijs. Hij keek naar de modder onder zijn laarzen. 'Hoe weet je eigenlijk zo zeker dat die vogels niet op meer plekken stoppen?' vroeg hij.
Oom Mervyn zei: 'Dat hebben onderzoekers ontdekt.'
Tijs fronste. 'Hoe dan?'
'Door de vogels te volgen tijdens de trek en te bestuderen wat voor prooien ze eten en waar die prooien voorkomen langs de vliegroute. Zo hebben ze in kaart gebracht dat kanoeten de afstand van West-Afrika naar de Arctische toendra in twee etappes afleggen. De eerste etappe gaat van het Afrikaanse wad naar de Nederlandse en Duitse Waddenzee. De tweede etappe is van de Waddenzee naar de Arctis. Dat een kanoet daarbij de Waddenzee uitkiest als pauzeplek is niet zo gek, want het is een van de weinige plekken op aarde waar hij zijn favoriete voedsel kan vinden: kleine schelpdieren, krabben en garnalen, en de Waddenzee ligt precies halverwege de route. Het is dus een prima tussenstop!'
Tijs drukte zich tegen hem aan. 'Vind je het raar als ik zeg dat ik het hier leuk vind?'
Oom Mervyn reageerde verbaasd. 'Nee, hoezo?'
'De meeste kinderen in mijn klas vinden Ameland stom. Ze zeggen dat het saai is.'
'Saai? Hier? Welnee joh, ze zijn gewoon jaloers.'
Tijs keek naar zijn oom. 'Denk je dat echt?'
'Ja.'
'Maar Sjors en Sem vinden alleen voetbal leuk. Joep is elke dag aan het gamen, Iris aan het turnen en Lars helpt elke dag zijn vader op de boerderij. En ik ...'
Oom Mervyn drukte Tijs stevig tegen zich aan. 'En jij vindt dit leuk.'
'Maar iedereen vindt dit stom.'
'Dat betekent niet dat jij het niet leuk mag vinden,' zei oom Mervyn. 'En niet iedereen heeft dezelfde interesses. Maar ik weet zeker dat als jij kunt vertellen hoe een klein vogeltje vijfduizend kilometer kan vliegen zonder pauze te houden, dat al jouw klasgenoten geïnteresseerd zijn.'

'Dan ken jij de kinderen in mijn klas nog niet,' reageerde Tijs schamper.
Oom Mervyn begon te lachen, of hij nu wilde of niet. 'Je moet het positief bekijken, Tijs. Hoe meer je van dit gebied leert, hoe beter je iemand enthousiast kunt maken. Kijk maar naar Jurre en mij.'
Tijs knikte. Hij pakte de verrekijker en zag dat de kanoeten nog steeds gehaast met hun snavels in de bodem prikten. Oom Mervyn ging achter zijn telescoop staan en tuurde over het wad. Het uitzicht was magnifiek. De kanoeten kwamen steeds dichterbij. Het was vloed. Met elk vloedgolfje schoven de kanoeten een klein stukje op in de richting van de dijk. Tijs bleef het gek vinden dat een vogel zo groot als een merel duizenden kilometers kon vliegen zonder tussendoor te stoppen. Waarom bleven ze niet gewoon op één plek?
Oom Mervyn wreef over zijn muts. 'Wat zou jij doen als je vleugels had?'
Tijs keek naar boven en zag de strakblauwe lucht. Hij droomde ervan om de aarde van boven te zien. 'Ik denk dat ik naar Spanje zou vliegen, en naar Afrika en Australië,' zei hij.
'Dat dacht ik al,' zei oom Mervyn. 'En dat is nou precies wat kanoeten ook doen. Ze vliegen de hele wereld over.'
Plots zag Tijs drie vogels met lange, dunne poten. 'Ik zie reigers!' riep hij.
Oom Mervyn schudde zijn hoofd. Reigers op de wadbodem, dat kon niet.
'Ik weet het zeker,' klonk Tijs overtuigd. 'Daar rechts van de windmolen in een geultje lopen drie reigers.'
Oom Mervyn bewoog zijn telescoop naar de grote roomwitte vogels.
'Bliksem!' riep hij.
Tijs deed van schrik een stap naar achteren.
'Lepelaars! Het zijn lepelaars!' jubelde oom Mervyn.
Tijs giechelde. Oom Mervyn leek nu net een klein kind. Hij keek naar de witte vogels met hun grote, zwarte snavels. Het leken net flamingo's, vond hij.
Oom Mervyn vroeg: 'Weet je wel waarom een lepelaar zo genoemd wordt?'
Tijs haalde zijn schouders op.
'Kijk eens naar de snavel.'
'Die is lang,' antwoordde Tijs.
'En de vorm?'
'Plat.'
'Ja, en verder?'
'Geen idee.'
'Je kijkt niet goed,' zei oom Mervyn. 'Je ziet toch dat het uiteinde op een

lepel lijkt? De snavel bestaat uit twee pollepels die in spiegelbeeld op elkaar zitten.'

Tijs dacht aan moeder die pannenkoekenbeslag maakte met een houten pollepel. Wat een grappige vergelijking maakte oom Mervyn.

Hij mocht weer even door de telescoop kijken en zag hoe de drie lepelaars met hun grote, opvallende snavels zigzaggend van links naar rechts door het water maaiden. Ineens zag hij iets geks. 'Oom Mervyn, er is een lepelvogel met gekleurde dingen om zijn poten.'

'Lepelaar,' verbeterde oom Mervyn. 'En die dingen zijn ringen.'

'Dat bedoel ik,' reageerde Tijs.

Oom Mervyn vroeg: 'Welke kleuren hebben ze?'

Tijs somde op: 'Rood, ik denk lichtgroen en geel, en de gele is wat groter.'

Oom Mervyn voelde in zijn jaszak en pakte er een klein, verfrommeld boekje uit. In zijn andere jaszak vond hij een afgekauwd potlood.

'Wat ga je doen?' vroeg Tijs.

'De kleuren opschrijven,' antwoordde oom Mervyn.

'Waarom?'

'Voor het geval ik de vogel nog een keer zie. Dan kan ik hem herkennen.'

Tijs vond het maar vaag. Hij wilde weten wie die kleurringen om de poten had gedaan en waarom.

Nog voor hij kans zag het te vragen, klonk het alarmriedeltje van zijn telefoon. Het was kwart over twaalf. Tijs stopte de verrekijker in het hoesje. 'Ik moet gaan, oom Mervyn. Om half één moet ik terug zijn.'

Na het middageten sprong Tijs gelijk op zijn fiets. Hij wilde meer te weten komen over de kleurringen. Hij racete over het duinpad richting het huis van neef Jurre. Daar wist hij zeker dat hij een goede internetverbinding had. Hij zette zijn fiets tegen het gammele hek van de oprit en pakte zijn telefoon. Het wifinetwerk van Jurre was beveiligd. Hij liep naar de deur. Die was op slot. Hij keek naar boven. Het dakraam stond open. Via de regenpijp zou hij naar de dakgoot kunnen klimmen. En vanaf daar was het niet meer zo ver naar het raam. Of was dat te gevaarlijk?

Ineens schoot hem iets te binnen. Als het goed was, lag de sleutel in een oude klomp achter het schuurtje. Snel rende hij naar achteren. Ja, hebbes! Binnen keek hij op het prikbord. Hij nam de wificode over en plofte neer op de bank.

Hij zocht op de woorden 'kleurringen' en 'lepelaars'. Op de eerste website stond dat er onderzoek werd gedaan naar de leefgebieden van lepelaars,

met het doel om de vogels te beschermen en ze voldoende rust en ruimte te bieden. Op een tweede pagina vond hij een link naar een invulformulier. Daarmee kon je je eigen veldwaarnemingen insturen. Gaaf!
Tijs dacht terug aan de kleurringen van de vogel. Het was iets met wit, geel en rood. Of nee, de witte was een beetje lichtgroenig van kleur. Tijs opende het invulformulier. De eerste vraag ging over de posities van de ringen. Hmmm ... Posities ... Wat zouden ze daarmee bedoelen? Hij vond een document waar het in moest staan. Het laden duurde lang en mislukte. Voor zijn telefoon was het bestand te groot om te downloaden. Hij peinsde. Ja, hij ging het gewoon aan oom Mervyn vragen. Oom Mervyn wist vast hoe het aflezen van die ringen moest. Hij had tenslotte de kleuren in zijn boekje opgeschreven.
Tijs sprong weer op zijn fiets. Halverwege trapte hij op de rem. Gloeiende! Hij was vergeten de deur op slot te draaien. Hij racete terug. In de laatste bocht zag hij Jurre. Dat kwam goed uit. Jurre wist vast ook wel wat van die ringen af, dacht hij.
Jurre pakte zijn tablet en zocht het document. Hij knikte een paar keer tijdens het lezen. 'Weet je nog welke kleuren er om de linker- en rechterpoot zaten?' vroeg hij.
Tijs schudde zijn hoofd. 'Ik weet alleen dat de kleuren rood, geel en wit te zien waren. Maar wit kan ook lichtgroen zijn geweest.'
Jurre bromde. 'Ja, daar schieten we natuurlijk niet zoveel mee op.'
Tijs keek hem aan.
'Alleen als je de kleuren van de ringen precies weet, kun je erachter komen om welke vogel het gaat. En je moet ook weten om welke poten welke ringen zaten en op welke hoogte.'
Tijs keek bedrukt. 'Moet het echt zo precies?' vroeg hij.
Jurre knikte. 'Het is net als bij de verkeersborden. Een plaatje van een voetganger op een blauw bord betekent wat anders dan een plaatje van een voetganger op een bord met een rode rand.'
Tijs knikte. 'Dan moeten we naar oom Mervyn,' zei hij. 'Die heeft de kleuren van de ringen in zijn boekje opgeschreven. Misschien weet hij de volgorde nog.'
Jurre sprong enthousiast overeind. 'Bliksem!' riep hij. '*Naar het huus van óóns pa tóé*!'
Tijs schoot in de lach. Aan 'Bliksem!' kon je herkennen dat Jurre een zoon was van oom Mervyn. En vaak riepen ze daarbij ook iets in het Amelands, zoals *huus* in plaats van huis en *óóns* in plaats van ons.

Oom Mervyn toverde zijn boekje tevoorschijn. ‘Er gaat niets boven een stukje papier en een potlood,’ zei hij. ‘Eens kijken. De kleurringcode van de lepelaar is aRL/YfRL.’
Tijs keek vertwijfeld. Wat zei oom Mervyn nu? Had hij dat wel goed? Die lettercode leek helemaal niet op de kleuren van de ringen.
‘Wat kijk je moeilijk,’ zei oom Mervyn.
‘Ja, ik begrijp er ook niks van.’
Oom Mervyn zocht een lege bladzijde en schetste met een paar potloodstrepen de contouren van een lepelaar. ‘Het belangrijkste,’ zei hij, ‘is dat iedereen in de wereld de kleurringen op dezelfde manier afleest. Je leest eerst de ringen van de linkerpoot, dan van de rechterpoot en je doet dat van boven naar beneden.’
Dat klonk logisch, vond Tijs.
Oom Mervyn zei: ‘Bij de lepelaar van vanochtend zaten om de linkerpoot een metalen ring en twee kleurringen. De ene was lichtgroen van kleur, de andere rood. Met de letter a voor de metalen ring geeft dat samen aRL.’
‘Ah,’ zei Tijs, ‘de afkortingen van de kleuren dus. De R is van rood en de L staat voor lichtgroen.’
‘Fout,’ zei Jurre.
Fout? Tijs keek verbaasd. Hij dacht dat hij het snapte.
Oom Mervyn legde uit: ‘Het zijn de eerste letters van de kleuren in het Engels. Iedereen in de wereld moet de kleurringen kunnen aflezen.’
Ping! In de bovenkamer van Tijs ging een lichtje branden. Als kanoeten de hele wereld overvlogen, dan waren Engelse afkortingen natuurlijk wel het handigst. Hij knikte, maar tegelijk begreep hij het nog niet helemaal, want de R was van het Engelse woord *Red*. Maar de L? Die was van …?
‘*Lime*,’ zei Jurre. ‘*Lime* is het Engelse woord voor lichtgroen.’
‘Yep,’ zei Tijs. ‘En nu de rechterpoot.’
Oom Mervyn las voor: ‘Daar zaten van boven naar beneden een gele vlag, een rode ring en een lichtgroene ring.’
‘Zie je, dat dacht ik al,’ zei Tijs.
‘Wat dacht je al?’
‘Dat die gele ring iets groter was dan de andere ringen.’
‘Klopt,’ zei oom Mervyn. ‘Dat noemen onderzoekers een vlag. Je krijgt dan de letters Yf. De Y is van *Yellow* en de f van *flag*.’
Tijs begreep het en zei: ‘En als je dan de hele lettercode achter elkaar zet, dan krijg je aRL/YfRL.’
‘Precies,’ zei Jurre en hij wreef in zijn handen. ‘Dit is ook weer opgelost.’

Tijs pakte zijn telefoon en opende de internetbrowser. 'Geen verbinding mogelijk' verscheen er op het scherm.
Hij keek naar Jurre en die keek naar oom Mervyn en zei: 'Pa, waar is de code die ik je laatst heb gegeven?'
Oom Mervyn stond op en liep naar een kastje. Hij trok een aantal laatjes open, rommelde hier en daar wat en haalde uiteindelijk uit het onderste laatje een klein, opgevouwen papiertje tevoorschijn.
'Hier,' zei hij, 'volgens mij moet dit hem zijn.'
Jurre morde: 'Installeer ik hier draadloos internet, gebruik je het niet.'
Oom Mervyn haalde zijn schouders op. Hij wilde graag een beetje ouderwets blijven.
Tijs typte vlug de code over. Hij zocht het formulier en voerde de kleurringcode in. Er werd ook gevraagd naar de plek van de waarneming, de datum en naar zijn e-mailadres. Tijs typte de gegevens in en drukte op verzenden. Direct verscheen er een icoontje van een nieuwe e-mail.
Tijs opende zijn mailbox. Eén nieuw bericht. In de titel stond: 'Vogelpaspoort van lepelaar aRL/YfRL'.
Hij las vlug de tekst en riep: 'Wauw, deze lepelaar is dit jaar ook al gezien in Spanje en West-Afrika. En hier staat dat hij in 2008 is geringd door onderzoekers op Schiermonnikoog. De vogel is dus zeker al zes jaar oud!'
Oom Mervyn legde uit: 'Onderzoekers doen kleurringen om de poten zodat ze de trekvogels kunnen volgen op hun reis van en naar de broedgebieden. Zo weten we precies waar de vogels langs vliegen en welke gebieden beschermd moeten worden. Veel mensen kunnen daaraan meehelpen door de kleurringen af te lezen en hun waarnemingen op te sturen.'
'Ja!' riep Tijs blij. 'Wij hebben dus een echt onderzoek gedaan!'
Oom Mervyn knikte.
Tijs keek achter de plaatsnamen waar de vogels waren geweest en zag dat de namen van de aflezers er ook bij stonden. Hij zei: 'Een mevrouw met de naam Fleur staat wel vier keer genoemd. Komt mijn naam er nu ook bij?'
'Natuurlijk,' zei Jurre. 'Als een van de lepelaaronderzoekers de kleurringcode heeft gecontroleerd, wordt je naam aan het lijstje toegevoegd.'
Tijs maakte een vreugdedansje. 'Ik word beroemd!' riep hij.
Jurre lachte.
Tijs vervolgde: 'Ik ga dit aan de hele klas vertellen als we weer kringgesprek hebben. En ik heb nu ook een onderwerp voor mijn spreekbeurt.'
'Zie je wel,' zei oom Mervyn. 'Als je nieuwsgierig bent en iets wilt ontdekken wat je leuk vindt, dan ben je ook enthousiast genoeg om het aan anderen te vertellen,' en hij gaf Tijs een knipoog.

# Uitblinkerzclub

Het was de dag na de voorjaarsvakantie. Tijs wilde graag aan de klas vertellen over het vogelpaspoort van de lepelaar, maar juf Ilse sloeg het kringgesprek over. Ze was niet in haar beste humeur en de kinderen moesten direct beginnen met keersommen.
'Ik snap er niets van, juf,' klaagde Iris.
'Ik ook niet,' zei Tijs.
Juf slaakte een diepe zucht. Ze zei: 'Het is in de vakantie toch niet naar jullie tenen gezakt?'
Lars bukte zich gelijk.
'Lars, rechtop blijven zitten,' klonk het fel.
'Maar, juf, u vraagt zelf of het naar mijn tenen is gezakt.'
'Ha ha, lolbroek,' lachte Sjors.
'Lars is niet wijs!' riep Sem.
'En nu is het genoeg!' De stem van juf schalde hard door het lokaal. 'Jullie gaan nu allemaal aan je werk en ik wil geen wóórd meer horen. Begrepen?'
Iedereen schrok. Zo kenden ze juf niet. Juf was altijd vrolijk en vriendelijk, maar daar was nu niks van te merken. Haar hoofd was rood aangelopen.
'Ik moet nog even wat kopiëren,' zei juf. 'En denk erom, als ik terugkom, is iedereen stil aan het werk.'
Mieke wachtte tot ze het lokaal uit was en fluisterde: 'Psst, wat is er met juf?'
'Geen idee,' fluisterde Rutger.
'Ze is anders nooit zo boos.'
'Ik weet het ook niet,' zei Iris. 'En juf slaat zomaar het kringgesprek over, dat doet ze nooit!'
'Ik denk dat ze last heeft van haar hormonen,' zei Sophie.
Lars keek bedenkelijk.

‘Hormonen,’ herhaalde Sophie. ‘Dat zijn stofjes in je lichaam die alles regelen.’
‘Maar dan hoef je toch niet zo te reageren?’ merkte Rutger op.
Sophie zei: ‘Als mijn broer chagrijnig is, dan kun je maar beter niks tegen hem zeggen. Zijn hormonen zijn dan uit balans, zegt mijn moeder.’
Mieke knikte. ‘Dat herken ik van mijn zus.’
Iris vroeg: ‘En ga je door die stofjes ook slordige kleren dragen?’
Mieke en Sophie keken haar aan. ‘Eh ..., hoezo?’ zeiden ze.
‘Nou, je hebt toch wel gezien hoe juf erbij loopt. Ze draagt zo’n rare trui. Hij zit vol kreukels.’
Mieke schudde haar hoofd. ‘Mijn zus wil elke week nieuwe merkkleding.’
‘Hmmm ...,’ deed Iris. ‘Vreemd. Normaal draagt juf altijd iets leuks. Maar deze trui is precies het omgekeerde. Hij is zo uitgelopen.’
Tijs keek haar vragend aan.
‘Ja, ik bedoel, hij is zo wijd.’
Tijs knikte. Juf droeg inderdaad wel een erg grote trui.
Lars merkte op: ‘Zou juf iets willen verbergen?’
‘Onze juf en iets verbergen,’ zei Rutger. ‘Dat bestaat niet. Ze heeft nog nooit iets voor ons geheimgehouden.’
‘Dat is het!’ brulde Mieke hardop. ‘Juf heeft een geheim! Weten jullie dat niet meer? Voor de vakantie wilde ze erover beginnen, maar toen ging de zoemer.’
‘Ssssstt ...,’ deed Tijs. ‘Niet zo hard.’
Maar Iris negeerde de waarschuwing en riep: ‘Je hebt gelijk, Miek! En juf zou dat meteen vertellen!’
Een geroezemoes stak op in de klas. Iedereen begon nu door elkaar te praten. Sjors en Sem schreeuwden er het hardst bovenuit. Groep 6 had niet in de gaten dat het klikklakken van een paar hakschoenen snel dichterbij kwam. In de deuropening verscheen juf Ilse met haar armen over elkaar.
‘Wat had ik nu tegen jullie gezegd?’ riep ze.
Het werd meteen stil.
‘Jullie gaan aan je werk en ik wil niemand horen. Het lijkt hier net een kippenhok.’
Juf liep met grote passen naar haar bureau.
‘Kukeleku,’ deed Lars zacht, maar net hard genoeg dat juf het kon horen.
‘Lars! Eruit! En heel snel!’ De stem van juf sloeg over.
‘Sorry, juf, ik ...’
‘Niks sorry. Je hebt me gehoord. Eruit!’

Lars sjokte terneergeslagen de klas uit. De andere kinderen bleven muisstil. Sommigen bogen zich weer over hun rekenschrift. Anderen staarden een tijdlang doelloos voor zich uit.
Zo ook Tijs. Hij keek naar juf. Het was niks voor haar om zo te reageren. Wat was er toch aan de hand? Lars werd nooit om zijn grapjes de klas uit gestuurd.
Lars voelde zich nu vast heel ellendig, dacht hij. En Lars kon niet eens even naar de grote poster kijken die links boven het digibord hing. Op de poster had iedereen aan het begin van het schooljaar een favoriete foto geplakt. Dat was om je op te vrolijken als je je even niet zo goed voelde. Tijs had een foto gekozen van een drooggevallen wadbodem met op de achtergrond Ameland. Sjors had geroepen: 'Hoe kun je daar nu vrolijk van worden?' Tijs had zich er maar niks van aangetrokken. Als hij naar de foto keek, dan dacht hij aan de leuke momenten met neef Jurre en oom Mervyn op het wad.

In de pauze liepen Iris en Mieke naar het klimrek.
'Ik snap er niks van,' zei Mieke. 'Juf is normaal nooit chagrijnig. Er is iets aan de hand.'
'Klopt,' zei Iris. 'Maar wat, hè?'
Mieke zuchtte. 'Ik heb geen flauw idee.'
'Misschien moeten we het straks gewoon aan haar vragen,' stelde Iris voor.
'Nee joh, ben je mal!' riep Mieke. 'Als je niet oppast, moet je voor straf naar de gang, net als Lars.'
Iris zuchtte. 'Dan vragen we het morgen, oké? Misschien heeft juf dan een beter humeur.'
Allebei klommen ze omhoog.
'Vond je de rekensommen ook zo moeilijk?' vroeg Iris.
'Mwah,' antwoordde Mieke. 'Ik wist de uitleg van juf nog wel.'
Iris keek haar aan. 'Dat geheugen van jou onthoudt ook alles,' zei ze.
Mieke haalde haar schouders op.
'Hé, maar dat is het,' riep Iris opgetogen. 'Natuurlijk zijn de rekensommen voor jou niet moeilijk. Jij weet met je slimme hersens nog de antwoorden van vorig jaar.'
Mieke glimlachte. 'Je denkt toch niet dat ik alles ga onthouden, gekkie. Ik heb wel belangrijkere dingen aan mijn hoofd.'
'Zoals?'

'O, gewoon.'
'Hoezo gewoon? Als je iets belangrijks aan je hoofd hebt, is dat toch niet gewoon?'
'Nee, nou ja, zo bedoel ik het ook niet,' zei Mieke.
'Laat me raden,' zei Iris. 'Je bent met je gedachten bij Rutger.'
Mieke gaf haar een por. 'Hoe kom je daar nou weer bij?'
'Gewoon,' mompelde Iris.
'Uitleg,' commandeerde Mieke en ze kneep in de arm van haar vriendin.
'Au!' gilde Iris. 'Doe niet zo gemeen!'
Mieke liet los.
'Of krijg je nu ineens ook last van je hormonen?' Iris dacht aan wat Mieke en Sophie hadden gezegd.
Mieke keek strak voor zich uit. 'Wil je nu vertellen waarom je denkt dat ik aan Rutger denk?'
'Dat is toch niet zo moeilijk,' zei Iris. 'We gaan elke pauze naar het klimrek, omdat we volgens jou vanaf hier het beste uitzicht hebben op het grasveld. Ik zie heus wel dat je telkens naar hem kijkt.'
Mieke schrok. Het klopte dat ze Rutger graag zag voetballen.
'Dus jij hebt al langer door dat ik een oogje op hem heb?' Mieke keek naar Iris.
'Ha, is het echt, Miek? Ben je verliefd op Rutger?'
Mieke knikte verlegen en zei vlug: 'Maar je zegt het tegen niemand, hoor. Beloofd?'
Iris stak twee vingers in de lucht. 'Beloofd,' zei ze.
Mieke sloeg een arm om haar vriendin.
Het bleef even stil tot Mieke zei: 'Hoe zit het eigenlijk met jouw liefde?'
Iris kreeg een kleur. Zo snel had ze die tegenvraag niet verwacht. 'Ik, eh … ik geloof niet dat ik iemand op het oog heb,' zei ze.
'Echt niet?'
'Nee.'
'Weet je het heel zeker?'
Iris knikte heftig.
'Of durf je het niet te vertellen?'
Iris besefte dat ze loog en zei: 'Ach, Tijs is wel leuk, maar …'
Mieke wist genoeg. 'Ha, je voelt dus wat voor Tijs?'
Iris haalde verlegen haar schouders op. 'Hij is aardig, maar niet meer dan dat. Ik ben nog niet verliefd, hoor!'
'Ik heb Rutger horen smoezen dat Tijs jou ook leuk vindt.'

Iris keek naar Mieke.
'En volgens mij wil jij maar al te graag bij je toekomstige vriendje in de buurt zijn.'
Iris zweeg.
'We moeten er werk van maken,' zei Mieke vastbesloten. 'Dit geheimzinnige gedoe van ons vind ik maar niks. We zijn niet net als juf, hoor!'
Daar was Iris het mee eens.
'En als we zo verlegen blijven als we nu zijn, dan wordt het nooit wat.'
Iris knikte nog een keer.
'We moeten de jongens verleiden,' zei Mieke.
Iris keek haar aan. 'En hoe wil je dat dan doen? Met dikke lagen rode lippenstift?' Ze giechelde toen ze zichzelf hoorde praten.
'Nee, dat niet. Maar gewoon. Een keertje uitnodigen.'
'Gewoon een keertje uitnodigen,' herhaalde Iris. 'En weet je al wat we dan gaan doen?'
Mieke dacht na. 'We kunnen vragen of ze met ons mee willen naar ... naar ...'
'Dat bedoel ik dus,' zuchtte Iris.
'Ja, ik weet het!' riep Mieke plotseling. 'We moeten iets bedenken waardoor het niet gelijk opvalt. Iets waardoor we met Tijs en Rutger samen dingen kunnen doen, maar zonder dat iedereen gelijk gaat roepen dat we verkering hebben.'
Iris wiebelde met haar benen tegen de stang van het klimrek. 'Klinkt als een goed plan,' zei ze. 'Maar weet je al hoe?'
Mieke schudde haar hoofd. 'Nee,' zei ze.
Op het grasveld maakte Rutger het ene doelpunt na het andere. Mieke keek vol bewondering naar haar juichende held. Samen met Sjors en Sem kon Rutger het beste voetballen. De andere jongens liepen vaak alleen maar in de weg. Lars trapte vaak over de bal heen, Tijs stond altijd op de verkeerde plek, Joep snapte de spelregels niet en Jelle deed mee omdat iedereen meedeed.
De zoemer klonk.
In de gang trok Mieke aan Iris' arm. 'Ik bedenk net een geniaal plan. Ik vertel het je straks meteen na schooltijd, oké?'
Iris knikte.

's Middags gaf juf verkeer. Na de fietsongelukken bij het boerderij-uitje, vond ze het zinvol om iets te vertellen over verkeersdeelnemers en voorrangsregels. Op het digibord liet ze een filmpje zien. Na haar uitleg

moesten de kinderen opdrachten maken in hun werkboek. Iris was er met haar gedachten niet bij. Ze was zo benieuwd naar het plan van Mieke.
'Iris, welke opdrachten moet je nu doen?' vroeg juf.
Iris keek op. 'Opdracht twee?' vroeg ze aarzelend.
'Fout!' De stem van juf klonk onvriendelijk. 'En opdrachten is meervoud dus ik vraag niet om één opdracht maar om meerdere!'
Iris keek de klas rond.
Tijs seinde voorzichtig met zijn vingers boven tafel.
'O, sorry, juf, vier en vijf,' zei Iris vlug.
'Goed. En nu aan de slag. Hup hup.'
Iris pakte haar werkboek en sloeg het open.
Jelle tikte op Tijs' linkerschouder. 'Doorgeven,' fluisterde hij.
Tijs pakte een briefje aan. 'Voor Iris' stond erop. Tijs keek naar de letters. Een briefje voor Iris? Wie zou dat gestuurd hebben? Hij kreeg het er warm van, want hij vond Iris het leukste meisje van de klas. Hij wilde het briefje stiekem openvouwen, maar Jelle duwde nog een keer tegen zijn schouder. 'Doorgeven had ik gezegd.'
Tijs gaf het briefje aan Sjors en via Rutger bereikte de boodschap Iris. Iris vouwde het briefje open en legde het in haar schrift. Ze las:

*Hoi Iris!*

*Ik kan niet langer wachten. Dit is mijn plan: we richten met zijn tweeën een Uitblinkerzclub op. Iedereen die ergens goed in is, mag erbij horen. Wij tweeën hebben al iets. Jij bent goed in turnen en ik in het bedenken van oplossingen. Zoals dit. We vragen of Rutger en Tijs ook iets hebben waar zij goed in zijn en of ze ook bij de club willen horen. Dat willen ze vast ;). Wie wil er nu niet bij onze club ? Ik denk dat je het zo wel snapt. Succes met die stomme vragen.*

*M.*

Na schooltijd haastte Iris zich naar het fietsenhok. Mieke stond al op haar te wachten.
'En, wat vind je van mijn plan?'
'Leuk! Te gek!' antwoordde Iris enthousiast. 'Alleen, hoe denk je dat wij met Tijs en Rutger nu ongemerkt dingen samen kunnen doen? We moeten ze dan toch alsnog uitnodigen?'

‘Nee, het werkt anders,’ zei Mieke. ‘Rutger en Tijs kunnen natuurlijk niet zomaar bij de club. Zij moeten eerst laten zien waar ze goed in zijn. Zij moeten ons dus uitnodigen. Slim, hè?’
Mieke was nog niet uitgesproken of Rutger en Tijs kwamen de school uit rennen.
‘Waarom zijn jullie zo laat?’ vroeg Mieke verrast.
‘Weekbeurt,’ was het korte antwoord van Rutger en hij deed zijn fiets van het slot. ‘Waarom staan jullie hier eigenlijk nog?’
‘Wij eh ...’ Mieke aarzelde. Ze keek naar Iris. Moest ze nu gelijk over de Uitblinkerzclub beginnen? Ze besloot het te doen.
‘Gaaf!’ riep Tijs. Hij dacht meteen aan kanoeten. Die trekvogels waren ook uitblinkers als ze non-stop vijfduizend kilometer vlogen.
‘Wij doen mee,’ zei Rutger.
Mieke gaf Iris een knipoog. De eerste stap was gezet!
Ze pakten hun fietsen uit het rek en wilden wegrijden, maar Lars kwam de school uit rennen. ‘Wacht op mij!’ riep hij.
‘Jij bent ook al zo laat,’ zei Iris verbaasd.
‘Ik moest mijn rekensommen nog afmaken,’ mopperde Lars. ‘En verkeer had ik ook nog niet af.’
‘Werk dan ook eens door onder schooltijd,’ zei Mieke. ‘Dan hoef je ook niet zo vaak na te blijven.’
‘Ja, hoor eens. Jij hebt makkelijk praten. Jij doet alles voor de tweede keer en je bent ook nog eens superslim.’
‘Met haar slimheid valt het wel mee,’ zei Rutger. ‘Ze is niet voor niets blijven zitten vorig jaar.’
Dat begreep Lars niet. ‘Maar Mieke is hoogbegaafd,’ zei hij. ‘Hoe kun je dan blijven zitten?’
Mieke legde uit: ‘Door mijn hoogbegaafdheid ga ik soms de makkelijke dingen fout doen, omdat ik daar te moeilijk over nadenk.’
Lars keek bedenkelijk. Hij snapte er niks van. Hoe kon je van iets wat makkelijk was, iets moeilijks maken?
‘Laat maar,’ zuchtte Mieke. ‘Je begrijpt het niet. Maar vertel eens, waar ben jij eigenlijk goed in?’
‘Ik?’
‘Ja, jij.’
Lars dacht na. Hij was niet de sterkste leerling van de klas. Vooral concentratie was een probleem. Hij maakte de hele dag door woordgrapjes. En vanwege zijn dyslexie lukte het vaak niet om het schoolwerk af te ronden

in de les. Maar met zijn handen was hij wel handig. Op de boerderij van zijn ouders was hij altijd in de weer met hout, zagen, hamers en spijkers. Hij zei tegen Mieke: 'Ik ben goed in het bouwen van een hut en ik timmer zo een tafel of een kastje in elkaar.'
'Knap!' reageerde Mieke.
Iris kwam naast het tweetal fietsen. 'Ik hoor het al. We hebben er nog een uitblinker bij.'
'Een wat?' vroeg Lars.
'Een uitblinker,' herhaalde Iris. 'Mieke heeft de Uitblinkerzclub bedacht. Iedereen die iets goed kan, mag erbij horen.'
'Leuk,' zei Lars. 'Mag ik meedoen?'
'Natuurlijk!'
Mieke kwam tussenbeide. 'Maar dan ben je voorlopig wel de laatste,' zei ze. 'Onze club moet niet te groot worden. Straks is de halve klas lid, omdat iedereen wel iets heeft waar hij of zij goed in is. Dat is ook weer niet de bedoeling.' Ze gaf Iris een knipoog.
Tijs fietste met Rutger achteraan. Hij keek naar de roestrode fiets van Iris en dacht aan wat oom Mervyn hem had verteld over het verenkleed van kanoeten. De vogels ruilden vlak voor de zomer hun grijs-witte winterveren om voor roestrode zomerveren. 'Daarmee kunnen de mannetjes en vrouwtjes elkaar versieren,' had oom Mervyn gezegd. Versieren, dacht hij. Zou Iris daarom ook een roestrode fiets hebben? Rood was wel de kleur van de liefde!
Ze kwamen bij het huis van Mieke.
'Ik wil nog even iets uitleggen over de Uitblinkerzclub,' zei ze. 'We laten alle vijf iets zien waar we goed in zijn. Hoe, waar en wanneer dat maakt niet uit. Wel moeten er een paar van ons bij zijn om te kijken of we het goed genoeg vinden.'
'Lijkt me een goed plan,' zei Iris.
De anderen knikten.
Mieke zei: 'Maar het belangrijkste is dat we iets leuks doen met elkaar. En als iedereen een keer iets doet, dan hoeft niet telkens dezelfde persoon iedereen uit te nodigen.'
'Oké,' zei Rutger. 'Wie begint?'
'Ik,' zei Iris. 'Binnenkort heb ik een belangrijk turnkampioenschap. Jullie mogen allemaal komen kijken.'
'Turnen vind ik stom,' onderbrak Lars haar.
'Waarom?' vroeg Tijs.

'Gewoon, dat vind ik.'
'Maar jij kunt geen salto, flikflak en radslag,' merkte Rutger op.
'Eh ..., nee,' zei Lars.
'Precies,' zei Mieke. 'En dus blinkt Iris daarin uit. Zij laat iets zien wat wij niet kunnen.'
'Oké,' zei Lars. 'Wanneer is het turnkampioenschap?'
'Zaterdag,' antwoordde Iris.
'Ik kan,' zei Tijs gelijk.
'Dat was te verwachten,' lachte Rutger plagerig. 'Maar ik kan ook, hoor.'
Lars knikte instemmend.
'Mooi,' zei Mieke. 'Dan hebben we onze eerste afspraak gemaakt, want ik ben er ook bij.'
Tevreden gaven ze elkaar een *high five*. Mieke had eigenlijk al laten zien waar zij in uitblonk. Ze was namelijk goed in het bedenken en organiseren van dingen. Dat bleek maar weer.

# Geheim ontraadseld

De volgende morgen op het schoolplein riep Mieke uitzinnig: 'Ik weet het! Ik weet het!'
Tijs, Iris, Rutger en Lars kwamen om haar heen staan.
'Wat weet je?' vroeg Tijs.
'Ik weet het geheim van juf!'
'Hoe weet jij dat?' vroeg Rutger.
'Gehoord van mijn moeder en die heeft het juf gisteravond hardop horen zeggen in de sportschool.'
'Spannend,' zei Iris.
'En het geheim is?' vroeg Rutger.
'Jaaa ...,' zei Mieke. 'Dat is natuurlijk geheim.'
'O, wat flauw,' zei Tijs.
'Toe, Miek,' smeekte Iris. 'Vertel het ook aan ons.'
'Juf is zwanger!' riep Mieke uitgelaten.
'Wat?' riep Iris verbaasd.
'Ja, echt waar.'
Iris kreeg een twinkeling in haar ogen. 'Wat leuk!'
Lars haalde zijn schouders op. 'Wat is daar nou leuk aan?' zei hij.
'Inderdaad,' zei Rutger. 'Een baby huilt en krijst en je moet vieze poepluiers verschonen.' Hij kneep zijn neus dicht.
Mieke reageerde: 'Het is juist leuk dat juf een kindje krijgt.'
'Ja, dat is niet zomaar iets, hoor,' vulde Iris aan. 'Dat is iets bijzonders.'
Lars en Rutger haalden hun schouders op.
'Maar hoe weet jij zo zeker dat dit het geheim van juf is?' vroeg Tijs. 'Misschien heeft ze voor ons wel een ander geheim?'
Mieke keek hem aan. Ze zei: 'Heb je al naar de buik van juf gekeken? Die is een stuk dikker dan normaal.'

‘Daarom droeg ze gisteren ook die rare slobbertrui,’ merkte Iris op. ‘Ze wilde haar buikje verbergen.’
Lars grapte: ‘Juf wordt dikkie dik.’
De zoemer ging. De kinderen stommelden het lokaal in.
‘Goedemorgen, allemaal,’ klonk juf opgewekt. ‘Fijn dat jullie er weer zijn. Ga snel zitten, want ik wil jullie iets leuks vertellen.’
Iedereen stoof naar zijn plek.
Juf zei: ‘Ik bied eerst mijn excuses aan voor gisteren. Ik was af en toe veel te streng. En een aantal van jullie heb ik ten onrechte de klas uit gestuurd.’
‘Terecht,’ zei Lars.
Juf schudde haar hoofd. ‘Ik bedoel te zeggen dat ik een aantal van jullie *niet* terecht naar de gang heb gestuurd.’
‘Terecht dat u het rechtzet, juf,’ zei Lars.
Iedereen brulde van het lachen. Die Lars ook.
Juf vroeg weer om stilte en zei: ‘Jullie moeten maar genieten van de momenten dat ik vrolijk ben, want ik voorspel dat ik de komende tijd, tot aan de zomervakantie, vaker chagrijnig zal zijn.’
‘Wat!’ riep Sjors. ‘Dan wil ik voortaan een berichtje op mijn telefoon met een waarschuwing. Dan kan ik thuisblijven.’
Tijs dacht aan het eb-en-vloed-verhaal van neef Jurre. Het water in de Waddenzee ging op en neer. Het humeur van juf de komende tijd dus ook.
Lars zei prompt: ‘Was u chagrijnig omdat u zwanger bent?’
Juf kreeg een blos op haar wangen. De rest van de klas veerde overeind.
Juf onthulde: ‘Het klopt wat Lars zegt. Ik ben zwanger.’
Iedereen begon direct door elkaar te roepen.
‘Juf krijgt een baby!’ riep Sem.
‘Zo eentje die alles onder poept,’ brulde Sjors.
‘Maar dat doen alle baby’s,’ lachte Rutger.
‘Lekker stinkeh,’ joelde Jelle.
Juf maande iedereen weer tot stilte en vertelde dat door de baby in haar buik de regelstofjes in haar lichaam zo af en toe uit balans raakten. Als dat gebeurde, werd ze chagrijnig.
‘U wordt dik,’ onderbrak Sem haar.
‘En u krijgt dikke melkborsten!’ riep Sjors.
Mieke gaf hem een duw tegen zijn arm. ‘Dat zeg je toch niet.’
Lars zei: ‘Ja, net zoals een koe die heeft.’
Iedereen keek hem verbaasd aan.
‘De uiers aan de onderkant,’ verklaarde Lars.

Juf kon er wel om lachen.
Tijs vroeg zich af hoe het straks moest als juf bevallen was.
'Nadat de baby uit mijn buik is,' zei juf, 'moet ik het eerst een tijdje rustig aan doen. Meester Sietse zal jullie daarom na de zomervakantie lesgeven.'
Er ontstond gelijk weer rumoer.
'O, nee!' zei Sem.
Sjors sloeg zijn handen voor zijn gezicht.
'Meester Sietse is altijd zo van de regeltjes,' klaagde Sophie.
'En van de klok,' zuchtte Joep. 'Ik heb een hekel aan op tijd komen en op tijd iets afmaken.'
'Dat is van later zorg,' zei Lars nuchter. 'Nu hebben we juf toch nog?'
Juf lachte. 'We gaan aan het werk, jongens en meiden. Hup, hup. We hebben al weer veel te lang gekletst.'
De rest van de dag was het onrustig. De kinderen fantaseerden over een naam voor de baby. Of het een jongetje of een meisje werd. En hoe het zou zijn als meester Sietse in de klas kwam.
De dag was voorbij voor ze het doorhadden.
Na schooltijd vroeg Lars: 'Komen jullie vanavond om half zeven bij mij? Ik wil iets laten zien.'
'Oké,' zei Tijs.
'Wat wil je laten zien?' vroeg Rutger.
'Geheim,' antwoordde Lars en hij reed als eerste het schoolplein af.
'Nee, niet weer,' zei Iris. 'Geen geheimen meer, oké?'
'Het is een supergeheim,' zei Lars.
Iris zuchtte. 'Ik word flauw van al dat geheimzinnige gedoe.'
'Ik ook,' zei Mieke.
'Ik weet zeker dat jullie het mooi vinden,' glimlachte Lars mysterieus. 'Tot vanavond!' en hij racete ervandoor.
De anderen keken hem na. Waarom zou Lars zo'n haast hebben?
Bij de supermarkt trapte Rutger op de rem. 'Stoppen!' commandeerde hij. 'We gaan iets lekkers kopen voor vanavond.'
'Ja, lekker,' zei Mieke.
'Chips en cola,' stelde Iris voor.
Ze gingen de winkel in.
In het eerste gangpad knalde Tijs bijna tegen een rek met aanbiedingen.
'Kijk uit waar je loopt,' waarschuwde Mieke.
Tijs schrok ervan. Hij stond met zijn neus bovenop de potten pindakaas. Hij moest gelijk denken aan kanoeten die gingen opvetten. De vogels

verdubbelden hun gewicht als ze op reis gingen. Oom Mervyn had verteld dat als hij twee keer zoveel wilde wegen in een paar weken tijd, hij elke dag honderd boterhammen met een dikke laag pindakaas moest eten. Hoeveel potten zou je dan nodig hebben? Tijs keek naar het rek en werd misselijk bij de gedachte alleen al.
'Hé, dromer, blijf je daar de rest van de dag staan?' Rutger wenkte hem.
Tijs liep vlug door.
Iris stond voor het schap chips. 'Paprika of naturel?' vroeg ze.
'Naturel,' zei Mieke.
Rutger knikte. 'Maar wel die grote voordeelzak.'
Mieke pakte ook een fles cola. Ze liepen naar de kassa.
'Hoeveel moeten we betalen?' vroeg Tijs.
Rutger keek in zijn portemonnee. 'Ik reken wel af,' zei hij. 'Ik heb sinds zaterdag zakgeldverhoging.'
'Bofkont,' zei Iris. 'Ik krijg al jaren niet meer dan twee euro per week.'
Ze gingen de winkel weer uit. In het hoofd van Tijs spookte nog steeds die ene zin van Lars: Ik weet zeker dat jullie het mooi vinden. Maar wat? dacht hij.

Die avond stond Lars op het erf te wachten. Over zijn linker- en rechterschouder lagen elk twee theedoeken.
'Dat is ook wat!' riep Rutger. 'Moeten we gelijk aan het werk.'
Lars glimlachte. 'De afwas is al gedaan,' zei hij.
Ze liepen achter hem aan naar de eettafel in de woonkamer.
Lars zei: 'Met de theedoeken ben ik iets anders van plan. Gaan jullie maar zitten.'
Alle vier pakten ze een stoel.
Lars vouwde van een theedoek een grote driehoek en hing de flap voor de ogen van Rutger. Met de opgerolde uiteinden knoopte hij de doek vast.
Rutger vroeg: 'Waarom krijg ik een blinddoek voor?'
'Dat verhoogt het verrassingseffect,' antwoordde Lars.
Rutger begon te morren. Hij zag niks meer met de blinddoek voor zijn ogen. Hoe kon hij nu controleren of Tijs, Mieke en Iris ook een blinddoek voor kregen?
Lars knoopte een theedoek voor het gezicht van Tijs.
'Au!' riep die. 'Niet zo strak.'
'Sorry,' verontschuldigde Lars zich.
Nadat hij ook Iris en Mieke geblinddoekt had, liep hij naar de schuur om

een touw te halen. Het viertal wachtte aan de eettafel in spanning af wat er ging gebeuren. De moeder van Lars moest lachen toen ze met een volle wasmand langs de eettafel liep.
'Het ziet er bijzonder grappig uit,' zei ze.
'Dat zal best,' mopperde Rutger. 'Maar we willen liever weten wat Lars van plan is.'
Lars kwam de kamer weer in. 'Jullie mogen naast je stoel gaan staan,' zei hij. Een voor een pakte hij de rechterhand van zijn geblinddoekte vrienden. Hij liep met ze naar de keuken en gaf ze allemaal een deel van één lang touw in handen.
'Doe allemaal vier grote stappen naar voren,' zei hij.
Rutger en Tijs namen allebei een reuzenstap, waardoor Iris, die voorzichtig een kleine stap zette, werd meegetrokken en struikelde. Ze begon direct te gillen.
'Stoppen!' riep Lars en hij hielp Iris overeind.
Iris reageerde fel: 'Voor we verder gaan, wil ik eerst weten wat we gaan doen. Anders doe ik niet meer mee.'
'Rustig maar,' zei Lars. 'Het komt allemaal goed, dat beloof ik. Jullie hebben het touw in je rechterhand om bij elkaar te blijven. Ik geef commando's en we lopen via de keuken naar buiten. Als jullie goed naar mijn instructies luisteren, dan komen we vanzelf bij de verrassing, oké?'
'Laten we verder gaan,' zei Tijs. 'Ik ben benieuwd.'
'Ik ook,' zei Mieke.
'Vooruit dan maar,' mokte Iris.
Vanuit de keuken liepen ze door de bijkeuken naar buiten. Bij de buitendeur struikelde Rutger over de drempel. Daardoor viel Mieke voorover tegen de rug van Iris, waardoor Iris weer begon te gillen.
'Ik zei toch dat je je voeten moest optillen,' zei Lars tegen Rutger.
'Ja, maar ik kan toch niet weten dat de drempels bij jullie zo hoog zijn.'
'Dat zijn ze ook niet,' zei Lars, 'maar ik had een houten plankje in de deuropening geplaatst voor het spookhuiseffect.'
'Grrr ...,' gromde Rutger. 'Jij ..., jij ...' Verder kwam hij niet.
Lars commandeerde dat ze verder moesten gaan. Ze liepen een heel stuk over het grasveld achter de boerderij. Ze slalomden van links naar rechts. Vlak voordat ze een grote opslagschuur in stapten, riep Lars luid: 'Neem nu een heel grote stap, anders trap je in een koeienvlaai.'
'Ieh!' gilde Iris. 'Ik wil niet meer.'
'Nog even volhouden,' zei Lars. 'We zijn er bijna.'

Tijs dacht bij de koeienvlaaien aan het lopen op de drabbige wadbodem. Daar lag ook overal poep. Maar door de drollen van een wadpier kon je gewoon heen waden. De bruine flatsj van een koe was echt vies en smerig. Daar wilde je niet in stappen.
Ze namen één voor één een grote stap. Iris stapte met haar korte benen net niet ver genoeg. Er volgde een flinke plons. Het water spatte op en Iris krijste zo hard als ze kon.
De koeien in het naastgelegen weiland begonnen te loeien.
'Neehh!!' riep Iris en ze liet het touw op de grond vallen.
Lars proestte van het lachen. 'Grapje,' hikte hij. 'Het is een wasteil met water.' De tranen stroomden over zijn wangen.
Rutger en Tijs lachten mee. Die Lars. Hij had hun maar mooi te pakken met zijn grapjes.
Iris kon er niet om lachen. Haar rechtersok, rechterschoen en broekspijp waren kletsnat.
'We zijn er bijna,' zei Lars, nadat hij was bijgekomen van zijn lachsalvo.
'Jammer,' zei Rutger. 'Het begint net leuk te worden.'
'Pfff,' deed Iris. 'Als jij in die wasteil met water was gestapt, dan had je wel wat anders gezegd.'
Ze deden nog een paar passen en liepen van het gras op de stenen tot aan de drempel van de opslagschuur, waarvan de schuifdeur openstond.
'We zijn er,' zei Lars.
'Waar?' vroeg Tijs.
'Op de plek van onze clubruim...' Het laatste woord slikte Lars in.
'Aha,' zei Mieke. 'Ik begin iets te vermoeden. Volgens mij, Lars, wil je ons iets laten zien waarin je uitblinkt?'
Lars sloeg zijn hand tegen zijn voorhoofd. De anderen zagen het niet, maar ze voelden dat Lars zojuist zijn mond voorbij had gepraat.
'Nu heb ik het verklapt,' zei hij treurig, 'want ik wil jullie onze clubruimte laten zien.'
'Met Mieke in de buurt moet je altijd opletten wat je zegt,' zei Rutger. 'Ze is slim genoeg om uit één zin af te leiden wat je bedoelt.'
'Laat het touw maar vallen,' zei Lars beteuterd.
'Ho, ho, niet zo snel,' zei Iris bemoedigend. 'We weten nog niet precies wat je aan ons wilt laten zien. Je hebt het over een clubruimte, maar hoe ziet die er dan uit? En met die blinddoek voor mijn ogen is het zelfs een verrassing waar ik nu sta.'

‘Laten we raden,’ zei Tijs. ‘Ik denk voor de moestuin die we hebben omgespit.’
‘Fout,’ antwoordde Lars.
‘In de buurt van de kippenren dan,’ gokte Rutger.
‘Nee.’
‘Bij de kalfjes,’ raadde Iris.
‘Ook niet goed.’
‘Tja,’ zei Mieke. ‘Dan weten we het niet.’
‘Doe allemaal nog twee stappen en dan je blinddoek af.’
Ze deden alle vier wat Lars zei. De opgevouwen theedoeken vielen een voor een op de betonnen vloer van de opslagschuur. Iris knipperde met haar ogen, evenals Tijs die ook moeite had om aan het licht te wennen.
‘Zien jullie die pijl op de trap?’ vroeg Lars.
Rutger knikte.
‘Waar wijst die naartoe?’
‘Naar boven,’ zei Mieke.
‘Loop maar achter mij aan,’ zei Lars en hij klom via een ladder naar de zolder van de schuur. Mieke en Rutger volgden zijn voorbeeld. Iris en Tijs wreven in hun ogen. Op de zolder wisten Mieke en Rutger niet wat ze zagen. Hun mond viel open van verbazing. Lars had van de pakken stro een hut gebouwd met daarin een bank van sloophout. En er hing een groot bord met daarop in sierlijke letters: UITBLINKERZKLUP.
‘Allemaal zelfgemaakt!’ zei Lars trots.
‘Ons eigen clubhuis!’ riep Rutger blij.
De vreugdekreet trok de aandacht van Iris en Tijs en ook zij klommen naar boven.
‘Moet je zien,’ zei Rutger en hij spreidde zijn armen. ‘Dit is toch te gek!’
Opgewonden danste hij een rondje over de zolder.
Iris sloeg haar handen voor haar mond. ‘Wat mooi,’ zei ze.
‘Superknap,’ prees Mieke.
‘En zo knus,’ giechelde Iris.
Lars was overdonderd door de lovende woorden. Hij wist niet hoe hij moest reageren.
Mieke zei: ‘Alleen nog de letters k en p veranderen in c en b.’
‘Maar dat doen wij wel voor je,’ zei Tijs. ‘En met een paar kussens op de bank krijgen we het mooiste clubhuis dat ooit is gemaakt.’
Lars straalde.

Mieke riep: 'Je bent een echte uitblinker, Lars!' en ze stak twee duimen in de lucht.
'En dat gaan we vieren met cola!' zei Rutger.
'En chips,' vulde Tijs aan en hij klauterde achter Rutger aan naar beneden om het lekkers op te halen uit Rutgers' rugtas die nog in de woonkamer stond.
Even later zaten ze allemaal in het clubhuis op de bank. Lars, Mieke en Iris hadden er wat stro op gelegd, zodat ze niet met hun bips op de harde houten planken hoefden te zitten.
Lars vertelde honderduit over hoe hij het clubhuis had gebouwd. Rutger merkte op dat Lars later wel huizenbouwer kon worden, want hij had ook al een boomhut gebouwd achter de boerderij. Mieke en Iris waren blij dat het stro zo lekker warm en zacht was, want dan konden ze ook in de winter in het clubhuis zitten. Tijs dacht daarbij aan kanoeten. Wat voor nestmateriaal zouden die vogels gebruiken? En hoe hielden zij hun jongen warm op de koude toendra?

# Uitblinkersschool

De volgende morgen aan de ontbijttafel vroeg moeder aan Tijs: 'Was het leuk gisteren?'
Tijs knikte en hij nam een hap van zijn brood met hagelslag.
'Er is nog post voor je,' zei moeder.
'Van wie?'
'Ik denk van oom Mervyn, want het lijkt op zijn handschrift.'
Tijs schoof zijn bordje aan de kant, scheurde de envelop open en haalde er een kaart en een krantenknipsel uit. Op de kaart waren drie kanoeten te zien: een volwassen vogel in zomerkleed met twee jongen. De jongen leken net twee pluizenbolletjes. Ze hadden piepkleine ogen en nog maar een kort snaveltje. Tijs draaide de kaart om en las:

*Hoi Tijs!*

*Op Ameland is het volop voorjaar! Er komen steeds meer trekvogels uit het zuiden deze kant op. Ze blijven hier een paar weken en vliegen dan door naar de toendra om te broeden. Over dat gebied en het opgroeien van jonge kanoeten las ik afgelopen weekend een artikel. Ik moest meteen aan jou denken. Jij vindt dit vast ook leuk om te lezen.*

*Ik hoop dat je de kaart mooi vindt.*

*Tot gauw!*
*Groeten, oom Mervyn*

'Je hebt gelijk, mam,' zei Tijs. 'De kaart is van oom Mervyn.'
Moeder bekeek de kaart. 'Leuk,' zei ze.

Tijs pakte het krantenknipsel. Het flinterdunne blaadje knisperde tussen zijn vingers. Dit was typisch iets voor oom Mervyn, dacht hij. Oom Mervyn deed alles nog met pen en papier. Hij begon te lezen:

---

## Kleine snavel door sneeuw

**Jonge kanoeten lopen een groeiachterstand op, omdat insecten eerder wakker worden uit hun winterslaap. Dit hebben wetenschappers in Noord-Groenland ontdekt. Een van de onderzoekers hield in de zomer een blog bij.**

'Het is **begin juni** en volop zomer. De lucht is strakblauw en de zon schijnt uitbundig. Je zou denken: tijd voor een korte broek en sandalen, maar nee, ik draag een winterjas, een muts en handschoenen. Heb ik het koud? Ja, want op de toendra van Noord-Groenland smelt net de laatste sneeuw. Dat is niet vreemd, want de toendra is het koudste planten- en dierenleefgebied aan land. De temperatuur ligt zes tot tien maanden per jaar dik onder het vriespunt. Nu wordt het poollandschap voor even weer groen. Niet groen van de bomen, want die kunnen hier met hun diepe wortels niet doordringen in de bevroren bodem, maar groen van het gras.

Het is dus zomer en voor het zoveelste jaar op rij ben ik niet op vakantie in een warm land. Ik werk in de maanden juni, juli en augustus als wetenschapper. Ik doe onderzoek naar het broedsucces van kanoeten. Deze wadvogels met hun dunne poten, roestrode veren en korte snavels broeden in de zomer op de toendra, vandaar. Het onderzoek is ontzettend leuk om te doen en geweldig interessant! Ik wil je daarover graag meer vertellen. In dit blog deel ik mijn ontdekkingen.

Het valt mij dit jaar alweer op dat de sneeuw vroeg smelt. Het zijn de eerste dagen van juni en insecten zoals spinnen, springstaartjes en langpootmuggen zijn gewekt uit hun winterslaap. Dat is logisch, want de kleine kriebelbeesten worden actief als het witte poollandschap ontdooit. Ik vind het een geruststellende gedachte dat kanoeten daar kennis van hebben. De wadvogels zijn namelijk heel precies. Ze houden een strak reisschema aan als ze naar het poollandschap vliegen. Ze willen én moeten op tijd arriveren.

Kanoeten plannen het leggen van de eieren zo, dat de jongen uit hun ei kruipen als er in het midden van de zomer volop insecten zijn. Ze komen niet te vroeg, want dan ligt de toendra nog bedekt onder een dik pak sneeuw en ijs en kunnen ze geen eten vinden. Aan de andere kant landen ze ook niet te laat in het poollandschap, want dan komen ze in tijdnood met het broeden. De vogels hebben namelijk maar anderhalve maand om een nestplek te vinden, een partner te zoeken, een nest te bouwen, vier eieren te leggen, de jongen groot te brengen en zich voor te bereiden op de terugreis naar het zuiden. Elke dag telt! Als kanoeten te laat beginnen met het nest, dan dwarrelt de eerste sneeuw naar beneden nog voor de jongen zijn opgevoed. Dat willen de ouders voorkomen. Hun jongen verdienen een goede start!

Het is **half juni** en er zijn al heel veel insecten, heb ik gezien. De hele dag door word ik geprikt en gestoken door langpootmuggen en raak ik 's morgens verstrikt in spinnenwebben voor de deur van het veldstation. Met mijn verrekijker en telescoop heb ik de eerste kanoeten al ontdekt. Ze zijn in dezelfde week gearriveerd als vorig jaar. De roestrode vogels zijn druk in de weer met het verslepen van wilgenblaadjes en stukjes korstmos, om hun broedkuiltjes mee te bedekken. Voor hun doen zijn de kanoeten keurig op tijd begonnen. Toch maak ik me zorgen. Het aantal insecten is hoog. Veel hoger dan normaal rond half juni. Ik ben bang dat er straks niet meer genoeg insecten zijn als de kanoetenkuikens worden geboren ...

Het is **eind juni.** De kanoetenvrouwtjes hebben vier eieren gelegd. Samen met de mannetjes zijn ze die aan het uitbroeden. Ze wisselen elkaar daarbij om de 17 uur af. Bij die wisselingen zien ze elkaar maar héél even, in totaal maar een paar seconden per dag! En ze houden dat samen 22 dagen achter elkaar vol! Respect! Maar de kanoetenouders hebben het er graag voor over. Ze hebben niet voor niets zo lang gevlogen. En het snelle afwisselen is verstandig, want de eieren moeten op temperatuur blijven: maar liefst op 40 graden Celsius! Op de koude toendravlakte is dat niet altijd makkelijk en daarom spreiden ze hun buikveren. Op die manier komen hun kale broedvlekken op de buik direct in contact met de eieren. De vogelouders zorgen dus goed voor hun embryo's.

Het is **begin juli.** De jongen zijn geboren! Ik heb vanochtend beschuit met muisjes gegeten in het veldstation. Die neem ik altijd mee van thuis om de geboorte van nieuwe kanoeten te vieren. Het is een fantastisch gezicht om het jonge grut te zien rondscharrelen op de toendra. Er is alleen één ding waarover ik me zorgen maak: de insecten. De kleine kriebelbeesten raken op. Hun aantallen nemen elke dag af. Als dat maar goed komt ...

Het is **eind juli**. De eerste sneeuw dwarrelt naar beneden. De winter is in aantocht. De meeste kanoeten hebben afgelopen week het luchtruim gekozen en zijn vertrokken richting het zuiden. Veel jonge kanoeten zijn ook begonnen aan hun eerste vliegreis. Het zal een zware reis voor ze worden, want bij vertrek waren ze nog klein. Ze hebben duidelijk niet genoeg voedsel kunnen vinden om goed te groeien. Dat laatste is al jaren een probleem en dat zie ik terug in hun snavellengte. 30 jaar geleden was de gemiddelde snavellengte 3,5 centimeter, nu zijn ze precies 3 millimeter kleiner. Dat lijkt niet veel, maar voor een kanoetensnavel van gemiddeld 3,5 centimeter is dat toch bijna 10 procent. Ik hoop zo dat de jongen, als ze straks in de Waddenzee zijn, wel met hun snavel bij de ingegraven schelpdieren kunnen.

Het is **half augustus.** Ik heb uitgerekend dat de sneeuw dit jaar duidelijk eerder is gaan smelten. Een collega zegt dat het komt door klimaatverandering. Dat lijkt me wel aannemelijk, want dat is in lijn met de sneeuwsmelting van de afgelopen jaren. Eén probleem: ik kan dat de kanoeten niet vertellen ... Ik hoop dus maar dat de vogels de veranderingen zelf ontdekken ...

Mijn voorlopige conclusie: het lijkt erop dat pasgeboren kanoeten klein blijven, omdat de insectenpiek op de toendra naar voren schuift als gevolg van eerdere sneeuwsmelting aan het begin van de zomer. Ik ga in Nederland mijn resultaten verder uitwerken. Voor nu is het mooi geweest. Ik ga mijn koffer pakken, want morgen vertrekt het vliegtuig om mij naar het zuiden te brengen. Ik lees dat het ruim 20 graden Celsius is in de Lage Landen. Heerlijk! Ik kijk er naar uit na de winterse zomer hier! Maar volgend jaar kom ik zeker terug!'

Tijs legde het krantenknipsel tevreden weg. Hij vond het een mooi verhaal.
'Ga je zo naar school?' vroeg moeder.
Tijs keek op zijn horloge. Hij at vlug zijn boterham op en liep naar de badkamer om zijn tanden te poetsen. Daarna trok hij zijn schoenen aan, gaf moeder een kus en fietste naar school.
Op het plein bungelde Lars al aan de hoogste stang van het klimrek. De stalen constructie was de afgelopen weken uitgegroeid tot de vaste plek van de Uitblinkerzclub. Al snel arriveerden Iris, Mieke en Rutger ook.
De twee meiden waren druk in gesprek over kleding. Ze praatten uitvoerig over wat de nieuwe mode zou gaan worden in de zomer.
'Misschien wordt het wel rood,' zei Mieke.
'Ja, of roze,' fantaseerde Iris. 'Dat lijkt me leuk!'
Juf deed een rondje pleindienst en vroeg: 'De nieuwste modekleuren aan het doorspreken, meiden?'
'Ja, juf. Misschien is roze straks helemaal in. Ik hoop voor u dat het dan een meisje wordt.' Mieke keek naar de dikke buik van juf.
Juf lachte geheimzinnig. 'Wie weet,' zei ze en ze liep weer verder.
'Zou juf al weten wat het wordt?' vroeg Mieke.
'Nee, dombo,' zei Lars. 'Dat kun je aan de buitenkant toch niet zien.'
'Dat snap ik ook wel, oen,' reageerde Mieke. 'Maar in een ziekenhuis kunnen ze met een echo in de buik van een zwangere vrouw kijken.'
'Dat is niks voor juf,' zei Tijs.
Iris knikte. 'Juf en meester houden het liefst alles zo lang mogelijk geheim. Ze wachten wel tot de baby geboren wordt.'
De zoemer klonk. De kinderen liepen de school in. Juf wachtte bij de deur van het lokaal.
'Goedemorgen, allemaal,' zei ze vriendelijk. 'Ga snel zitten, dan kunnen we beginnen.'
Sjors slofte als laatste naar zijn plek. Joep geeuwde en wreef een restje slaap uit zijn ogen. Juf trok de deur achter zich dicht en deelde de rekenboeken uit.
'Doen we geen dagopening?' vroeg Lars.
'Nee,' zei juf. 'We hebben veel te doen, want vanmiddag ben ik er niet.'
'Zijn we dan vrij?' vroeg Sem.
Juf schudde haar hoofd en zei: 'Bladzijde 35, som 4.'
'Jammer,' zei Sem.
'Wie komt ons dan lesgeven?' vroeg Rutger.
'Meester Sietse,' antwoordde juf kort.

'Nee!' klaagde Joep.
Sjors sloeg zijn handen voor zijn gezicht.
'Dat betekent werken, werken, werken,' pufte Sem.
Mieke vroeg: 'Waar moet u vanmiddag naartoe?'
'Geen vragen verder,' zei juf. 'We gaan beginnen.'
Iris sprong op van haar stoel. 'Nu doet u het weer, juf.'
Juf keek haar aan.
'U doet weer geheimzinnig.' Iris sloeg haar armen over elkaar.
Lars ging ook staan. 'Iris heeft gelijk,' zei hij.
'Kom, kom,' zei juf. 'Ik vertel het jullie straks, ga eerst maar weer zitten.'
Maar Iris en Lars gaven geen gehoor aan haar oproep. Meer kinderen stonden op. In koor riep de hele klas: 'We willen het nu weten!'
Juf gaf zich gewonnen. 'Oké, jullie je zin,' zei ze. 'Ik moet vanmiddag naar het ziekenhuis.'
'Oei,' reageerde Mieke gelijk.
'Vervelend,' zei Iris.
'U bent toch niet ziek, juf?' vroeg Tijs.
'Maak je maar niet ongerust, allemaal,' reageerde juf geruststellend. 'De arts gaat alleen een echo maken van de baby in mijn buik. Het is een controle om te kijken of alles goed gaat.'
'Spannend,' zei Mieke en ze gaf Iris een knipoog.
Jelle vroeg: 'Wat is dat juf, een echo?'
'Dat is een soort foto van de baby. De verloskundige smeert een beetje gel op mijn buik en ze wrijft met een gevoelig apparaatje over de gel. Het apparaatje stuurt geluidsgolven naar mijn buik en de baby zendt signalen terug. Op een computerbeeldscherm verschijnt dan een zwart-wit plaatje van de baby. Daarop kunnen ze zien of alles goed gaat.'
'Klinkt ingewikkeld,' zei Lars.
'Doet zoiets pijn?' vroeg Tijs.
'En wordt u dan verdoofd met een spuit?' griezelde Iris.
Juf lachte voorzichtig. 'Met de pijn valt het wel mee,' zei ze. 'En ik word niet verdoofd, Iris.'
De rest van de ochtend werd er hard gewerkt. Juf legde ingewikkelde keersommen uit, gaf een lange taaltaak over bijvoeglijke naamwoorden op en nam een proeftoets aardrijkskunde af. Iedereen zwoegde. Er klonk een zucht van verlichting toen om kwart over twaalf de zoemer ging.

's Middags wachtte groep 6 op meester Sietse.
'Meester is nu precies vijftien minuten te laat!' riep Rutger door het lokaal. Hij tikte erbij op zijn horloge. Er waren weinig kinderen die hem hoorden. Iedereen praatte door elkaar, de een nog harder dan de ander.
Tijs schoof zijn stoel naar Rutger. 'Meester is nooit te laat,' zei hij.
Rutger knikte. 'Meester is altijd stipt op tijd.'
Sjors meldde zich ook bij de tafel van Rutger. 'Misschien heeft meester in de pauze wel iets verkeerds gegeten,' verzon hij. 'En daardoor ligt hij nu languit op de grond in de meesters- en juffenkamer.'
'Ja!' riep Lars die tegenover Rutger zat. 'Meester is vergiftigd door een beschimmelde boterham die belegd is met vieze plakjes vleeswaren.'
Tijs trok een vies gezicht.
'Met daarbij een glas zure melk,' fantaseerde Sjors verder.
Jelle voegde zich bij het viertal. Hij dacht stoer mee te doen door te zeggen: 'Of door een overrijpe banaan.'
De anderen keken hem verbaasd aan.
'Van fruit word je toch niet zo snel ziek?' merkte Rutger op.
Jelle wist geen antwoord en bleef onhandig staan. Eigenlijk vond hij het helemaal niet leuk zoals de jongens praatten. Hij was bang dat er echt iets ergs aan de hand was met meester Sietse.
'Doe niet zo eng,' zei Iris, die hoorde wat voor onzin de jongens uitkraamden.
'Pfff, aansteller,' zei Sjors.
'Niet waar,' siste Iris.
'Bedenk jij dan wat anders, turnspriet,' snauwde Sjors.
Iris werd kwaad. Tijs trok zich terug. Hij hield er niet van als Sjors zo gemeen deed. Hij keek naar de foto van een kanoet, die hij gisteren tijdens de tekenles in de linkerbovenhoek van zijn tafel had geplakt. Het was juf nog niet eens opgevallen.
Plots verscheen meester Sietse in de deuropening. Hij liep snel naar het bureau van juf, zette zijn overvolle leren schoudertas weg en stroopte de mouwen van zijn blauwe trui op.
'Sorry, jongens en meiden, mijn excuses dat ik te laat ben. Dat overkomt mij nooit, maar eh ... Ach, laten we ook maar snel beginnen, voor we nog meer tijd verliezen.'
Hij pakte de kruk van juf Ilse en ging zitten. De jongens staken onmiddellijk hun vinger omhoog. Dit konden ze niet onopgemerkt voorbij laten gaan. Meester en te laat komen, dat was geen combi.

‘Waarom bent u zo laat?’ vroeg Tijs.
‘Ja, meester, waarom bent u niet op tijd zoals we dat van u gewend zijn?’ herhaalde Lars.
‘Eh ..., dat doet er niet toe,’ zei meester.
‘Ja, wacht eens even,’ zei Rutger. ‘Als wij te laat komen, moeten wij ook een reden opgeven.’
Meester zuchtte. ‘Tja, wat zal ik zeggen ...’ Hij keek de klas rond. ‘Ik ben inderdaad nooit ergens te laat, ik kan me niet een moment in mijn leven herinneren wanneer dat dan geweest zou moeten zijn. Maar eens moet de eerste keer zijn, nietwaar? En dat is dan toevallig net vandaag en nog meer toevallig, ik moet jullie nu lesgeven. Dus laten we snel aan de slag gaan, hup, hup. Ik vind het al vervelend genoeg.’
‘Hihi,’ giechelde Iris. ‘Hup, hup.’
‘U lijkt juf Ilse wel,’ voegde Mieke er lachend aan toe.
Meester snapte er niets van.
‘Het is duidelijk,’ zei Sophie. ‘Meester houdt iets voor ons geheim.’
Lars reageerde: ‘Ze hebben dezelfde hormonen. Als je bij meester en juf thuis komt, ben je gelijk besmet en denk je alleen nog in geheimen.’
De hele klas proestte van het lachen.
Meester kreeg een kleur. Hij zwaaide met zijn handen door de lucht, dat was het teken dat ze stil moesten worden.
‘Gaat u het vertellen?’ vroeg Jelle.
Meester knikte. ‘Er was net een mevrouw die de baas is van alle scholen in onze regio. Ze is de directrice en beoordeelt alles.’
‘Spannend!’ riep Mieke.
‘Ssssstt, stil nou.’ Iris ging op het puntje van haar stoel zitten.
Meester ging verder. ‘De mevrouw had autopech en kwam daardoor veel te laat voor de afspraak die ze met mij had. Ik kon haar natuurlijk niet zomaar weer naar huis sturen.’
Een aantal kinderen knikte.
Meester zei: ‘We hebben het gesprek nog wel ingekort, maar ik kon niet voorkomen dat het allemaal een beetje uitliep.’
‘Dus eigenlijk bent u te laat omdat die mevrouw te laat was,’ concludeerde Mieke.
Meester knikte instemmend. ‘Zo, en nu weten jullie wel genoeg,’ zei hij. ‘Het is de hoogste tijd om aan de slag te gaan.’
‘Maar wat kwam ze dan precies doen?’ vroeg Iris.

‘En wat bedoelt u met beoordelen, zijn we niet goed genoeg of zo?’ Tijs keek verbaasd.
‘Ik mag er niet meer over zeggen, dat heb ik die mevrouw beloofd,’ antwoordde meester.
‘Ah …, toe nou,’ smeekte Iris.
‘We zijn toch de liefste, leukste en braafste klas van de hele school,’ slijmde Mieke.
‘En een geheim kunt u heel goed met ons delen,’ zei Sophie.
‘Vraag dat maar aan uw vrouw,’ vulde Rutger aan.
‘En we beloven dat we de hele middag hard zullen werken,’ zei Sem.
‘Oké, oké, jullie winnen,’ zei meester. ‘Ik zal het vertellen. Maar jullie moeten echt beloven dat jullie het aan niemand doorvertellen.’
‘Afgesproken!’ riep groep 6 in koor. Tien linkerhanden gingen de lucht in, net zoals ze dat gewend waren bij juf Ilse.
‘Goed,’ zei meester en hij schraapte zijn keel. ‘Die mevrouw waar ik jullie over vertelde, wil elk jaar een school uitroepen tot uitmuntend. Daarvoor gaat ze een competitie uitschrijven waaraan vier scholen mogen meedoen. Nu is onze school ook geselecteerd.’
Alle kinderen begonnen te juichen.
‘We horen bij de beste scholen!’ jubelde Iris.
‘STILTE!’ brulde meester. ‘Wat had ik nu gezegd! Dit is een geheim en dat moet het blijven. Als jullie gaan juichen alsof Nederland wereldkampioen voetballen is geworden, dan staat straks de hele school hier bij de deur.’ Meester keek nadrukkelijk de klas rond. ‘Ik wil jullie dus niet meer zo luidruchtig horen, begrepen?’
Er gingen opnieuw tien linkerhanden de lucht in.
‘Oké, waar was ik gebleven?’
‘Dat wij ook geselecteerd zijn,’ zei Sem.
Meester knikte. ‘In het najaar beslist de directrice, samen met andere mensen van een beoordelingscommissie, welke scholen mogen meedoen aan de competitie. De school die wint, mag zich een jaar lang “uitblinker” noemen van alle basisscholen.’
‘Maar, meester,’ onderbrak Tijs, ‘hoeveel scholen doen er dan mee? Als alle basisscholen uit onze regio meedoen, is de kans heel klein dat we winnen.’
‘Er zijn nu tien scholen geselecteerd,’ zei meester. ‘Dat aantal wordt teruggebracht naar vier en die strijden met elkaar om de eerste plaats. Ik krijg na de zomervakantie een brief of we door zijn en wat we moeten doen.’

De kinderen keken met grote ogen naar meester. Hij had zojuist wereldnieuws verteld! Het was nog lang niet zeker of zij de beste waren, maar het was al bijzonder genoeg dat hun school geselecteerd was.
'En nu gaan we aan het werk,' zei meester. 'Ik wil zo vlak voor de zomervakantie begint nog wel wat dingen afronden.'
Meester hield het tempo erin. Een opdracht vermenigvuldigen, een invuloefening d's en t's en vijf bladzijden begrijpend lezen volgden elkaar snel op. Iedereen pufte en zwoegde om alles af te krijgen. Toen meester voor de laatste keer de klassenmap pakte, zei hij: 'Oké, jongens en meiden, de laatste opdracht voor vandaag: werken aan de spreekbeurt. Ga maar gauw aan de slag. Hup, hup.'
'Nu doet-ie het weer,' giechelde Iris. 'Hup, hup.'
Joep begon te jennen: 'Meester lijkt op juf, meester lijkt op juf.'
'Fout!' riep Rutger. 'Het is: meester is op juf.'
De hele klas schaterde van het lachen toen het gezicht van meester rood aanliep.
'En nu vliegensvlug aan de slag,' zei hij. 'Zeshonderd maal hup!'
De kinderen gehoorzaamden.
Tijs pakte een iPad uit de kast. Hij had er al de hele dag naar uitgekeken om te mogen werken aan de spreekbeurt. Nu in groep 6 verzamelden ze informatie en straks in groep 7 gaf iedereen daarover een presentatie. Tijs had bij de Waddenvereniging een spreekbeurtpakket aangevraagd, zelf informatie verzameld over de kleurringen en hij wist door de post van oom Mervyn al iets over het broeden op de toendra, maar dat was nog niet genoeg voor een echte spreekbeurt over kanoeten. Op internet vond hij iets over kanoeten in het Engels. Hij las: *Red Knot*. Het woord *knot* zal wel verwijzen naar kanoet, dacht hij. De Engelsen hebben gewoon de letters a en e weggelaten. En *red* was van het roestrode verenkleed in de zomer.
Hij swipete met zijn vinger over het scherm en zocht verder. Hij had twee prangende vragen. Hoe wist een kanoet wanneer hij moest vertrekken naar de toendra? En hoe kon een kanoet in één keer vanuit West-Afrika naar Ameland vliegen?
Hij las op een Nederlandse website dat trekvogels zoals kanoeten een eigen klok hebben. Die klok zit verstopt in hun kop en staat in verbinding met hun ogen. De ogen meten hoe lang het licht is op een dag. Als het langer licht blijft dan donker, dan weet een trekvogel dat het zomer wordt. Hij moet naar zijn broedgebied in het noorden vliegen. Na de zomer wordt het weer minder lang licht en dan vliegt hij weer naar het

zuiden om te overwinteren. Handig, dacht Tijs en hij zocht verder naar een antwoord op zijn tweede vraag. Dat kon hij helaas niet vinden, want de meeste informatie was in het Engels.
'Jullie mogen zachtjes met elkaar overleggen,' zei meester.
Tijs stootte Mieke aan. 'Kun jij me helpen?' vroeg hij.
'Waarmee?'
'Ik vind veel informatie in het Engels. En nu dacht ik ...'
'... dat ik je wel even kan helpen met vertalen,' raadde Mieke.
'Ja, wil je dat doen?'
'Laat eens zien.' Mieke stak haar hand uit.
Tijs gaf Mieke de iPad.
Mieke las aandachtig de eerste regels van een artikel. Ze schudde haar hoofd bij woorden als *mudflat*, *bird* en *research.*
'Dat bedoel ik dus,' zuchtte Tijs. Hij keek teleurgesteld voor zich uit.
Meester liep een rondje door het lokaal.
Tijs stak zijn hand omhoog.
Meester schoof de iPad naar zich toe, las de eerste regels en schudde ook zijn hoofd.
'Dit is te moeilijk voor iemand van groep 6,' zei hij. Hij scrolde in het artikel naar beneden. Er stond een e-mailadres met daarachter de naam van een Nederlandse onderzoeker.
'Misschien kun je naar dat adres een mailtje sturen,' stelde meester voor, 'en vragen of die persoon je verder kan helpen.'
'Bedankt meester, dat ga ik doen.' Tijs opende vlug zijn mailbox. Het e-mailadres kopieerde hij naar de adresregel. En dan? Hij dacht na. Moest hij nu ook zo ingewikkeld schrijven als die onderzoekers deden? Dat kon hij niet eens! En wat moest hij eigenlijk schrijven? Meteen beginnen met al zijn vragen? Nee, dan werd het een veel te lange e-mail.
Tijs zuchtte. Hij keek rond. De meeste kinderen waren druk aan het werk, behalve Lars. Die zat verveeld voor zich uit te kijken, maar dat was niet bijzonder.
De meeste jongens deden hun spreekbeurt over voetbal. Juf had hen verteld dat ze allemaal een ander onderdeel van de sport moesten uitwerken. 'Anders krijgen we drie keer dezelfde spreekbeurt,' had ze gezegd. En dus deed Rutger het over stadions, Sjors over de spelregels en Sem over verschillende technieken.
Tijs staarde weer naar het scherm. Hoe moest hij eigenlijk beginnen? *Geachte meneer Leerse*? Of kon *Beste meneer Leerse* ook? Of was het beter om

te zeggen: *Hoi Lieuwe?* Tjee, zo'n mailtje typen was nog niet zo makkelijk.
'Jullie mogen opruimen,' klonk de stem van meester. 'Het is tijd. Wat je nog niet af hebt, maak je thuis af, want na de zomervakantie gaan we in groep 7 al snel beginnen met de eerste spreekbeurt.'
'Yes!' riep Rutger. 'We hebben weekend!'
Tijs zuchtte. Het was een goed idee van meester om een mail te sturen, maar verder dan het idee was hij nog niet gekomen.

Thuis sprintte Tijs direct naar zijn kamer.
'Wil je geen thee?' riep moeder hem achterna.
'Geen tijd, ik moet iets belangrijks doen.'
Met een klik viel zijn deur in het slot. Hij zou en moest voor het avondeten de mail verstuurd hebben naar meneer Leerse. Hij drukte zijn laptop aan en opende zijn mail. Vijf minuten keek hij naar het scherm. 'Hmmm, zo wordt het niks,' bromde hij tegen zichzelf. Hij begon lukraak te typen wat er in ieder geval in moest. Zijn naam, dat was één. Hoe oud hij was, of was dat niet belangrijk? Ach, dat kon geen kwaad, dan wisten ze tenminste dat hij nog op school zat. En natuurlijk het belangrijkste, waarom hij deze mail stuurde. Na hier en daar nog wat schrappen, stuurde Tijs het volgende:

> Beste Lieuwe Leerse,
>
> Mijn naam is Tijs de Boer. Ik zit in groep 6 op basisschool De Achtsprong. Ik doe mijn spreekbeurt over kanoeten. Ik vind veel informatie in het Engels. Dat is nog te moeilijk voor mij. En ik heb ook een vraag. Hoe kan een kanoet van Afrika naar Ameland vliegen zonder pauze te nemen?
>
> Groet,
> Tijs

's Avonds, vlak voordat hij naar bed ging, kroop Tijs nog even achter zijn laptop. Misschien had Lieuwe al gereageerd, dacht hij. Hij opende zijn mail. Eén nieuw bericht!

Hoi Tijs,

Je mag me gewoon met je of jij aanspreken, hoor!

Wat leuk dat je een spreekbeurt doet over kanoeten. Wij schrijven heel veel in het Engels. Dat is de schrijftaal in het wetenschappelijk onderzoek. Ik begrijp dat dat voor jou te moeilijk is. Ik wil je daarom heel graag helpen. Misschien kun je een keer langskomen bij ons onderzoeksinstituut op Texel.

Je bent van harte welkom!

Groet!
Lieuwe

PS Het antwoord op je vraag: een kanoet past zijn lichaam aan. Hij maakt sterke spieren om mee te vliegen en hij verkleint zijn maag, want die heeft hij toch niet nodig onderweg. Verder heeft hij in de weken voor zijn vliegreis extra veel gegeten, zodat hij genoeg brandstof heeft om tijdens de vlucht zijn vliegspieren van energie te voorzien.

Wow, een keer naar Texel! Of hij dat wilde? Zeker weten! Alleen, hoe kwam je daar? Snel zocht hij een kaart. Oei! Texel lag helemaal boven in de provincie Noord-Holland. Dat was veel te ver op de fiets. Wat nu? Hij dacht een paar tellen na en rende naar beneden. De laatste twee treden sloeg hij over en hij stormde de werkkamer van vader binnen.
'Pap, pap! Een onderzoeker vraagt of ik naar Texel kom voor mijn spreekbeurt. Breng jij mij even?'
Vader keek op vanachter zijn tablet. 'Wat zeg je?'
'Of je mij een keer naar Texel kunt brengen?'
'Naar waar?'
'Texel,' antwoordde Tijs ongeduldig.
'Waarom?'
'Voor informatie over mijn spreekbeurt.'
'Kan dat niet worden opgestuurd?'
'Nee.'

'Hmmm ...' deed vader. 'En wanneer moet je ernaartoe?'
'Ehm ...' Tijs beet op zijn lip. 'Dat weet ik nog niet.'
'En heb je dit al met juf of meester overlegd? Kun je daarvoor vrij krijgen van school? Ik neem aan dat je daar in het weekend niet terechtkunt.'
Daar had vader een punt, dacht Tijs.
'En ik vind het ook wel erg ver rijden,' zei vader. 'Ik denk niet dat ik daarvoor tijd kan vrijmaken.'
Ai, dacht Tijs. Maar hoe moet het dan? Hij liep teleurgesteld terug naar zijn kamer en liet zich languit op zijn bed vallen.
Moeder liep naar boven. 'Tijs, bedtijd. Lig je er al in?'
Tijs veerde overeind en deed net alsof hij druk was met omkleden.
'Alleen mijn pyjama nog en dan ben ik klaar,' riep hij.
Moeder deed de deur van zijn slaapkamer open.
'Waarom staat je laptop nog aan?' vroeg ze.
'Ik moest nog even iets checken.'
'Je krijgt nog tien minuten en dan zijn je tanden gepoetst, liggen je kleren klaar voor morgen en staat je laptop uit.'
'Ja, mam.' Mokkend deed Tijs wat moeder zei.
Precies zeshonderd tellen later kwam moeder controleren. Tijs lag in bed en hij had zijn dekbed over zich heen getrokken.
'Keurig,' zei moeder. 'Wil je dat ik nog even voorlees of ga je meteen slapen?'
'Dat laatste,' antwoordde Tijs.
'Oké, welterusten.'
Moeder deed het licht uit. Zodra ze de trap afliep, kwam Tijs zachtjes overeind. Hij hoorde de deur naar de kamer dichtgaan. Hij stapte voorzichtig uit bed en drukte zijn laptop weer aan. Hij opende zijn mailbox, klikte op het mailtje van Lieuwe en vervolgens op beantwoorden.

Beste Lieuwe,

Bedankt voor het antwoord! Ik kan helaas niet naar Texel komen. Heb je misschien ook informatie die je kunt opsturen?

Groet,
Tijs

# Turnkampioenschap

De volgende morgen was Tijs vroeg wakker. Hij startte meteen zijn laptop op. Lieuwe had gereageerd!

Hoi Tijs,

Jammer dat het niet lukt om naar Texel te komen. We kunnen je hier namelijk heel mooi laten zien wat we allemaal doen! Gelukkig biedt internet ook mogelijkheden.

In de bijlage vind je een video. Je ziet mij en een collega-onderzoeker in een vogelverblijf. Dat vogelverblijf is speciaal gebouwd voor wadvogels. In de video stelt een journalist mij vragen over wat we doen en waarom we dat doen.

Als jij vragen hebt, stel ze gerust! En ik zal kijken of ik nog meer informatie voor je kan vinden!

Grote groet!
Lieuwe

Tijs pakte een paar oordopjes uit zijn bureaula, plugde het snoertje in en startte de video.

'Beste kijker, we zijn hier in het wadvogelgebouw van het NIOZ. Het NIOZ is het Koninklijk Nederlands Instituut voor Onderzoek der Zee. Bij het NIOZ doen wetenschappers onderzoek naar

alles wat in, op, onder en boven de zee leeft. In dit gebouw wordt onderzoek gedaan naar kanoeten. Dat zijn vogels die elk jaar op en neer vliegen tussen hun broedgebied op de toendra en hun wintergebied in West-Afrika. Om die lange reis te kunnen maken, moeten ze goed eten. En daar doet Lieuwe onderzoek naar.
LIEUWE: We kijken vandaag met een echoscoop naar de maag van een kanoet. Die maag is heel belangrijk voor het kraken van kleine schelpdieren, hun favoriete voedsel.
JOURNALIST: Een maag die kraakt?
LIEUWE: Ja, een kanoet slikt een schelpdier, zoals een kokkeltje of een nonnetje, in één keer door. In de maag wordt het schelpje om het vlees kapot gedrukt door sterke spieren.
JOURNALIST: En zo'n echoscoop, hoe werkt dat precies?
LIEUWE: Ik zal dat samen met mijn collega Jort laten zien. Jort heeft op zijn schoot een theedoek, zoals u ziet. Daarop ligt een kanoet op zijn rug. De kop van de vogel is afgedekt met een punt van de theedoek. Dat doen we, omdat een dier rustig wordt als het donker is.'

Tijs zag op het scherm van zijn laptop hoe Jort voorzichtig met zijn vingers de veren op de buik opzij duwde.

'LIEUWE: Jort smeert nu een klein beetje gel op de huid van de vogel. Hij wrijft vervolgens met een sensor over de gel om een opname te maken van de maag. Je ziet dat er op het donkere computerbeeldscherm allemaal witte lijntjes verschijnen. Als Jort de maag goed in beeld heeft, drukt hij op een voetpedaal om een opname te maken. Hij meet de lengte en de breedte van de maag en veegt daarna met een stukje keukenpapier de gel van de buik. Zo gepiept, ziet u!
JOURNALIST: Inderdaad, dat gaat best snel. En de vogel heeft er zo te zien geen last van. U lijkt net een dierenarts.
LIEUWE: Daar hebben we het ook van nageaapt. We willen een kanoet het liefst niet opereren om te zien hoe groot zijn maag is. Dit is een heel mooi alternatief. Het geeft geen bloederige vingers en de vogel heeft geen pijn.
JOURNALIST: Oké, duidelijk. Maar waarom meten jullie hoe groot de maag is van een kanoet?

LIEUWE: Ik heb al verteld dat een kanoet harde schelpdieren in één keer doorslikt en dat hij die in zijn maag kraakt. De vogel heeft daarvoor nodig: een grote maag met sterke spieren. Het is voor een kanoet alleen niet handig als hij een grote maag meesjouwt tijdens zijn lange vliegreis, want hoe meer gewicht, hoe meer energie het vliegen kost. Ook zijn er op Groenland geen schelpdieren te eten. Een kanoet vindt er alleen insecten en voor het eten van insecten is geen grote gespierde maag nodig.
JOURNALIST: Dat begrijp ik. Maar kunt u ook nog antwoord geven op mijn vraag: Waarom meten jullie de maaggrootte van een kanoet?
LIEUWE: We doen een proef waarbij we van tien kanoeten elke dag de maag meten als ze een week lang schelpdieren eten. Daarna geven we de tien wadvogels een week lang zachte vismeelkoekjes. Ook dan meten we elke dag hun maag. We kunnen dan zien of de kanoetenmagen veranderen.
JOURNALIST: En wat denken jullie te vinden?
LIEUWE: De proef duurt nu anderhalve week en we zien dat de kanoeten een kleine maag krijgen als ze zacht voedsel eten. Dat is ook precies wat we verwachten, want als een kanoet geen schelpen hoeft te kraken, dan worden zijn maagspieren slapper en dus zijn maag kleiner. En dat is heel handig voor als ze op reis gaan, zoals ik al vertelde.
JOURNALIST: Lieuwe, bedankt voor het beantwoorden van mijn vragen en fijn dat we mee mochten kijken met jullie onderzoek.'

De video stopte. Tijs was diep onder de indruk van wat hij had gezien. Hij dacht aan juf Ilse. Die had ook een echo laten maken van haar buik. Zo werkte dat dus. En inderdaad, daar had je geen verdoving voor nodig. Hij keek op zijn wekkerradio en schrok van de tijd. Het was al half negen! Hij mocht wel opschieten, want om half tien had hij met Mieke, Rutger en Lars afgesproken bij de sporthal. Vandaag was de turnwedstrijd van Iris.

Hij waste zich, deed zijn kleren aan, at twee boterhammen met hagelslag, dronk een beker melk, poetste zijn tanden, strikte de veters van zijn schoenen en pakte zijn jas van de kapstok.

Precies op tijd parkeerde hij zijn fiets in de fietsenstalling van de sporthal. Hij liep naar Rutger en Mieke die al bij de ingang stonden te wachten.
'En nu Lars nog,' zei Mieke nerveus.
'Lars komt heus zo wel,' stelde Rutger haar gerust.
'Maar het begint al bijna,' en Mieke keek zoekend tussen de mensen.
De sporthal stroomde vol met publiek. Opa's, oma's, ouders, broertjes, zusjes en andere belangstellenden zochten een plekje op de tribune.
'Ja, daar!' riep Tijs. 'Daar is Lars.'
'Hij ziet ons niet,' merkte Rutger op.
'Bel hem op,' stelde Mieke voor.
Rutger probeerde het, maar de telefoon ging niet over.
'Ik loop wel naar hem toe. Blijven jullie hier staan.' Tijs snelde naar Lars. Die zette net zijn fiets weg in een rek.
'Ik was hem vergeten en moest dus terug naar huis,' zei Lars. Hij doelde op het spandoek dat onder zijn snelbinders zat. Tijs en Mieke hadden op een oude witte lap met textielstiften een tekst geschreven. Rutger en Lars hadden aan de uiteinden van het doek twee stokken vastgemaakt. Zo konden ze het spandoek makkelijk in hun hand omhoog houden en daarna weer oprollen. Een handigheidje van Lars, die met zijn behendige vingers de klus zo had geklaard.
Ze zochten vlug een plekje op de tribune. De tribunelichten doofden, wat betekende dat de wedstrijden gingen beginnen. Een man in een deftig pak stapte naar voren en sprak het publiek toe.
'Dat is de voorzitter van de turnbond,' fluisterde Mieke. Ze wist precies wat er allemaal ging gebeuren. Ze zat zelf ook op turnen, in hetzelfde trainingsgroepje als Iris, maar een jaar geleden was ze gestopt. Noodgedwongen. Haar linkerbeen groeide sneller dan haar rechter en dus mocht ze even niet sporten. 'De kans op blessures is te groot,' had de dokter gezegd. 'Als je groeispurt voorbij is, mag je weer turnen.' Mieke had het teleurgesteld geaccepteerd. Er zat niets anders op dan toekijken vanaf de tribune en luisteren naar wat de voorzitter te zeggen had.
'Welkom, beste mensen. Van harte welkom. Fijn dat u allemaal bent gekomen. Laten we hopen op een sportieve strijd en dat de beste deelnemers en deelneemsters na afloop op het podium mogen staan. Laat dit grote sportevenement maar beginnen!'
Er klonk luid applaus.
Lars keek verontwaardigd om zich heen. 'Je denkt toch niet dat ik ga klappen, hè? Die man heeft nog helemaal niets gedaan.'

Mieke gaf hem een duw. 'Doe dan net alsof,' zei ze.
Lars schudde zijn hoofd.
De voorzitter ging verder met zijn openingsspeech: 'De jongens en meiden beginnen met hun warming-up,' zei hij. 'Daarna laten ze allemaal vier oefeningen zien die de bond heeft voorgeschreven voor deze wedstrijd. De jury geeft elke deelnemer een cijfer en degene met de hoogste score, die wint.'
'Goh,' mompelde Lars. 'Verrassend, hoor, dat iemand met het hoogste cijfer wint.'
'Doe nu even niet zo stom,' zei Mieke geïrriteerd. 'Dit hoort er gewoon bij.'
'Maar ik mag die man niet,' bromde Lars. 'Hij staat daar maar een beetje popiejopie te doen in zijn nette pak met stropdas. Hij lijkt wel een aap. En alles wat hij zegt, staat ook in steekwoorden op het grote scherm achter hem.'
Daarop antwoordde Mieke bits: 'Die tekst op het scherm is ter ondersteuning. En het is de gewoonte dat de voorzitter het publiek toespreekt. Je moet maar even doen alsof die man er niet is. Dan heb je er verder ook geen last van.'
De voorzitter verdween van het toneel en het lange snoer van zijn microfoon werd opzij geschoven. Alle zaallichten gingen weer aan. Iris verscheen op de sportvloer. Ze deed wat rek- en strekoefeningen. Mieke en Rutger zagen aan haar dat ze zenuwachtig was.
Mieke klonk gespannen: 'Ik hoop niet dat ze door de zenuwen slecht gaat turnen.'
Rutger maakte een kalmerend gebaar. 'Iris heeft veel getraind, ze kan het wel.'
'Maar je weet hoe onzeker ze wordt op het moment dat het moet,' rilde Mieke. 'Laatst met gym ging het ook helemaal fout toen ze van juf een demonstratie mocht geven aan de klas.'
'Geloof me nu maar,' klonk Rutger bemoedigend. 'Iris staat straks gewoon op het podium.'
'Wanneer gaan we nou het spandoek laten zien?' vroeg Lars ongeduldig.
'Straks,' antwoordde Mieke.
Tijs hield zich stil. Hij keek aandachtig naar Iris. Ze zag er leuk uit in haar rode turnpakje. Het was net zo mooi rood als het zomerkleed van een kanoet, vond hij.
Na de warming-up volgde een voorstelrondje voor het publiek. Rutger en Lars stonden in het gangpad en rolden het spandoek uit. Ze hielden

allebei een kant vast. Iris glimlachte toen ze de tekst zag: 'Iris is onze uitblinkster'.
Opnieuw doofden de lichten boven de tribune. De man in het deftige pak stapte naar voren.
'Nu gaat het echt beginnen,' riep hij enthousiast.
Er klonk applaus van de tribunes, behalve van Lars, want die hield zijn handen tegen zijn oren.
Mieke fluisterde: 'De oefeningen worden samen een meerkamp genoemd. Dat heb ik laatst op televisie gezien.'
'Meerkamp of niet, als die man nog één woord roept, dan gooi ik mijn appel naar zijn hoofd.' Lars haalde het stuk fruit uit zijn jaszak.
'Dan kan je meteen vertrekken,' waarschuwde Tijs. 'Heb je die ene dikke beveiliger bij de ingang gezien? Als het moet tilt die jou met één vinger naar buiten.'
Er klonk muziek. Op verschillende plekken in de sporthal werd gestart met een oefening. Iris keek gespannen naar de randen van de mat waarop ze haar vloeroefening ging laten zien. De randen waren gemarkeerd met een witte lijn. Als ze daaroverheen stapte, kreeg ze strafpunten. Ze haalde nog één keer diep adem en nam een grote aanloop. Ze maakte twee keer een radslag en bleef precies binnen de witte lijnen.
'Yes,' gilde Mieke. 'Dat ging goed!'
Iris deed een handstand en een koprol. Ook dat ging prima. Tussen de turnelementen in maakte ze balletachtige bewegingen op de muziek. Het zag er allemaal heel sierlijk uit.
'Wow!' zei Tijs, die onder de indruk was.
'Ssssstt ...,' deed Mieke. Ze hield haar handen half voor haar gezicht vanwege de spanning.
Rutger keek naar de klok. Er waren nog dertig seconden over.
Iris nam een aanloop, maakte een flikflak en toen ... toen ging het mis. Ze viel pijnlijk op haar linkerschouder.
'O, nee, dat betekent puntenverlies.' Tijs sloeg zijn handen voor zijn ogen.
Iris bleef even liggen, maar krabbelde weer overeind. Per ongeluk plaatste ze daarbij haar voet over de witte lijn.
'Nee, ook dat nog,' treurde Mieke. 'Nog meer strafpunten.'
De zoemer klonk. De tijd was voorbij. De jury liet het cijfer zien: een zes.
Iris ging teleurgesteld naast haar trainer zitten.
'Die zal haar moed inspreken,' hoopte Tijs. 'Ze mag nog drie oefeningen turnen. En het resultaat van alle vier de oefeningen telt mee voor het eindcijfer.'

Rutger concludeerde: ‘Er is dus nog niets verloren.’
Iris liep naar de evenwichtsbalk. De balk was maar tien centimeter breed en stond een klein stukje boven de grond.
‘Dit is het lastigste onderdeel,’ wist Mieke. Ze wees naar de overkant van de sporthal, waar de balk stond opgesteld.
‘We hadden wel een verrekijker mee mogen nemen,’ zei Lars. ‘Dat ding staat zo ver bij ons vandaan.’
‘Je hebt ook overal commentaar op, hè,’ zei Mieke verontwaardigd. ‘Ze kunnen toch niet al die toestellen voor het deel van de tribune plaatsen waar wij toevallig zitten.’
Lars haalde zijn schouders op.
Iris turnde een mooie oefening en kreeg van de jury een acht.
‘Goed zo!’ riep Tijs enthousiast.
Iris kreeg even tijd om op adem te komen. In haar korte pauze zag ze dat de andere meiden lieten zien waarom ze ook mee mochten doen aan de wedstrijden. Er werden alleen maar hoge cijfers gescoord.
Mieke zei: ‘Het zal voor Iris nog heel moeilijk worden om het podium te halen.’
Tijs knikte instemmend.
Rutger rekende uit: ‘Iris staat nu gemiddeld een zeven. Dat is zelfs niet genoeg voor brons.’
Lars ging staan. Hij rolde het spandoek uit. Het onderdeel sprong was vlakbij. Iris zag het spandoek en stak haar duim omhoog. Tijs en Mieke begonnen haar aan te moedigen.
Iris nam plaats voor de rechte mat en concentreerde zich. Het publiek begon zachtjes te klappen. Iris stak haar armen recht in de lucht. Ze begon te rennen, maakte een radslag, zette zich af op de springplank en sprong heel mooi in balans over de bok.
Er klonk direct applaus van het publiek. Ook de jury knikte goedkeurend. Op het grote digitale bord verscheen het cijfer negen.
‘Een negen!’ riepen Tijs en Mieke in koor. ‘Wauw!’
Lars en Rutger sprongen met het spandoek in hun handen van blijdschap omhoog.
‘Ik zei toch dat ze het kon,’ viel Rutger in herhaling. ‘Het komt helemaal goed. Dat voel ik gewoon.’
Het laatste onderdeel was de brug met ongelijke leggers. De brug bestond uit twee lange stokken. Die werden de leggers genoemd. De leggers waren op ongelijke hoogte ingesteld. Om van de ene legger naar de andere te

komen, moest Iris een vluchtelement maken.
Ze startte haar oefening door eerst een paar keer rond de hoogste legger te zwaaien.
Tijs zat zo ver naar voren, dat hij bijna van de tribunebank viel. 'Ik hoop dat haar schouder het volhoudt,' zei hij.
Mieke piepte: 'Ik hoop het ook.'
Het eerste vluchtelement lukte. Met gespreide armen en benen vloog Iris van de hoge legger naar de lage.
Tijs keek vol bewondering. Iris had best wel spierballen, vond hij. En dat kwam natuurlijk door al het trainen. Hij dacht aan de video van vanmorgen. Een kanoet kreeg sterke spieren als hij kleine schelpdieren kraakte in zijn maag. De maagspieren werden weer slap als hij alleen maar zachte vismeelkoekjes at. Dat gold natuurlijk ook voor iemand die bijna niet sportte, zoals Joep, dacht hij, want Joep was computerverslaafd en zat thuis alleen maar te gamen.
Door zijn afdwalende gedachten miste Tijs bijna een uniek onderdeel in de turnoefening van Iris. Het lukte haar om op de kop heel even stil te hangen aan de hoogste legger met haar beide benen netjes langs elkaar.
'Dit hebben alle andere turnsters nog niet laten zien,' merkte Rutger op.
En Mieke wist: 'Dit wordt een hoge score. Dat kan niet anders.'
Iris zwaaide een paar keer om de lage legger en bereikte met een vluchtelement de hoge legger. Daar zwaaide ze nog vier keer omheen en maakte toen een afsprong.
Lars riep opgewonden: 'Ze maakte een salto!'
Iedereen op de tribune ging staan en juichte Iris toe. De jury gaf een negen-en-een-half!
Mieke riep blij: 'Het hoogste cijfer van alle turnsters voor deze oefening!'
Met die score eindigde Iris op de tweede plaats. Het vijftal kwam bij elkaar in de ontvangsthal.
'Je bent echt goed,' prees Rutger.
'Ik wou dat ik zoiets kon,' vulde Lars aan. 'Vooral die laatste oefening was echt heel gaaf.'
Tijs zwijmelde: 'Ik heb altijd al eens willen vliegen. Hoog door de lucht, net zoals kanoeten. En jij kunt dat gewoon!'
Rutger grapte: 'Droom jij maar lekker weg, fantasiewonder. Als mens kun je toch niet vliegen.'

Daar moest Mieke wel een beetje om lachen en ze zei: 'Volgens mij vinden we allemaal dat je geslaagd bent voor je opdracht, Iris. Het was heel mooi om te zien en zelfs de jongens zijn onder de indruk. Daarmee ben je voor ons een echte uitblinkster.'
Iris kreeg een kleur van alle lovende woorden. 'Ik heb vandaag twee dingen gewonnen,' zei ze. 'Een zilveren medaille op het turnkampioenschap en ik ben vanaf nu een echte uitblinker binnen de club.'
Tijs gaf haar een knipoog. Iris had het dubbel en dwars verdiend, vond hij.

# Drijfslik

Twee weken later was het zomervakantie. Op Ameland vlogen de dagen voorbij. Tijs vermaakte zich op het strand, beklom de vuurtoren en viste samen met neef Jurre met een sleepnet in zee. De garnalen die ze bij de laatste trek vingen, namen ze mee naar huis.

'Dit wordt smullen,' zei Anne. Ze haalde de deksel van een pan met kokend water en deed de grijsbruine en half doorzichtige beestjes erin.

Tijs zag hoe de garnalen roze kleurden. Jurre had verteld dat ze hun schutkleur verloren doordat het eiwit dat gebonden was aan de kleurstof roze, van vorm veranderde waardoor de roze kleur zichtbaar werd.

Anne pakte een zak aardappels en begon te schillen.

'Eten we stimpstamp?' vroeg Tijs.

Anne schudde haar hoofd.

'Jammer, want daar ben ik dol op.'

Tijs lustte graag stamppot andijvie. In het Amelands, een Nederlands dialect, werd dat stimpstamp genoemd.

Tijs probeerde het opnieuw: 'Dan eten we ze vast gebakken.'

'Nee,' zei Anne. 'Je mag nog één keer raden.'

'Tja,' zei Tijs. 'Je kunt ze in een ovenschotel doen. Je kunt er puree van maken.'

'Dat laatste lust Jurre niet,' zei Anne.

Tijs haalde zijn schouders op. 'Dan weet ik het niet,' zei hij.

Anne gaf hem twee hints: 'We maken ze klaar bij hoge temperatuur en je bent er dol op.'

Tijs dacht na.

Anne sneed intussen de aardappels in reepjes.

'Ja!' riep Tijs. 'Patat. Eten we patat?'

Anne glimlachte.

'YES!' Tijs maakte een vreugdedansje en riep uitgelaten: 'Patat met lekker veel mayo.'
'En een garnalenkroket,' zei Anne.
Jurre kwam de keuken in lopen. Hij haalde de pan met garnalen van het vuur, gooide ze op een wit laken, strooide er zout overheen, liet ze afkoelen, pakte een krant en begon te pellen.
Tijs ging naast hem zitten en zag hoe zijn neef met één hand een garnaal bij de kop pakte en met zijn andere hand het lijfje vasthield. Hij draaide het lijfje een kwartslag, trok de schubben er vanaf en vervolgens de kop.
Tijs probeerde het ook. Het was een heel gepriegel. Het prutswerkje kostte hem meer moeite dan Jurre. Na een kwartier had hij er vijftien gepeld, terwijl Jurre er al vijftig had gedaan.
Anne maakte van de garnalen, wat bloem, boter en bouillon zes garnalenkroketten. Jurre stopte ze samen met de frieten in de frituurpan.
'Wie wil er als voorafje wat zeekraal?' vroeg Anne.
Tijs keek haar verbaasd aan. Kon je die houtachtige stengeltjes dan eten?
Jurre smikkelde ervan en zei: 'Zeekraal lijkt op een minicactus, maar dan zonder stekels.'
'Wil je ook proeven?' vroeg Anne.
Tijs twijfelde. Zodra hij aan het woord cactus dacht, voelde hij al geprik op zijn tong. Anne plukte een stukje van een stengeltje en stopte het in haar mond.
'Heerlijk!' riep ze.
Tijs probeerde het ook. Het smaakte zout, maar wel lekker.
'Het is met een beetje fantasie net chips,' zei Jurre.
Anne hield een stengeltje tegen het licht en zei: 'De steel van het plantje ziet eruit als een snoer van aan elkaar geregen kraaltjes. Dat verklaart ook de naam.'
Tijs pakte een paar schelpjes uit de vensterbank en begon ermee te spelen. Er zaten veel nonnetjes bij.
'Zin in een potje vier-op-een-rij?' vroeg Jurre.
Tijs knikte.
Jurre tekende twaalf vierkantjes en zei: 'Jij de grote nonnetjes en ik de kleine.'
Ze speelden vijf spelletjes, waarvan Tijs er drie won.
'De grote nonnetjes zijn echte Big Macs,' zei Jurre.
Tijs fronste nadenkend.

‘Voor kanoeten,’ verduidelijkte Jurre. ‘Nonnetjes die te groot zijn om door te slikken, noem ik Big Macs. De Latijnse naam voor het nonnetje is *macoma* en de eerste drie letters zijn dus *mac*.’
‘Ik denk dat onze Big Macs wel klaar zijn,’ zei Anne en ze keek op de kookwekker.
Jurre haalde het eten uit de frituurpan en ze gingen aan tafel. Tijs kneep een flinke klodder mayonaise uit een tube.
‘Net kanoetenpoep,’ smakte Jurre.
Tijs keek hem verbaasd aan. ‘Jij vergelijkt ook alles met de waddennatuur.’
‘Ja,’ ging Jurre verder, ‘maar als een kanoet poept, dan spuit er een witte brij van schelpengruis en plas naar buiten.’
Anne trok een vies gezicht.
Tijs keek naar de gladde substantie op zijn bord. ‘Poept en plast een kanoet tegelijk?’ vroeg hij.
‘Een vogel heeft geen blaas,’ sprak Jurre met volle mond. ‘Ze hebben maar één uitgang.’
‘Toe, jongens,’ zei Anne met een zuur gezicht. ‘Zo lust ik mijn eten niet.’
Tijs haalde een frietje door een dikke klodder mayo en zei: ‘De plas en poep van een kanoet smaakt vast niet zo lekker als deze witte saus.’
Anne schoof haar bord aan de kant.
Jurre nam een hap van zijn garnalenkroket en zei: ‘Ik laat je morgen kanoetenuitwerpselen zien. In de buurt van een echte wadstad ligt het wad er vol mee.’
‘Ik wil de woorden poep, pies en uitwerpselen nu niet meer horen,’ viel Anne hen resoluut in de rede.
Jurre en Tijs gehoorzaamden. Ze aten hun bord leeg en daarna ook dat van Anne, want die kreeg geen hap meer door haar keel na al die vieze verhalen. Het toetje sloegen Tijs en Jurre over: ze zaten vol. Anne at daarentegen twee schaaltjes yoghurt met muesli.
Tijs vroeg zich in gedachten af of Jurre nu ook stiekem aan wadvogelpoep dacht. De muesli leek dan op het schelpengruis en de yoghurt vormde de witte brij.
‘Help je mee opruimen?’ vroeg Anne.
Tijs vulde de vaatwasser.

’s Avonds in bed dacht hij na over de wadstad. Wat bedoelde Jurre daarmee? Jurre had zelf een keer gezegd dat je geen huizen kon bouwen op de modderige ondergrond, want dan zakten de muren weg, tastte het zoute water de betonnen fundering aan en overspoelde twee keer per dag de benedenverdieping. En hij had ook nog nooit een gebouw of een toren in de Waddenzee zien staan. Dus wat wilde Jurre eigenlijk aan hem laten zien?

De volgende middag fietsten Jurre en Tijs door de duinen. Het schelpengruis kraakte onder hun fietsbanden. Ze waren onderweg naar natuurgebied het Oerd. Tijs kreunde, want het was warm en Jurre fietste stevig door. Na een halfuur haalde hij dan ook opgelucht adem. 'We zijn er,' zei hij en hij liet zich languit in het gras vallen.
'Op de helft, ja,' reageerde Jurre koeltjes.
Tijs veerde van schrik weer overeind. 'Dat is een grapje zeker.'
'Helaas, we moeten de kwelder nog oversteken,' zei Jurre en maakte aanstalten om weer verder te gaan.
Tijs keek naar de uitgestrekte vlakte die voor hen lag. Hij zag nog nergens een wadstad. Ze liepen over stukken grasland, klauterden over prikkeldraad dat tussen paaltjes gespannen was en sprongen over kleine geultjes. Op dit deel van het eiland was geen dijk die een scheiding vormde tussen land en zee. De natuur ging volop haar eigen gang. Aan het einde van de kwelder wisselde Jurre zijn sandalen om voor een paar surfschoenen. Tijs deed het rustig aan.
'Schiet je op?' moedigde Jurre hem aan.
'Het is vakantie, hoor,' zei Tijs. Hij stopte zijn enkelsokken in zijn schoenen en keek op zijn horloge. Het was half twee. Over drie kwartier was het pas laagwater. Waar maakte Jurre zich nu zo druk om?
Jurre wiebelde ongeduldig op zijn benen heen en weer. 'Het tij wacht niet. Het tij wacht niet,' zei hij.
Tijs ritste op zijn gemak zijn surfschoenen dicht. Daarna stapten ze op het grijsbruine wad. Jurre zakte gelijk tot aan zijn enkels in het slik. Tijs sopte snel over de modderbodem. Het slik spatte alle kanten op. 'Doorlopen, neef, het tij wacht niet,' riep hij plagerig.
Jurre bromde iets binnensmonds. Met zijn grote lichaam was hij veel zwaarder dan Tijs. Even verderop werd de ondergrond steviger. Ze liepen naar een geultje. Het water voelde warm aan en het stroomde zachtjes langs hun enkels.
'Op het keerpunt van vloed naar eb staat het water tot aan mijn kin,' zei Jurre.
Tijs keek verbaasd. 'Dat is meer dan een meter.'
Jurre knikte. 'Daarom moet je het getij ook goed in de gaten houden.

Tijdens vloed stroomt het water op deze plek heel snel terug. Als je niet oppast, raak je ingesloten.'
Tijs keek naar de bodem. Hij zag nog niets dat op mayonaise of yoghurt leek. Ze struinden een stukje verder.
'Hoe ver is het naar de wadstad?' vroeg Tijs.
'Een kilometer,' antwoordde Jurre. 'Als we geluk hebben is de volgende geul niet te diep en hoeven we niet om te lopen.'
Tijs dacht aan Iris en Sem, die allebei met hun ouders op vakantie waren in Zuid-Spanje. En aan Mieke die naar Portugal ging en aan Rutger die vier weken lang met zijn ouders een rondreis maakte door Zuid-Afrika.
Jurre hield plots zijn pas in. Hij bewoog zijn middelvinger naar zijn lippen. Tijs begreep meteen wat dat betekende. Er was iets bijzonders te zien. Jurre wees naar links. Tijs zag in de verte veel vogels bij elkaar.
'Kanoeten,' fluisterde Jurre, terwijl hij door zijn verrekijker keek.
De vogels liepen heel dicht bij elkaar. Jurre wees omhoog. Daar, hoog in de lucht, zweefde een slechtvalk. Plots dook de roofvogel naar beneden. De groep kanoeten vloog in één keer wild op.
Jurre gaf zijn kijker aan Tijs. Die zag de grote klauwen, vleugels en de angstaanjagende kop van de slechtvalk die achter de kanoeten aanjoeg, maar telkens misgreep en uiteindelijk afhaakte.
'Gaaf!' riep Tijs.
'Kom,' zei Jurre. 'Dan gaan we naar de plek waar de kanoeten naar voedsel hebben gezocht.'
Even verderop knielden ze neer bij een glad sliertje poep.
'Dit is nou de mayonaise van het wad,' zei Jurre.
'Getsie,' zei Tijs. 'Hier zou ik mijn friet niet mee lusten.'
Jurre lachte. 'Als je de poepjes onder een microscoop legt, dan kun je aan de hand van de stukjes schelpengruis precies achterhalen welke schelpdieren een kanoet heeft gegeten.'
'Dan mag je wel handschoenen aan,' zei Tijs. Het leek hem een vies werkje.
'We gaan verder,' zei Jurre. 'Als we treuzelen, dan zijn we te laat om de wadstad te zien.'
Ze stonden op en liepen verder. Tijs keek langs zijn bruingekleurde benen. Hij had met Iris, Sem, Mieke en Rutger een weddenschap afgesloten: wie was het bruinst na de vakantie? Degene die het minst bruin was, moest trakteren op ijs.
'Wow!' riep Jurre. Hij bukte zich en pakte een schelp uit de geul waarover hij had verteld.

Tijs schrok op uit zijn gedachten en zag dat hij tot aan zijn knieën in het water stond.
'Kijk eens wat een mooie wulk.'
Tijs keek een beetje onverschillig naar de kegelvormige schelp.
'Hier leeft normaal gesproken een slak in.' Jurre hield de schelp tussen zijn duim en wijsvinger. 'Maar de wulken die je op het wad vindt, zijn meestal leeg.'
Hij legde de schelp op zijn vlakke hand in het zonlicht. Plotseling klapte er een schaar naar buiten. Twee lange voelsprieten volgden en heel voorzichtig kwam er een kop tevoorschijn.
'Ah, we hebben geluk!' reageerde Jurre verrast.
Tijs kwam dichterbij. 'Dat lijkt helemaal niet op een slak,' zei hij.
'Dat klopt,' knikte Jurre bevestigend. 'Dit is een heremietkreeft. Die gebruikt de lege schelp als bescherming tegen vijanden.'
Jurre bewoog zijn hand een klein beetje. Het dier trok zich bliksemsnel weer terug. Tijs zag hoe de grote linkerschaar de opening van de schelp naadloos afsloot.
'Een heremietkreeft,' zei Jurre, 'moet in zijn leven noodgedwongen een aantal keer verhuizen. Als hij groter wordt, gaat hij op zoek naar een nieuwe wulk, omdat de harde schelp niet meegroeit met zijn lichaam.'
Tijs knikte. Wat wist Jurre er veel over te vertellen.
Jurre vervolgde: 'Een verhuizing van een kleine wulk naar een groter exemplaar gaat bliksemsnel. Binnen een paar seconden is het gebeurd.'
'Zo snel?' vroeg Tijs verbaasd.
Jurre knikte. 'Een heremietkreeft heeft geen keus,' zei hij. 'Als het dier naar buiten kruipt, is hij met zijn blote achterlijf een makkelijke prooi voor andere wadbewoners. Heremietkreeften zijn gewoon de allersnelste verhuizers van onze aarde.'
Wat je gewoon noemt, dacht Tijs.
Plotseling bewoog er iets in de geul. Het gebeurde vlak onder de rand van een steen. Met zijn voet duwde Tijs er zachtjes tegen. Pijlsnel schoten er aan alle kanten garnalen weg. Tijs' ogen flitsten van links naar rechts. Hij zag dat er iets opzij rende wat veel groter was dan een garnaal.
'Het is een krab!' riep Jurre enthousiast. Zonder te aarzelen pakte hij het dier met zijn duim en wijsvinger van de bodem.
Tijs deed onmiddellijk een stap achteruit. Twee geopende scharen zwaaiden dreigend naar voren. 'Pas je op, straks bijt hij nog,' zei hij.

'Nee, joh, ben je mal,' lachte Jurre. 'Zolang je een krab goed vastpakt, kan er niets gebeuren.'
Met zijn wijsvinger hield hij de rechterkant van het schild vast en met zijn duim de linkerkant. Hoe druk de krab ook heen en weer spartelde, het dier kreeg de vingers van Jurre niet te pakken. Tijs vond het maar niks. Jurre vertelde dat een krab met zijn scharen een garnaal in stukken kon scheuren.
'Eén keer,' zei Jurre, 'hield ik een krab niet goed vast. Het dier gutste een snee in mijn vinger. Het bloed stroomde er toen uit. Maar ach, dat kan iedereen gebeuren. Wil je hem ook even vasthouden?'
Tijs hield zijn handen achter zijn rug. Hij keek wel uit.
'Kom op,' zei Jurre. Hij zette de krab op de wadbodem en drukte met zijn wijsvinger op het schild. Tijs keek naar de wijd openstaande scharen. Jurre wees met zijn andere hand naar de krab. Tijs knielde met tegenzin neer. Hij plaatste zijn wijsvinger en duim op het schild zoals Jurre had voorgedaan. Hij voelde zich onzeker.
'Ik weet niet of ik dit wel ...' Zijn stem trilde een beetje.
'Je hoeft niet bang te zijn,' moedigde Jurre hem aan.
Tijs voelde zich niet op zijn gemak. Hij was bang voor een dier dat zeker vijftig keer zo klein was als hijzelf. Als het nou een heremietkreeft was ... Die kriebelde hooguit met zijn poten op je hand als hij uit zijn schelp naar buiten kroop. Maar een krab! Heel voorzichtig tilde hij het monster omhoog. De krab begon onmiddellijk met zijn scharen in de lucht te zwaaien. Tijs trok van schrik zijn hand terug.
'Wel alle ...' Jurre keek vol vuur. 'Kijk nou wat je doet!' riep hij. 'Je laat het arme beest zomaar naar beneden kletteren. Het is dat de ondergrond niet van beton is.'
'Sorry,' zei Tijs.
Jurre bromde. 'Hoe oud ben je?'
Tijs schaamde zich. Hij wist hoeveel Jurre om de waddendieren gaf. Hij zuchtte. Hij zag hoe de krab zich met zijn poten en scharen in de zandige bodem woelde. In een paar tellen priemden alleen de ogen van het dier nog boven het zand uit.
Ze liepen naar een geul even verderop. Tijs stond tot boven zijn enkels in het water. In de verte glinsterde het zonlicht op het zeewater. De Waddenzee was net een vlakke spiegel. Het was een mooi gezicht.
Ineens dook Jurre naar voren. 'Hebbes,' zei hij hardop. Tussen zijn vingers bungelde een megagrote krab. 'Ik zag hem in een flits voor mijn

voeten over de bodem wegschieten.' Trots liet hij zijn vangst zien. 'Nou, nog maar een keer proberen?'
Tijs keek aarzelend naar de angstaanjagende scharen. Dit was zijn kans om zijn fout van zo-even goed te maken. Hij haalde een keer diep adem en plaatste zijn wijsvinger en duim aan de zijkanten van het schild. Hij keek naar Jurre. Die knikte. Tijs tilde de krab omhoog. Eerst een klein stukje, daarna iets verder. De scharen knepen dreigend in de lucht, maar Tijs hield zich flink. Het ging prima, uitstekend zelfs!
'Heel goed,' prees Jurre. 'Zie je nu wel, goed vastpakken en een beetje lef tonen.'
Tijs voelde zijn zelfvertrouwen groeien. Hij hield de krab nu op ooghoogte in de lucht.
Jurre zei: 'Als beloning mag je nu naar het geslacht van de krab kijken.'
Tijs fronste zijn wenkbrauwen. 'Je bedoelt dat ...'
'Jazeker. Aan de onderkant kun je zien of het een mannetje of een vrouwtje is.'
Tijs kantelde de krab en bekeek de onderkant. Hij haalde zijn schouders op.
'Dit is een vrouwtje,' zei Jurre. 'Als je goed kijkt, zie je een ronde vorm die lijkt op een bijenkorf.'
Tijs knikte.
'Onder die ronde, ovale vorm zitten de eitjes,' legde Jurre uit.
Tijs knikte opnieuw. 'En een mannetje, hoe ziet die er dan uit?' vroeg hij.
'Een mannetjeskrab heeft een meer puntige driehoekvorm. Het lijken net vuurtorentjes.'
Tijs schoot in de lach.
'Wat is er? Lach je me nu uit?'
'Nee, maar het is toch bijzonder dat je aan dat soort dingen kunt zien of iets een mannetje of een vrouwtje is,' zei Tijs.
'De natuur zit vol met dat soort wonderen,' reageerde Jurre.
Tijs plaatste de krab terug in de geul. 'Gaan we nu naar de wadstad?' vroeg hij.
Jurre wees in de verte. 'Daar ligt ie.'
Tijs keek verbaasd. 'Ik zie alleen maar water.'
Jurre keek onzeker om zich heen. 'Je hebt gelijk. Dan zijn we te laat.'
Tijs baalde flink. Dat waar ze voor gekomen waren, kregen ze dus niet te zien. 'Stom getij,' zei hij.
'Niks aan te doen,' haalde Jurre zijn schouders op.

‘Kunnen we er niet naartoe zwemmen?’ stelde Tijs voor. ‘Het is heerlijk weer.’
Jurre schudde zijn hoofd. ‘Te gevaarlijk,’ zei hij. ‘Het water stijgt al.’
Tijs keek teleurgesteld naar de plek waar de wadstad zou moeten liggen.
Jurre klonk opbeurend. ‘Misschien krijg ik oom Mervyn wel zover dat hij morgen met ons wil gaan varen. Ik weet namelijk nog een andere wadstad, maar daar kun je alleen met een boot naartoe.’
Ze liepen terug naar de kwelder. Halverwege stroomde het zeewater snel langs hun benen.
Jurre keek bezorgd om zich heen. ‘Dit gaat sneller dan ik had verwacht,’ zei hij.
Het begon ook te waaien. Donkere wolken pakten zich samen en de zon verdween. De lucht werd onheilspellend.
‘Het weer slaat om,’ zei Jurre ongerust. ‘We moeten opschieten!’
Ze haastten zich snel over de wadbodem, maar het laatste stuk ging zwaar.
‘Nog een paar passen, Tijs,’ hijgde Jurre. ‘Alleen nog door het diepe laatste stuk slik en we zijn van het wad af.’
Ssssjlop! sjwop! spletsj! klonk het. En toen gebeurde het: Jurre zakte tot aan zijn knieën weg. Tijs keek verschrikt op. Hij deed vlug een paar stappen opzij. Hij was ineens langer dan Jurre. Jurre bewoog met zijn benen en voeten heen en weer, maar hij zakte steeds dieper weg in de bodem.
‘Ik heb een grote stok nodig,’ riep hij. ‘Dan kan ik me ergens tegen afzetten. Zie je die grote stenen daar liggen?’
Tijs knikte.
‘Probeer daar naartoe te lopen,’ zei Jurre gehaast. ‘Via die stenen kun je dan naar de kwelder en op zoek gaan naar een grote stok.’
Tijs bewoog voorzichtig in de richting van de stenen. De wind trok verder aan en de lucht werd met de minuut donkerder en dreigender. Van de kleine geul waar ze eerst doorheen liepen, was niets meer te zien. De wind kreeg grip op het zeewater, dat zich razendsnel verspreidde over de wadplaten. Het slik zoog aan zijn voeten. Hij zakte tot ver boven zijn enkels in de grijsbruine massa. Na een paar moeizame stappen bereikte hij de stenen.
Op de kwelder begon hij te rennen. Zijn hart bonsde in zijn keel. Vanuit zijn ooghoek zag hij dat Jurre nog op precies dezelfde plek stond. Hij keek verder om zich heen en pufte. Op het Oerd stonden geen bomen. Waar kon hij zo snel een stok vinden? Misschien tussen de opgestoven

duintjes? Hij zocht een paar minuten wanhopig tussen de plukken helmgras en bultjes zand.
Plots stapte hij op een oud scheepstouw dat voor een groot deel door het zand bedekt was. Hij dacht na. Hij sjorde een paar keer aan het touw. Het zal wel tijdens een storm zijn aangespoeld, dacht hij. Hij trok nog een keer flink en toen schoof het touw onder het zand vandaan. Het was niet lang, maar wel dik en stevig genoeg om te kunnen gebruiken. Hij sleepte het touw achter zich aan.
Vanaf een duintje tuurde hij over de kwelder. Zijn oog viel op een houten pallet. Die was waarschijnlijk ook aangespoeld. Hij liep ernaartoe en gaf een paar trappen tegen het houtwerk. De planken waren nog niet verrot, constateerde hij. Er schoot hem iets te binnen. Op school hadden ze laatst een filmpje gezien over drijfzand. Als je daarin niet wilde wegzakken, moest je je gewicht verdelen. Dat was het! Als hij Jurre wilde redden, dan moest hij zijn gewicht verdelen. En de houten pallet kon daarbij helpen. Die kon dienen als een drijvend vlot. Hout is licht en zinkt niet zo snel.
Hij knoopte vlug het touw aan de pallet en schoof hem over de kwelder in de richting van de stenen. In de verte had Jurre zichzelf nog niet kunnen losmaken uit het slik. Tijs voelde zich steeds belangrijker worden. Alles hing van hem af, dat was duidelijk, want Jurre kon zich niet op eigen kracht bevrijden. Met al zijn spierkracht sleurde hij de houten pallet over de stenen naar het wad. Met een laatste krachtsinspanning en een ferme duw kwam het plankenpakket op de zachte bodem terecht. Heel voorzichtig sleepte hij het aan het oude scheepstouw naar Jurre. Die was intussen tot aan zijn middel in het slik gezakt. Het zeewater was nu heel dichtbij. De wind loeide over het wad.
'Goed dat je er bent, Tijs,' bibberde Jurre. Hij had zijn armen over elkaar geslagen om warm te blijven.
Tijs verstond er geen klap van. 'Klim op de pallet,' schreeuwde hij.
Jurre drukte met blauwe handen van de kou op de pallet en trok zich uit het drijfslik omhoog.
'Het werkt!' riep Tijs. 'Je gewicht wordt verdeeld door de pallet en daardoor zak je niet weg.'
Jurre stond rechtop op de planken. Hij bedacht zich geen moment en pakte met zijn linkerhand de arm van Tijs en met zijn rechterhand het touw.
'Terug naar de kwelder!' schreeuwde hij.

Ze probeerden snel te bewegen. Hoe korter het contact met de zachte ondergrond, hoe kleiner de kans om opnieuw weg te zakken. Op de kwelder gaf Jurre Tijs een knuffel.
'Je hebt me gered, jongen!' riep hij.
De eerste regenspetters vielen uit de lucht. In de verte schoten bliksemflitsen naar beneden. Zo snel als ze konden raceten ze op hun fiets over het schelpenpad door de duinen naar het dorp. Op naar een warme douche en een veilig onderkomen.
Tijs dacht nog even aan de opmerkingen van Sjors en Sem. Zij vonden Ameland saai, maar ze moesten eens weten. Hij had zojuist een spannend wadloopavontuur beleefd. Alleen een echte held kon op een eiland en op het wad overleven. Als Iris hem nu kon zien ... Ze zou vast trots op hem zijn, dacht hij.

# Wadstad

De volgende morgen om half acht voeren Tijs, neef Jurre en oom Mervyn de haven uit. Oom Mervyn stond aan het roer van een kleine zeilboot en zette koers richting een wadplaat middenin de Waddenzee. Tijs en Jurre zaten links op het voordek in kleermakerszit.
Tijs voelde de koele zeewind in zijn gezicht. De regen- en onweersbui van de vorige dag had de warmte verdreven.
'Als je heel stil bent,' fluisterde Jurre, 'kunnen we een zeehond spotten.'
Tijs keek naar het zonlicht dat op het water schitterde. De zeilboot schoof langzaam door het rustig op en neer golvende water. Hij keek van links naar rechts, weer naar links, recht vooruit, maar er gebeurde niks. Hij wilde gaan staan om zijn benen te strekken.
Jurre trok hem meteen weer naar beneden. 'Stil blijven zitten,' zei hij zacht.
Tijs gehoorzaamde. Hij hoorde hoe het zeildoek zachtjes klapperde in de wind. Hij keek weer naar het water. Links, rechts, recht vooruit. Ineens hoorde hij gesnuif. Hij keek opzij. Een nieuwsgierige zeehond stak zijn kop boven water. Het duurde twee seconden, daarna verdween het zeezoogdier weer onder water.
'Gaaf!' riep Tijs.
Jurre gaf hem een knipoog. Oom Mervyn minderde nu snelheid. De boot zat precies tussen twee zandbanken in.
Jurre zei zacht: 'De zeehond die je zojuist zag, is op zoek naar voedsel. Heel af en toe komt hij naar boven om adem te halen. Als de zandbanken links en rechts van de boot straks droogvallen, gaat hij daarop liggen rusten.'
Tijs knikte. Zeehonden hielden ervan om te luieren in de zon, wist hij. In het spreekbeurtpakket van de Waddenvereniging had hij gelezen dat het zonlicht zorgde voor vitamine D en dat dat goed was voor de vacht.

Zijn gedachten dwaalden af. Hij zag Iris voor zich. Die was vast de hele dag op het strand langs de Middellandse Zee: kastelen bouwen, zwemmen in zee. Ze werd vast bruiner dan hij. En Sem natuurlijk ook en Mieke die in Portugal vertoefde en Rutger in Zuid-Afrika. Hij beet op zijn lip. Dat betekende dat hij op ijs moest trakteren.
Jurre stootte hem aan. 'Hé, dromer, let je op? Je hebt twee zeehonden gemist aan de rechterkant van de boot.'
Verdorie, dacht Tijs. Hij keek vlug naar het water, maar de zeehonden waren al weer verdwenen.
'Hé, kijk daar!' riep Jurre verrast. 'Een visdief.'
Tijs richtte vlug zijn blik van het water naar de lucht. Er gebeurde weer van alles. Hij zag een vogel met een soort zwarte bivakmuts op.
Jurre zei: 'Hij zoekt naar voedsel. Zie je dat hij nu aan het bidden is?'
Bidden? Tijs keek verbaasd en zag dat de witte vogel met zijn spitse oranjerode snavel met zwarte punt vlak boven het water zweefde. Waarom noemde Jurre dat bidden?
Jurre legde uit dat de vogel heel snel met zijn vleugels klapwiekte om op die manier zo stil mogelijk op één plaats boven het water te hangen. Tijs knikte, maar hij vond het maar een rare naam voor het gedrag van een vogel.
Plots maakte de gestroomlijnde visdief pijlsnel een duikvlucht naar beneden. Spletsj! Met een flinke plons verdween hij onder water.
Tijs vond dat het net op een bommetje leek. Het water spatte alle kanten op.
Na twee seconden kwam de visdief drijfnat weer boven. In zijn bek bungelde een kleine vis.
'Schitterend!' zei Jurre. Zijn ogen straalden van geluk. 'Zelfs als de Waddenzee vol staat met water is er nog van alles te zien.'
Tijs wist het nu zeker. Hij wilde ook waddenonderzoeker worden, of wadgids, zoals Jurre.
'*Skip an de rechterkânt!*' riep oom Mervyn verheugd.
Tijs hoorde het Amelandse dialect van oom Mervyn, die *skip* zei in plaats van schip. Hij keek naar rechts, net als Jurre. Schuin voor hen lag een veel grotere boot, waarop de letters NIOZ prijkten en de naam *Navicula*.
'Hé, dat herken ik,' zei Tijs verrast.
Jurre keek hem verbaasd aan.
'Die vier hoofdletters staan voor een onderzoeksinstituut op Texel. Voor mijn spreekbeurt heb ik e-mails gestuurd aan een onderzoeker daarvan.'

Dat van Tijs zijn spreekbeurt wist Jurre al, maar dat van het NIOZ nog niet.
Op het dek van de *Navicula* stonden drie mannen. Ze droegen grote, felgekleurde pakken. Hun groene broeken zaten vastgestikt aan een paar laarzen en de gele oliejassen die ze eroverheen droegen, zaten vol met reflecterend materiaal.
'Ahoy!' riep oom Mervyn en hij meerde zijn zeilboot langszij. 'Wat brengt jullie hier?'
'We gaan zo de wadplaat op die hier in de buurt ligt,' antwoordde een van de drie mannen.
'Om bodemmonsters te nemen,' zei een ander.
'Want we doen een soort detectivewerk,' zei de derde. 'Van bovenaf zie je alleen modder, maar daaronder barst het van het leven en daar doen wij onderzoek naar.'
Een wadplaat, bodemmonsters, onderzoek: Tijs werd nieuwsgierig. Hij keek ongeduldig naar Jurre en oom Mervyn.
'Gaan wij ook naar die wadplaat?' vroeg hij.
Jurre knikte.
'Yes!' riep Tijs uitgelaten.
Oom Mervyn zei: 'Maak je maar klaar voor vertrek van boord.'
Jurre pakte direct zijn surfschoenen. Daarop schudde een van de onderzoekers op de *Navicula* zijn hoofd.
'Doe dan ook gelijk je zwembroek aan,' riep hij. 'De wadbodem valt niet droog, hoor, tussen de wadplaat en jullie boot.'
Jurre keek naar de wadplaat die vijftig meter verderop lag. Daar had hij niet aan gedacht. Ze liepen nu natuurlijk niet vanaf de dijk het wad op.
'Dan moeten we maar in onze onderbroek,' zei hij.
'Wat!' riep Tijs. 'In mijn onderbroek?'
'Ja,' zei Jurre. 'Of wil je naakt?'
Tijs trok een vies gezicht. Nee, natuurlijk niet. Hij wilde zo'n zelfde pak als de onderzoekers.
'Dat heb ik niet aan boord,' antwoordde oom Mervyn.
'Hé, stelletje lanterfanters,' klonk het vanaf de *Navicula*. 'Jullie kunnen wel met ons meevaren in de rubberboot. En we hebben ook nog wel twee waadbroeken liggen. Dat zijn een soort lange regenbroeken tot aan je middel.'
Jurre stak zijn duim op. 'Dat zou fantastisch zijn,' zei hij. 'Deze knaap hier wil namelijk niet in zijn onderbroek.'

Tijs haalde zijn neus op.
Een van de onderzoekers reageerde: 'Ik geef hem gelijk. Het is hier geen sauna. Oké, je kunt in de Waddenzee prima in je onderbroek zwemmen, maar als wij op een wadplaat zijn om onderzoek te doen, dan is het kledingvoorschrift dat we niet in onze onderbroek rondlopen.'
Tijs grijnsde. Hij keek naar Jurre en gaf hem een knipoog. Jurre deed net alsof hij het niet zag.
Een paar minuten later kwam de rubberboot langszij. Twee waadpakken, een grote en een kleine, werden op de zeilboot gelegd. Jurre en Tijs trokken het stugge pak aan over hun spijkerbroek.
Het was een klein stukje varen naar de wadplaat. Een van de onderzoekers liet een meetlat in het water glijden. Zijn naam was Jort. Hij zag er groot en sterk uit. De meetlat verdween voor driekwart onder water.
Tijs keek opmerkzaam naar Jort. Het leek wel of ... Ja, het was hem! Op de video zag Jort er met de theedoek op zijn schoot heel anders uit, maar toen droeg hij ook niet zo'n rare broek met een gele oliejas eroverheen. Het gezicht van de onderzoeker die tegenover Tijs zat, kwam hem niet bekend voor, evenmin als dat van de man die de rubberboot over het water stuurde, maar die had ook een zonnebril op.
Jort liet de meetlat nog een keer in het water zakken. 'Lieuwe, nog een halve meter,' riep hij naar achteren.
Verrast keek Tijs naar de man die de gashendel bediende. Was dat Lieuwe? Het golvende, blonde haar was hem wel opgevallen, maar door de zonnebril had hij Lieuwe niet herkend.
'Oké, bedankt, Jort. Dan moeten jullie hier maar uitstappen, anders zit de rubberboot straks vast in het slik.'
Jort klom behendig als eerste uit de boot. Ook de andere onderzoeker stond snel in het water.
Tijs probeerde tevergeefs zijn benen over de dikke rubberen rand te gooien. 'In een waadpak kun je je bijna niet bewegen,' mopperde hij.
'Jij wou beslist zo'n ding aan,' pufte Jurre. Hij zat in een spagaat met zijn ene been bungelend in het water en zijn andere nog in de rubberboot.
Jort pakte Tijs onder zijn oksels vast en tilde hem uit de boot.
'Het materiaal van een waadpak is inderdaad stug,' zei hij. Vervolgens ondersteunde hij Jurre, die zijn andere been ook over de rubberen rand zwiepte.
Lieuwe draaide de rubberboot en voer terug naar de *Navicula*. Ze sjwopten naar de wadplaat. Die was ruim dertig voetbalvelden groot.
Tijs was nog een beetje beduusd dat hij zojuist Lieuwe in het echt had ge-

zien. Lieuwe had hem natuurlijk niet herkend, want hij had zijn gezicht nog niet eerder gezien op een foto of video.
Bert was de andere onderzoeker die meeging. Hij droeg een pet en had intussen een zeef, een steekbuis en een rugzak naar de wadplaat gesjouwd.
Jort keek op zijn GPS. 'Ik stel voor dat we hier opsplitsen,' zei hij. 'Het laatste monsterpunt staat gepland op de plek waar we nu staan. Zullen we hier over een uur weer afspreken?'
'Dat lijkt me een uitstekend plan,' zei Jurre.
Jort gaf Jurre een portofoon om te kunnen communiceren, mocht dat nodig zijn. Daarna liep hij met Bert verder de wadplaat op.
Tijs keek Bert en Jort na. Dat was balen. Hij had nog niet eens de tijd gehad om zich fatsoenlijk voor te stellen of een vraag te bedenken, of ze liepen al weer weg, terwijl hij juist zo nieuwsgierig was wat ze met de zeef en de steekbuis gingen doen. Hij keek bedrukt.
Jurre zei: 'Laat die mannen maar even hun werk doen. Kom, we gaan.'
Tijs bleef staan.
'Ga je mee?' vroeg Jurre.
Tijs antwoordde niet.
'*Gaast met*,' herhaalde Jurre nu op zijn Amelands.
'Ik wil met Bert en Jort mee,' zei Tijs.
'Ja, luister,' zei Jurre, 'dat gaat nu even niet. Die mannen moeten ook hun werk doen en daar kunnen wij niet bij storen.'
Tijs haalde zijn schouders op.
'Of ben ik ineens niet goed genoeg meer?' vroeg Jurre ietwat verontwaardigd.
Tijs haalde opnieuw zijn schouders op.
'Oké, dan blijf je hier gezellig de rest van de tijd in je eentje staan. Ik ga wel alleen op pad naar de wadstad.' Jurre stapte met grote passen weg.
Tijs bleef staan waar hij stond. Hij zag dat Bert en Jort steeds verder uit zicht raakten. En nu liep Jurre ook nog bij hem vandaan. Wat moest hij in zijn eentje op een grote wadplaat midden in zee?
'Jurre, wacht op mij!' riep hij.
Jurre draaide zich niet om. Hij deed net alsof hij niet hoorde wat Tijs zei.
'Verdorie,' bromde Tijs hardop tegen zichzelf. Hij trok met moeite de linkerlaars van zijn waadbroek uit het soppige slik omhoog. Als je te lang stil bleef staan, zakte je steeds dieper weg, merkte hij. Hij snapte niet hoe een kanoet in de blubberige bodem voedsel kon vinden. Er was geen schelpdier te zien! Hij bukte zich en prikte met zijn middelvinger

in de wadbodem. Meteen haalde hij een wit, grof geribbeld schelpje naar boven.
Hij kwam overeind en stak zijn hand in het waadpak om zijn telefoon te pakken. Hij opende zijn waddenapp en klikte op de snelzoeker. Hij keek naar het schelpje. Het zag eruit als een schelp met twee kleppen. Hij bladerde door de tab met tweekleppigen, scrolde met zijn andere wijsvinger naar beneden en vond de kokkel. Hij las: 'Een grof geribbelde schelp die er wit tot bruin uitziet. Wordt ook gegeten door kanoeten'.
'Ja, gevonden!' riep Tijs verheugd en hij bukte zich weer en voelde met zijn vinger in de modder. Hij kwam nog meer kokkels tegen. Hij dacht na. Zo speurden kanoeten dus ook met hun snavel. Hij las op de app dat het puntje van een kanoetensnavel net zo gevoelig is als het vingertopje van een mens en dat de vogel daarmee nauwkeurig drukveranderingen kan waarnemen in een zachte bodem. Dat hadden onderzoekers ontdekt, nadat ze nonnetjes en steentjes hadden verstopt in nat zand. De vogels vonden de steentjes net zo makkelijk als de schelpdieren, wat betekent dat ze kunnen voelen op afstand. Dat begreep Tijs wel, want een steentje beweegt niet en heeft geen geur of smaak. Hij stopte zijn telefoon weer terug.
Jurre kwam naar hem toe gelopen. Hij was natuurlijk niet echt boos en hij liet Tijs niet zomaar alleen achter op een wadplaat in niemandsland. Toen Jurre bijna bij Tijs was, gleed zijn linkervoet weg. Flatsj! Jurre viel op zijn achterwerk in het slik.
'Grrr ..., het is hier net een ijsbaan,' zei hij verongelijkt.
Tijs schoot in de lach en sjwopte een paar meter vooruit. Hij maakte daarbij schaatsbewegingen. Sjlop! Sjwop! Spletsj! Het ging best goed. Hij trok een kort sprintje terug door de modder. 'Het is net wadletiek!' riep hij.
'Dat doe je dan maar op de atletiekbaan,' zei Jurre. 'Ga je nou mee?'
Tijs knikte. 'Ik wil heel graag met jou naar de wadstad.'
'Zo mag ik het horen,' zei Jurre.
Tijs keek nog even achterom naar de omgewoelde bodem. 'Ik heb alleen wel een ravage aangericht,' zei hij geschrokken.
Jurre knikte bedachtzaam en zei: 'Daardoor hebben honderden kokkels en nonnetjes nu koppijn. En voor de kanoeten is al het eten van tafel geveegd.'
Tijs dacht aan de kokkelschepen waarover hij had gelezen. Die gebruikten zware ijzeren kettingen onderaan een visnet. Stellig zei hij hardop:

'Kokkelschepen vissen de schelpdieren op, maar ik laat ze liggen.'
'Omwoelen is omwoelen,' zei Jurre, 'of jij dat nu met je laarzen doet of een kokkelschip met een verzwaard net.'
'Dus je wilt zeggen dat we hier eigenlijk niet moeten lopen,' zei Tijs.
Jurre antwoordde: 'Als je voorzichtig bent, dan kan het geen kwaad. Die paar voetstappen van jou en mij, daar kunnen de schelpdieren wel tegen. Maar we verstoren de bodem natuurlijk wel een beetje.'
Tijs knikte.
Jurre wreef in zijn handen. 'Laten we een spelletje doen. Ik zie ik zie wat jij niet ziet.'
Tijs zuchtte. 'Nee, daar heb ik echt geen zin in.'
Jurre hield vol. 'Ik zie ik zie wat jij niet ziet en de kleur is wit.'
'JURRE!' riep Tijs.
Jurre legde een hand op zijn schouder. 'Ik wil alleen maar even checken of je alles al weet,' zei hij. 'Hoe denk je anders dat ik alle wadplanten en waddieren heb leren herkennen?'
'Daarvoor heb ik mijn waddenapp,' zei Tijs. 'Superhandig. Alles staat erin.'
Jurre zei: 'Als je een echte wadgids wilt worden, dan moet je het uit je hoofd leren. Het is voor mensen toch niet leuk als je alles voorleest van je telefoon?'
Tijs gaf toe: 'Oké, wat was de eerste vraag?'
'Ik zie ik zie wat jij niet ziet en de kleur is wit.'
Tijs dacht even na en probeerde: 'Het schuim op de golven in de verte?'
'Mis,' reageerde Jurre.
'De wolken in de lucht misschien?'
'Nee.'
'De witte randen van de vuurtoren dan?'
'Nop.'
'Tja, dan weet ik het niet, hoor.'
Jurre gaf een hint: 'Het ligt vlak langs de waterlijn.'
Tijs keek opzij. Langs de waterlijn? Jurre leek wel niet wijs. Hij zag alleen maar water en modder. 'Ik geef het op.'
'Ha, gewonnen!' en Jurre stak zijn armen in de lucht.
Tijs deed net alsof hij het niet zag.
'Dat je dit niet kunt raden,' zei Jurre, 'geeft al aan dat je nog lang niet alles weet. Kom, we lopen naar de twee stenen die daar langs de waterlijn liggen. Ik zal je laten zien wat ik bedoel.'

Toen ze dichter bij de stenen kwamen, leek het net alsof er meeuwenpoep op lag.
'Bedoel je die witte vlekken?' vroeg Tijs.
Jurre knikte. 'Als je goed kijkt, zie je dat die witte vlekken kleine stipjes zijn en dat die stipjes niet plat zijn, maar op pukkeltjes lijken. We noemen ze zeepokken.'
Tijs schoot in de lach. 'Twee zieke stenen met de waterpokken,' schaterde hij.
Ze knielden neer.
'Ja, lach maar, maar die pokken zijn wel verdraaid interessante beestjes,' zei Jurre.
Tijs kon met moeite zijn lachen inhouden. Hij boog voorover. De witte, kalkachtige pukkeltjes waren nu goed te zien.
'Kijk,' zei Jurre en hij pakte een loep uit zijn rugzak. 'Je ziet dat de witte pokken elk zes plaatjes hebben. Die plaatjes vormen met zijn zessen een koepeltje. Bovenop de plaatjes zitten twee hoekige dekseltjes. Die sluiten het koepeltje af. Bij laagwater zijn de koepeltjes gesloten, zodat het diertje dat erin zit niet uitdroogt.'
Tijs luisterde aandachtig. Dit was toch wel weer bijzonder om te zien. Van een afstand leken de stenen ondergekliederd met klodders verf of meeuwenpoep, maar van dichtbij bleken het kleine witte huisjes van een zeedier te zijn.
Jurre vertelde: 'Een zeepok vestigt zich op een steen om te voorkomen dat hij wegspoelt bij eb en vloed. Eten doet het diertje alleen wanneer het hoogwater is. Dan steekt hij lange grijppootjes naar buiten waarmee hij plankton vangt.'
'Wat is plankton?' vroeg Tijs.
'Dat is een verzamelnaam voor alles wat in het water zweeft,' zei Jurre. 'Het meeste plankton bestaat uit minuscuul kleine diertjes en plantjes. Alleen met een microscoop kun je ze zien. Ze zijn zelfs kleiner dan de kleinste zandkorrels. En ze zijn met heel veel, want in één liter zeewater, de inhoud van een melkpak, zitten miljoenen planktondiertjes en -plantjes. Daarmee is het voor veel vissen, krabben, garnalen en schelpdieren een belangrijke voedselbron.'
Tijs knikte dat hij het begreep.
'Gaan we nu naar de wadstad?' vroeg hij.
Jurre knikte van ja. Tijs stond enthousiast op.
'Mooi, want daarvoor zijn we vandaag op pad.'

Jurre wilde ook gaan staan, maar hij kwam nauwelijks overeind.
'Dat verrekte pak ook,' bromde hij. Toen hij zijn ene been strekte, gebeurde het: hij knapte uit zijn waadbroek. Precies bij zijn bilnaad. Tijs kreeg spontaan de slappe lach. Jurre voelde aan de achterkant van zijn broek. Het was een flinke scheur. Tijs schaterde nu van het lachen.
'Het was niet mijn idee, hoor, om zo'n broek aan te trekken.'
'Grrr ...,' mopperde Jurre. 'Ik ..., nou ja, niks aan te doen. We moeten door, want ons volgende doel is een mossel- en oesterrif.'
In de buurt van de schelpenbult zag Tijs vanuit zijn ooghoek een bruingroene tros die vastzat aan een steen. Het leken net kleine augurkjes aan een touwtje. Hij pakte het op. Het augurkachtige plantje glibberde tussen zijn vingers.
'Wat is dit?' vroeg hij.
'Blaaswier,' antwoordde Jurre. 'In de blaasjes met een gladde buitenkant zit lucht. Het zijn net een soort kleine ballonnen, zodat de plant kan drijven in het water. Op die manier kan het blaaswier voldoende zonlicht opvangen om te groeien.'
'Oké,' zei Tijs. 'En wat zit er dan in de pukkelige blaasjes?'
'Daarin zitten de eitjes en zaadjes die samen zorgen voor nieuw blaaswier.'
Tijs kneep net iets te hard in een van de pukkelige blaasjes. Een glibberige substantie spoot naar buiten.
'Getsie!' riep hij.
Jurre lachte.
'Dat spul plakt!' Tijs trok een vies gezicht. 'Het lijkt wel snot.'
Jurre wreef het tussen zijn vingers en zei: 'Vroeger gebruikten mensen dit slijm als ze zich sneden aan een scherp voorwerp. Het was een ideaal plakmiddel, want de mensen hadden nog geen pleisters.'
'En als een kledingstuk kapot scheurde?' vroeg Tijs. 'Plakten ze dat dan ook met deze lijm?'
'Kom hier, jij grappenmaker!' Jurre pakte de tros blaaswier en zwaaide ermee in de lucht. 'Dan zal ik jouw mond ermee dichtlijmen.'
Tijs rende weg.
Uiteindelijk kwamen ze bij het mossel- en oesterrif. Grote, ruw gevormde oesterschelpen staken omhoog en daartussen lagen heel veel blauwzwarte mosselen.
'Wat valt je op aan een mossel?' vroeg Jurre.
Tijs haalde zijn schouders op.

'Waar lijkt hij op?'
'Op een schelp.'
'Heel goed,' zei Jurre. 'En wat voor schelp?'
Tijs schudde zijn hoofd, hij had geen idee.
Jurre vroeg: 'Wat is het kenmerk van een kokkel of nonnetje?'
'Dat hij twee schelpkleppen heeft,' antwoordde Tijs.
'Precies,' zei Jurre. 'Een mossel is ook een tweekleppig schelpdier. Uit het zeewater halen ze kalk waarmee ze de twee schelpkleppen maken, net zoals kokkels en nonnetjes dat doen. Het bijzondere van mosselen is alleen dat ze niet in de wadbodem leven maar erbovenop.'
Tijs knikte. Dat zag hij ook wel. Maar hoe verstopte een mossel zich dan als er gevaar dreigde? Jurre pakte een paar van de blauwzwarte schelpen van de bodem. Hij legde ze in zijn handpalm.
'Zie je de draden?' vroeg hij.
Tijs zag tussen de schelpen heel veel dunne draadjes. Het leken net touwtjes.
'Dat zijn byssusdraden,' zei Jurre. 'Het is een soort ijzerdraad dat ervoor zorgt dat de mosselen als groep bij elkaar kunnen blijven en niet wegspoelen als er een golf water over hen heen stroomt. De kleefdraden zijn oersterk, zelfs sterker dan de sterkste lijmsoorten die wij kennen.'
'Wow!' riep Tijs verbaasd. Hij probeerde twee mosselen van elkaar te trekken, maar het lukte niet. 'Dit is echt supersterk,' zei hij.
Jurre knikte. 'Op die manier vormen ze riffen en die spelen een heel belangrijke rol in de Waddenzee. Trouwens, weet je wat koraalriffen zijn?'
Tijs knikte. Hij had op televisie wel eens de kleurrijke sponzen gezien.
Jurre zei: 'Net als in een koraalrif leven er in een mosselrif ook heel veel dieren. De mosselen zorgen ervoor dat het water minder snel stroomt, waardoor het water helder blijft en het zonlicht de bodem kan bereiken. Daardoor groeit het plankton goed en dat is weer voedsel voor vissen, krabben, garnalen, heremietkreeften, zeeanemonen, zeepokken en zeesterren.'
Tijs grapte: 'Het lijkt er wel een dierentuin. En waar zijn die grote schelpdieren voor?'
'Dat zijn oesters,' antwoordde Jurre. 'Het zijn net als mosselen een soort van metselaars van de zee. Elke oester houdt zand en slib vast en zorgt ervoor dat andere oesters en mosselen zich ook op deze plaats kunnen vestigen. En tussen al die schelpdieren kan een net vervelde krab zich op zijn beurt weer verstoppen voor vogels en vissen.'
Tijs keek om zich heen. Wat wist Jurre toch veel over het wad te vertellen.

‘Nog even over de naam wadstad,’ zei Jurre. ‘De mosselen zijn dus de rijtjeswoningen, omdat ze sterke draden hebben waarmee ze aan elkaar kleven. De oesters zijn met hun grote, ruw gevormde schelpen de grote gebouwen. Zij vormen samen met de mosselen de schuilplaatsen voor jonge visjes en pas vervelde krabben met hun zachte schild.’
Waaraan Tijs toevoegde: ‘Dan zijn de jonge vissen en krabben dus de inwoners van de stad.’
Jurre knikte. ‘Je snapt het helemaal.’
Tijs pakte zijn telefoon om een paar foto’s te maken voor zijn spreekbeurt.
‘Waar zijn jullie?’ klonk het ineens uit de portofoon.
Tijs schrok van de krakerige stem.
Jurre antwoordde: ‘Bij de mossel- en oesterbank midden op de wadplaat.’
‘Oké, kom maar naar de plek waar Lieuwe ons heeft afgezet. We gaan zo het laatste monster nemen.’
‘We komen er aan.’
Jurre keek naar Tijs. ‘Je bent een bofkont,’ zei hij. ‘We mogen meekijken met de onderzoekers.’
‘Yes!’ slaakte Tijs een vreugdekreet.

Ze liepen met zijn tweeën over de wadplaat naar de afgesproken plek. Daar plaatste Jort de steekbuis op het zand. Hij duwde met zijn volle gewicht op de twee handvatten. De lange buis zakte langzaam in de bodem. Jort draaide een paar keer heen en weer en haalde de steekbuis omhoog. Met een mes sneed Bert van de bovenkant een horizontale plak van vier centimeter.
‘Waarom doe je dat?’ vroeg Tijs.
‘Om te kijken hoeveel kokkeltjes en nonnetjes er in dit deel van de bodem leven.’
Bert deed de plak wadbodem in de zeef en liep naar het water om de inhoud te zeven. De schelpdieren die in de zeef achterbleven, stopte hij in een buisje met een nummer.
Tijs vroeg: ‘Waarom tel je de schelpdieren nu niet gelijk?’
Jort antwoordde: ‘We willen ze niet alleen maar tellen, maar we onderzoeken in het laboratorium ook hoe groot ze zijn, hoe dik en hoeveel vlees er tussen de twee schelphelften zit.’
‘En dat is weer belangrijke informatie voor de vogels,’ vulde Bert aan. ‘Tot vier centimeter diepte kan een kanoet schelpdieren te pakken krijgen. Op die manier weten we precies hoeveel er te eten is op een bepaalde plek en

welke plekken dus beschermd moeten worden voor de vogels.'
Tijs knikte. Hij keek naar de plek van het monsterpunt. Hij zag een paar strepen in de bruingrijze bodem. Dat waren duidelijk de woonbuizen van de wadpier. Maar waarom kleurden ze zo geel?
'Dat komt door de zuurstof die door de gangen stroomt,' zei Bert. 'Een wadpier ademt met zijn uitwendige kieuwen zuurstof uit het zeewater. De zuurstof zorgt voor de gele kleur.'
'Oké,' knikte Tijs. 'En hoe ademt een nonnetje dan? Die heeft toch ook zuurstof nodig?'
'Zo, jij bent ook niet een tikkeltje nieuwsgierig,' zei Jort, terwijl hij de steekbuis schoonspoelde in het zeewater. 'Hij lijkt wel een beetje op ons, hè Bert?'
Bert vroeg ter bevestiging: 'Je bedoelt dat hij met zijn slimme vragen talent heeft om een goede onderzoeker te worden?'
Jort knikte. Tijs bloosde ervan. Jurre gaf hem een schouderklop.
'Maar ik heb nu nog geen antwoord op mijn vraag,' zei Tijs.
Bert ritste zijn rugzak dicht en legde uit dat de schelp van een nonnetje bestaat uit twee helften: een linker en een rechter. 'Daarbinnen leeft het schelpdier,' zei hij.
'Ja, dat weet ik allemaal al,' reageerde Tijs.
'En ze hebben een sifon.'
Tijs keek verbaasd. 'Een saxofoon?'
'Nee, een sifon,' herhaalde Bert. 'Een nonnetje zet zijn twee schelphelften een klein stukje open en steekt dan een dun en doorzichtig zuigbuisje omhoog. Dat zuigbuisje noemen we de sifon. Met die sifon komt hij boven de wadbodem uit. Op de kieuwen van het nonnetje zitten trilhaartjes die een waterstroom opwekken en op die manier stroomt zuurstof en plankton naar binnen.'
Jort vulde aan: 'Vergelijk het maar met je eigen luchtpijp en slokdarm. Via je luchtpijp stroomt zuurstof van en naar je longen en via je slokdarm glijdt eten van je mond naar je maag.'
Tijs knikte. 'En wat gebeurt er dan in de schelp?'
Bert legde uit: 'In de kieuwen worden alle zwevende deeltjes uit het water gezeefd. De zwevende deeltjes bestaan uit plankton en zand- en slibkorreltjes. Na de kieuwen zitten er in het lichaam van het nonnetje andere trilhaartjes, die als een soort lopende band het plankton scheiden van de niet-verteerbare zand- en slibkorreltjes. Het plankton gaat naar de maag en darmen en wordt daar omgezet in energie.'

'En als ze dan moeten poe ... eh ..., naar de wc moeten?' vroeg Tijs.
'Daarvoor heeft het nonnetje een tweede slurfje: een persbuisje. Via het persbuisje stromen de zand- en slibkorreltjes samen met overtollig water en andere afvalstoffen de schelp weer uit.'
'Ik begrijp het,' zei Tijs.
Jort ruimde intussen de onderzoeksmaterialen op.
Jurre vroeg aan Bert: 'Een nonnetje kan met zijn sifon toch ook schrapen?'
'Klopt,' zei Bert. 'Met zijn sifon beweegt hij over de bodem en daarmee zuigt hij het plankton op. Een sifon is net een stofzuigerslang.'
'Hé, dat ga ik onthouden voor mijn spreekbeurt,' zei Tijs.
Jort bleef ineens staan. 'Dit is ...,' begon hij. 'Dit is ...'
Bert zag dat Jort Tijs onderzoekend aankeek. 'Ja, dit is ...?' vroeg hij.
'Is dit soms die jongen die Lieuwe heeft gemaild voor informatie over ons onderzoek?'
Tijs werd ietwat verlegen en zei: 'Klopt.'
Jort stapte op hem af en gaf een hand. 'Wat een toeval,' zei hij.
'Dat kun je wel zeggen,' zei Bert en hij gaf Tijs ook een hand.
Jort vertelde enthousiast aan Bert over de e-mailwisseling tussen Lieuwe en Tijs. Jurre keek vol trots naar zijn neefje.
Tijs knielde nieuwsgierig neer boven de wadbodem. 'Klopt het dat je de nonnetjes nu niet kunt zien?'
Bert hurkte ook en zei: 'Dat klopt. Als er gevaar dreigt, zoals nu van onze voetstappen, dan trekt een nonnetje zijn sifon in en sluit hij zijn twee schelpkleppen. De beide schelphelften passen precies op elkaar en worden bij elkaar gehouden door een scharnier en een slot. Met twee sterke sluitspieren kan het nonnetje de schelphelften stijf op elkaar drukken en zo voorkomen dat een platvis aan de sifon gaat knabbelen.'
Tijs keek verbaasd naar Bert en vroeg: 'Eten vissen stofzuigerslangen?'
'Ja,' zei Bert. 'We hebben op het NIOZ ontdekt dat als een platvis een stukje sifon opeet, hij een nonnetje dwingt om een stukje omhoog te kruipen. Doet een nonnetje dat niet, dan komt zijn sifon niet meer boven de wadbodem uit en krijgt hij geen zuurstof en ook geen eten. Maar als een nonnetje omhoog kruipt, dan kan een kanoet hem makkelijker pakken.'
'Hoe hebben jullie dat dan ontdekt?' vroeg Tijs.
'Met vlaggetjes. We maakten aan de schelpen van nonnetjes touwtjes vast met daaraan een plastic vlaggetje. Als een nonnetje zich ingroef, dan gingen het touwtje en het vlaggetje een stukje mee naar beneden. Het stukje touw boven de bodem werd dan korter. Met een liniaal bepaalden we ver-

volgens de lengte van het touwtje boven de grond en op die manier zagen we dat een nonnetje zich dieper ingroef als een kanoet met zijn snavel in de bodem prikte.'
'Ik snap het,' zei Tijs.
Bert rondde af: 'Een nonnetje heeft dan wel geen ogen en hersenen, maar hij kan wel heel goed voelen! En dat is dus maar goed ook ...'
Tijs keek vol verbazing naar de bodem en zei: 'Ik had niet gedacht dat een platvis ervoor kan zorgen dat een kanoet een nonnetje beter kan vinden.'
'Dat is ook het mooie van onderzoek doen,' zei Bert. 'Je doet ontdekkingen!'
Door de portofoon om Jort zijn nek klonk het ineens: 'Bert, Jort, kunnen jullie mij horen? Over.'
'Ja. Over,' antwoordde Jort.
'Ik kom met de rubberboot naar jullie toe. Zelfde plek. Over.'
'Dat was Lieuwe,' zei Jort. 'We moeten terug, want het water komt op.'
Het viertal liep in de richting van het opstappunt. Ineens spoot er voor Tijs zijn voeten allemaal water omhoog. 'De bodemsproeiers staan nog aan,' riep hij.
Bert, Jort en Jurre begonnen te lachen.
'Dat water komt uit de sifons van de ingegraven kokkels,' zei Bert. 'Ze voelen onze voetstappen en trekken op tijd hun sifon in. Het water dat nog in de sifon zit, spugen ze naar buiten.'
Tijs staarde naar de punten van zijn laarzen. Hij kon bijna niet geloven dat een klein schelpdier in de modder door een superdun buisje kon eten en ademhalen. Maar het bestaan van sifons was geen sprookje, het bewijs daarvoor was zojuist door de waterfonteintjes geleverd. Bodemsproeiers in de modder, dacht hij. Gaaf! Voor zijn spreekbeurt had hij nu al flink wat informatie verzameld.
Jurre grapte: 'Meester mag je wel bonuspunten geven voor overwerk in de vakantie.'
Daar was Tijs het helemaal mee eens.

# Flauwvallen

De vakantie op Ameland was voorbij. Tijs zat op zijn slaapkamer achter zijn laptop. Lieuwe had gemaild.

Hoi Tijs!

Wat leuk dat we elkaar in het echt ontmoet hebben!

In de bijlage van deze e-mail vind je een scan van het krantenartikel waarover ik je heb verteld toen we terugvoeren in de rubberboot. Veel leesplezier!

Grote groet,
Lieuwe

---

## Slimme kanoet kijkt af

**Afkijken doet iedereen: op school tijdens een repetitie of op televisie als een profvoetballer een passeerbeweging laat zien. Onderzoekers van het NIOZ Koninklijk Nederlands Instituut voor Onderzoek der Zee hebben ontdekt dat kanoeten ook bij elkaar afkijken. De wadvogels doen dat als ze eten.**

Lieuwe Leerse is een van de onderzoekers. Hij maakte samen met collega's in een wadvogelgebouw bij het NIOZ een kunstwad en plaatste in het midden daarvan een vogelkooi. Eén kanoet mocht vanuit die kooi toekijken hoe vier andere kanoeten op twee bakken met nat zand links en rechts van de kooi naar kleine schelpdieren zochten. In de ene bak had Leerse honderdtwintig mosseltjes verstopt, in de andere bak nul. De kanoet in de kooi moest goed opletten en onthouden uit welke bak de mosseltjes werden gegeten, want na twee minuten schoof Leerse aan beide kanten van de kooi een schuif open. De kanoet moest dan kiezen: links of rechts. Leerse: 'In 75% van de proeven maakte de kanoet in de vogelkooi de juiste keuze. De vogel vloog naar de bak waar mosseltjes waren gevonden door zijn soortgenoten. We concluderen dus dat kanoeten bij elkaar spieken!'

---

'Vet!' riep Tijs hardop tegen zichzelf. 'Wat een leuke ontdekking!'
Hij dacht na. Deze informatie kon hij ook goed gebruiken voor zijn spreekbeurt. Hij had al een foto van een mossel, die had hij met zijn telefoon gemaakt toen Jurre over de wadstad vertelde. Het was hem alleen nog niet gelukt om een kanoet te fotograferen.
Tijs opende een nieuw tabblad. Hij vond een afbeelding van een kanoet op de toendra. Het poollandschap was besneeuwd, bevroren en kaal. De naam toendra was afgeleid van het Finse woord *tunturia*, dat 'boomloze vlakte' betekent. Het was er in de winter zelfs 24 uur per dag donker. Tijs wist dat bomen en planten zonlicht nodig hadden om te kunnen groeien. Op een andere foto zag hij een poolvos. Poolvossen hadden als enige dieren in de Arctis een goede isolerende vacht om in de winter warm te blijven. Hij las dat het zelfs in de zomer op de toendra kon stormen, hagelen en sneeuwen. Hij dacht aan de blog van de kanoetenonderzoeker op Groenland. De wetenschapper had ook opgemerkt dat het er in de zomer koud was. Tijs vroeg zich af waarom een kanoet dan helemaal naar de toendra vloog om te broeden. Dat was toch zielig voor de jonge kuikens die geboren werden en nog maar weinig donsveren hadden?
Tijs keek op zijn horloge. Het was half één. Over een kwartier hadden ze afgesproken in het clubhuis. Hij zei hardop tegen zichzelf: 'Ik ga nog een keer uitzoeken waarom kanoeten naar de toendra vliegen om te broeden.'
Hij sloot zijn laptop af, griste zijn telefoon van het bed en snelde naar beneden. De laatste traptreden sloeg hij over en met een doffe dreun sprong hij op de vloer. Hij rende naar de bijkeuken en trok vlug zijn schoenen aan. Moeder riep vanuit de keuken: 'Wil je nog iets eten voordat je weggaat?'

‘Nee,’ antwoordde Tijs kort.
‘Maar je kunt niet met een lege maag van huis.’
‘Ik heb geen trek.’
Moeder liet zich niet kennen. ‘Dan maak je maar trek,’ zei ze.
‘Daar heb ik geen tijd meer voor.’
Tijs pakte zijn jas van de kapstok en liep naar de deur. ‘Ik ga!’
‘Ho, ho, er moet iets in je buik. Zal ik een boterham smeren voor onderweg?’
‘Nee, dat hoeft niet.’
‘Jawel, wat wil je erop?’
Tijs gaf geen antwoord en stapte naar buiten. ‘Tot vanavond!’
Hij liet de deur in het slot vallen. Het was niet aardig, maar hij had geen keus: als hij moest wachten, kwam hij te laat.
Hij fietste via het huis van Rutger, maar daar was niemand thuis. Ook Iris was al vertrokken.
‘Verdorie,’ zei hij tegen zichzelf. ‘Ik kom echt te laat.’
Hij trapte gehaast op de pedalen van zijn fiets. Via de bebouwde kom reed hij het dorp uit over het fietspad langs de provinciale weg. Aangekomen op het boerenerf hoorde hij zijn maag knorren. Hij had trek. Misschien had hij toch naar moeder moeten luisteren. Aan de andere kant: kanoeten konden ook een paar dagen niet eten en drinken, dan hield hij het vast ook wel een paar uur vol.
In het clubhuis zaten Lars, Mieke, Iris en Rutger al te wachten.
‘Gewonnen!’ riep Rutger en hij keek naar de armen en benen van Tijs.
‘En Sem dan?’
‘Die is net zo bruin als ik,’ zei Iris.
Lars begreep er niets van.
Mieke legde uit dat ze een weddenschap hadden wie het bruinst van vakantie terugkwam. ‘En de verliezer moet trakteren op ijs,’ zei ze.
‘Hmmm, lekker,’ zei Lars. ‘Kan ik nog meedoen?’
‘Ja, maar dan heb je wel verloren.’
Lars keek teleurgesteld naar zijn blanke huid.
‘Weet je wat,’ zei Rutger, ‘ik koop wel ijs voor ons allemaal. Ik heb toch zakgeld genoeg.’
Dat vonden ze allemaal heel aardig van hem.
‘En,’ zei Rutger, ‘we hebben iets te vieren.’
De anderen keken verbaasd, behalve Mieke, die begon te blozen.
‘Wat dan?’ vroeg Lars.

Mieke liep naar Rutger en gaf hem een kus op zijn wang.
'Wij zijn een setje,' zei ze.
Lars floot op zijn vingers: 'Fiet fieuw!'
En Tijs merkte op: 'Jullie waren toch al op elkaar?'
'Ja, maar nu is het echt,' antwoordde Rutger.
Iris omhelsde haar vriendin. 'Wat leuk, leuk, leuk!' riep ze uitgelaten.
Mieke kreeg een kleur en ging weer zitten. Ze zei: 'Laten we beginnen met het maken van een plan.'
Lars keek haar verbaasd aan. 'Geen ijs?' vroeg hij.
'Straks,' antwoordde Mieke. 'Maar we moeten eerst bedenken hoe we juf feliciteren.'
Iris knikte, net als Tijs en Rutger.
Maar Lars vroeg: 'Waar heb je het over als ik vragen mag?'
'Over Fien, natuurlijk!' antwoordde Mieke enthousiast.
'Fien?' Lars fronste.
Mieke vertelde dat de baby van juf Ilse en meester Sietse aan het begin van de vakantie was geboren.
Lars reageerde overdonderd door het nieuws. 'En hoe weet je dat de baby Fien heet?' vroeg hij.
'Dat heeft meester ons afgelopen week gemaild.'
'Tja,' zei Lars. 'Ik kijk in de vakantie niet naar mijn schoolmail.'
Iris vroeg: 'Wat wil je doen, Miek?'
'Bij juf op bezoek gaan natuurlijk.'
'Wat?' zei Tijs. 'Je bedoelt naar het ziekenhuis?'
'Nee, juf is alweer thuis,' zei Mieke. 'Ze heeft alleen de eerste twee weken na de bevalling in het ziekenhuis gelegen.'
Lars begreep er niks van. 'Staat dat ook in die e-mail?'
Mieke schudde haar hoofd. 'Meester heeft gemaild dat juf in het ziekenhuis is bevallen. De rest heeft mijn moeder me vanmorgen verteld. Zij was gisteravond aan het sporten in de sportschool en daar heeft een goede vriendin van juf uitgelegd dat de baby te vroeg geboren werd en dat juf daarom in het ziekenhuis moest bevallen. Ze heeft tien dagen op een afdeling gelegen met andere moeders. Dat was voor controles. Daarna mocht ze naar huis.'
'Maar wij kunnen toch niet allemaal tegelijk naar het huis van juf en meester?' vroeg Rutger zich hardop af.
'Waar een wil is, is een weg,' zei Mieke. 'Wie belt meester?'
'Dit gaat veel te snel,' vond Tijs.

'Nee, hoor, helemaal niet,' zei Mieke. 'Meester heeft het nieuws zelf verspreid en juf vindt het vast leuk als we langskomen. Dus wie belt er? Iris, jij?'
Iris schudde heftig haar hoofd.
'Oké, dan doe ik het zelf wel,' en Mieke toetste een nummer in.
De andere vier keken elkaar stomverbaasd aan.
Iris zei: 'Hormonen. Ze heeft een schommeling.'
Lars kon er geen touw meer aan vastknopen.
Iris ging verder: 'Mieke heeft het op haar heupen. Zo noemt haar moeder haar gedrag als ze een idee krijgt dat ze gelijk wil uitvoeren. Mijn zus heeft dat de laatste tijd ook. Als zij denkt dat ze een nieuw shirtje nodig heeft, dan wil ze gelijk geld van mijn ouders.'
'En als ze dat niet krijgt?' vroeg Lars.
'Dan gaat ze met de deuren slaan.'
'Hoi, meester, u spreekt met Mieke,' klonk het.
De anderen werden meteen stil. Mieke knikte een paar keer en vervolgde het telefoongesprek met:
'Ja.'
'Is goed.'
'Oké.'
'Doei.'
Mieke legde haar telefoon neer.
'En?' vroeg Iris.
'Geregeld.'
'Wat? Zo snel?' Tijs kon het niet geloven.
'Ja, als we over een halfuurtje bij meester zijn, dan mogen we heel even kijken.'
'Hoe kom jij aan het nummer van meester?' vroeg Rutger.
'E-mail? Bijlage?' gaf Mieke twee hints.
Rutger pakte zijn telefoon. 'Hé, het geboortekaartje!' riep hij enthousiast.
'En wat staat daarop?' vroeg Mieke.
'Wij zijn blij met de geboorte van Fien.'
'En verder?'
'De namen van meester en juf.'
'Ja, maar ik bedoel daaronder,' reageerde Mieke ongeduldig.
Rutger scrolde naar beneden. 'Hé,' zei hij, 'de adresgegevens en het mobiele nummer van meester!'
'Precies,' zei Mieke.
'Slimmerik,' zei Rutger waarderend en hij stond op. 'Laten we gaan.'

Ze fietsten het erf af, reden kriskras door het dorp en bereikten de straat waar meester Sietse en juf Ilse woonden. Meester stond buiten al op hen te wachten en wees op zijn horloge. 'Eén minuut te laat,' zei hij.
'We hebben vakantie,' reageerde Lars direct.
Ze parkeerden hun fietsen langs het huis.
Mieke zei opgewekt: 'Hoi mees, leuk dat we welkom zijn.'
'Meester,' fluisterde Tijs.
'We mogen u nu toch wel mees noemen?' vroeg Mieke.
Meester lachte. 'Vooruit, voor deze ene keer, omdat we niet op school zijn.'
'Bent u blij met de geboorte van Fien?' vroeg Iris.
'Ik ben een heel trotse papa,' zei meester, opende de voordeur en liet de kinderen binnen. Ze liepen naar de woonkamer, waar juf Ilse in een leunstoel zat. Ze straalde van geluk toen ze de kinderen zag.
'Wat een verrassing,' zei ze blij. Ze gaf de kinderen allemaal een hand. 'Wat leuk dat jullie er zijn. Heeft Mieke dit bedacht?'
Mieke begon te blozen.
'Hoe weet u dat nou?' vroeg Tijs.
'Jaaa ...,' deed juf geheimzinnig en ze gaf haar man een knipoog.
'We willen gelijk antwoord,' zei Iris, 'want we zijn niet op school.'
Juf lachte. 'En dat is typisch een opmerking voor jou,' zei ze. 'Ik ken jullie toch door en door? Mieke is bijvoorbeeld het regeltype van de klas.'
'Klopt,' zei Lars. 'Ze is ook onze uit...' Het laatste woord slikte hij in.
Mieke keek hem nadrukkelijk aan. Tijs en Rutger hadden een waarschuwende blik in hun ogen. En Iris hield haar wijsvinger voor haar mond. Lars kreeg een kleur. Hij had bijna hun geheime club verklapt. Zoals zo vaak flapte hij er iets uit voor hij er erg in had.
Juf ging er niet op in. Ze was blij verrast door het onverwachte bezoek en vroeg honderduit over hoe het op school was gegaan voor de zomervakantie. Of iedereen wel goed zijn best had gedaan. Of iedereen zonder kleerscheuren naar school had kunnen fietsen. En hoe het was gegaan met de voorbereiding van de spreekbeurten. Mieke nam het voortouw en gaf op de meeste vragen antwoord. De andere vier hielpen haar daarbij.
Opeens hoorden ze boven gekrijs.
'Niet schrikken, hoor,' zei juf. 'Dat is Fien. Ze wordt net wakker.'
Meester liep meteen naar boven.
'Als ze krijsen,' zei juf, 'is dat een goed teken.'
Daarop zei Lars: 'Als ik thuis ga schreeuwen, dan krijg ik gelijk op mijn kop.'

Juf glimlachte en zei: 'Voor baby's is het de enige manier om contact te maken met grote mensen. Als ze krijsen, willen ze bijvoorbeeld aandacht of borstvoeding.'
Lars knikte. Dat begreep hij wel. Mieke vroeg hoe het met Fien ging.
'Ze is twee ons aangekomen,' vertelde juf opgewekt.
Twee ons? Rutger keek vragend naar Tijs. Die schudde ook zijn hoofd.
'Dat betekent tweehonderd gram,' zei juf. 'Dat weten jullie toch wel?'
'Vakantie, juf,' antwoordde Rutger.
Maar Mieke deed net alsof ze op school was: 'Tweehonderd gram is één vijfde deel van duizend en dat is een kilo.'
'Oei,' zei Iris. 'Wordt Fien dan niet veel te dik?'
'Nee, hoor,' lachte juf. 'Dat is juist goed. Het betekent dat onze Fien goed groeit.' Ze lachte lief naar meester Sietse, die met Fien op zijn arm de kamer in kwam.
De kinderen keken aandachtig naar de baby en waren onder de indruk. Fien vond het bezoek maar niks en zette het onmiddellijk weer op een krijsen. Meester en juf wisselden een vlugge blik uit.
'Gaan jullie mee,' zei meester tegen de kinderen. 'We laten juf en Fien alleen, want het is tijd voor borstvoeding.'
De kinderen knikten. Achter meester aan liepen ze via de voordeur weer naar buiten.
'Bedankt dat we even op bezoek mochten komen,' zei Tijs beleefd.
'Geen dank,' antwoordde meester. 'Ik zie jullie maandag. Dan trakteer ik op beschuit met muisjes.'
'Hmmm ..., lekker,' zeiden de kinderen in koor.
Ze fietsten van de oprit. Dit keer nam Rutger het voortouw en hij dirigeerde hen naar de ijskraam op het dorpsplein.
'Tijd voor ijs,' zei hij.
'Ja, wat goed van je,' zei Mieke. 'Ik was het bijna vergeten.'
'Ik niet, hoor!' zei Lars, bij wie het water al in de mond liep.
Even later smikkelden ze van softijs met chocospikkels.

Vijf dagen later was de eerste schooldag. Meester begon met het bekend maken van een nieuwe groepsindeling. Tijs zat naast Rutger en met Sem in een groepje. Het tweede drietal werd gevormd door Iris, Jelle en Sophie en in een groepje van vier zaten Sjors, Mieke, Lars en Joep. Ze hadden er flink over gediscussieerd. Sjors wilde bij Sem en niet te dicht in de buurt van Jelle. Mieke wilde naast Iris en het liefst met Sophie in een groepje.

En Sem wilde niet met zijn tafeltje vooraan bij het bureau van meester. Meester had als een politieagent opgetreden en gezegd dat er niets aan de indeling werd veranderd.
Nadat de rust was teruggekeerd, vertelde meester over de geboorte van Fien. 'Het begin van de zomervakantie was best een spannende tijd voor juf Ilse en mij,' zei hij. 'Fien werd namelijk te vroeg geboren en heeft de eerste drie weken van de vakantie in het ziekenhuis gelegen.'
Tijs wilde meteen weten hoe het kwam dat een baby te vroeg werd geboren.
En Sem vroeg: 'Mocht juf wel thuis bevallen?'
Meester antwoordde: 'Een baby wordt te vroeg geboren als de weeën eerder beginnen dan op de uitgerekende bevaldatum. En bij een vroeggeboorte is de kans op een infectie groot, dus dan is het verstandig om in het ziekenhuis te bevallen.' Meester beet op zijn lip. Hij vond het zo te zien moeilijk om erover te praten, maar zei toch: 'Ilse had last van een infectie.'
Tijs dacht na. Een infectie. Wat was dat ook alweer?
'Was u bang dat Fien dood zou gaan?' flapte Lars eruit.
Mieke gaf hem een por. 'Wat zeg je nou, joh?'
Lars kreeg een kleur en verontschuldigde zich: 'Het floepte zomaar uit mijn mond.'
Meester schudde zachtjes zijn hoofd. 'Nee, daar ben ik niet bang voor geweest,' zei hij. 'In een ziekenhuis zijn genoeg vakbekwame mensen die kunnen helpen in het geval dat er iets misgaat. Het is alleen heel vervelend om te zien dat zo'n heel klein, pasgeboren baby'tje meteen aan allemaal slangetjes moet worden aangesloten.'
Sem en Rutger keken elkaar vragend aan. Slangetjes?
Mieke vroeg: 'Zal Fien last hebben van haar vroege geboorte?'
'Ik hoop het niet,' antwoordde meester.
'Anders is het zielig,' vond Iris.
Meester klonk geruststellend: 'Gelukkig weet Fien later, als zij groot is, niet meer hoe het vroeger was.'
'Klopt,' reageerde Sjors. 'Ik weet ook niet meer hoe de wereld eruitzag toen ik een baby was.'
De klas knikte instemmend.
'Ik vind het knap dat u hierover durft te vertellen,' zei Sophie.
Meester reageerde: 'Ik vind het belangrijk dat jullie iets leren over hoe in het leven dingen soms anders gaan dan je zelf had verwacht.'
Sjors knikte heftig en zei: 'Een paar jaar geleden brak ik mijn been tijdens

het voetballen. Dat had ik op zaterdagmorgen voor aanvang van de wedstrijd niet verwacht.'
'Moest je toen in het gips?' vroeg Sophie.
'Ja, zes weken lang,' zei Sjors. 'Dat was niet leuk. Gelukkig waren de artsen heel aardig en kreeg ik een Ajax-print op mijn gips.'
Meester glimlachte. 'De arts die juf Ilse heeft geholpen tijdens de bevalling was ook heel vriendelijk. Ze heeft zelfs aangeboden om jullie een keer rond te leiden. Het ziekenhuis werkt namelijk mee aan een lesprogramma voor kinderen.'
'Ja, leuk,' riep iedereen.
'Wanneer gaan we?' vroeg Joep.
'Vanmiddag al,' antwoordde meester.
Vervolgens pakte hij een grote boodschappentas en haalde beschuit en muisjes tevoorschijn. 'Maar eerst is het tijd voor iets lekkers,' zei hij.
De kinderen hielpen meester met het klaarmaken van de traktatie. Lars en Rutger zetten schoteltjes klaar, Iris en Jelle legden daarop een beschuit, Mieke en Joep besmeerden sommige met boter, Tijs en Sophie strooiden er roze-witte muisjes op en Sjors en Sem brachten in de andere groepen het lekkers rond.

Die middag liep meester met de klas door een grote draaideur het ziekenhuis binnen.
'Wow!' riep Lars en hij spreidde zijn armen. 'Deze ontvangsthal is net zo groot als de boerderij van mijn ouders.'
'We zijn ook in een academisch ziekenhuis,' legde meester uit. 'Je kunt hier terecht voor heel veel verschillende soorten behandelingen.'
'Zoals?' vroeg Tijs.
'Hartoperaties, botbreuken, longtransplantaties, eigenlijk voor alles.'
Iris hoorde het niet, want ze rende al naar een groot bord met daarop de namen van de afdelingen. 'Waar moeten we naartoe?' vroeg ze.
'Naar de afdeling neonatologie,' zei meester.
Iris keek omhoog en ging op haar tenen staan. 'Ik kan het niet lezen,' zei ze. 'De N staat te hoog.'
'Of jij bent te klein,' reageerde Sjors koeltjes.
Iris stak haar tong naar hem uit. Ze wist heus wel dat ze de kleinste van de klas was.
Sophie keek op een ander bord met een plattegrond erop. 'We moeten naar vleugel F, verdieping 6.'

Met meester voorop liepen ze door een lange gang. Ze kwamen mensen tegen in een rolstoel, mensen in lange witte jassen die op witte klompen liepen en iemand met zijn arm in het gips. Rutger kon nog net op tijd opzij springen voor een oud opaatje achter een rollator.
'Sukkel,' siste Mieke.
'Die opa loopt midden in het gangpad,' verdedigde Rutger zich.
Halverwege de gang opende meester een deur naar een trappenhuis. 'We gaan traplopen,' zei hij. 'Twee trappen per verdieping en elke trap heeft tien treden.'
'Oink,' slikte Jelle.
Joep zuchtte al bij het idee.
Mieke rekende snel: 'Zes trappen maal twee is twaalf en twaalf maal tien is honderdtwintig.'
'Is er ook een lift?' vroeg Joep.
Meester vond dat ze niet moesten zeuren. 'Dit is goed voor jullie conditie,' zei hij.
Na twee trappen merkte Iris op: 'Het is hier akelig. De muren zijn wit en de trappen grijs.'
'Supersaai,' vond ook Mieke.
Sjors leunde over de reling. 'Zijn we er al?'
'Dit is trap nummer 7,' pufte Joep. 'Op de terugweg gaan we met de lift.'
'Jullie zijn een stelletje slapzakken,' zei meester. 'Vanaf morgen gaan we meer doen aan gym.'
Een pijl op de zesde verdieping wees dat ze linksaf moesten. Even verderop hing aan het plafond een bord met de tekst: Afdeling Neonatologie, hier melden.
'Wat betekent dat?' wilde Sem weten.
'Kraamafdeling voor te vroeg geboren baby's,' antwoordde meester.
Een verpleger zag het elftal aankomen. 'Moest u rennen om op tijd te komen?' vroeg hij.
Meester schudde zijn hoofd.
'U transpireert nogal.'
'We hebben zojuist het wereldrecord traplopen verbeterd,' legde Joep uit.
De man fronste zijn wenkbrauwen. 'Er is ook een lift, hoor.'
'Volgens meester zijn we slapzakken als we met de lift gaan,' zei Sjors.
De verpleger schudde zijn hoofd. Hij wilde nog iets zeggen, maar er zwaaide een klapdeur open en een vrouw in een lange, witte doktersjas stapte op hen af.

'Ha, meneer De Jong. Kom verder.'
Meester gaf haar een hand.
'Dit zijn mijn leerlingen,' zei meester. 'En kinderen, dit is ...'
'Zeg maar Leonie,' zei de arts. 'Ik ben kinderarts. Welkom allemaal.'
Leonie opende de klapdeur weer. Daarachter was een eerste zaal. Aan de muur hingen geboortekaartjes. Het zag er best vriendelijk uit. Door een groot raam zagen ze een zaal met bedden. Het hoofdeind van elk bed stond omhoog, zodat een moeder daar half op kon zitten en half op kon liggen. Nu waren de bedden leeg, omdat de zaal een kleine renovatie zou ondergaan in de komende dagen. Er kwam een nieuwe vloer en nieuw meubilair. Daarom was het vandaag een prima dag om de kinderen een rondleiding te geven.
'Liggen de baby's bij de moeders op de zaal?' vroeg Sophie.
'Nee, die liggen op een zaal achter de twee blauwgroene klapdeuren,' wees Leonie.
Tijs keek naar de grote deuren met matglas waardoor je niet kon zien hoe het daarachter was.
Rutger en Sjors wilden ernaartoe lopen, maar meester hield hen tegen.
'Te vroeg geboren baby's zijn nog heel kwetsbaar,' zei hij. 'Ze mogen daarom niet in aanraking komen met bacteriën en virussen die wij met ons meedragen. Je moet daarom steriel naar binnen.'
'Debiel,' grapte Lars.
De anderen schoten in de lach.
'Dat betekent zo schoon mogelijk,' zei meester serieus. 'Dus niet met een pluizende wollen trui of een shirtje met glitters.'
Iris keek naar haar shirtje en zei teleurgesteld: 'Dan mag ik dus niet naar binnen.'
Leonie stelde haar gerust. 'Het is niet gebruikelijk dat andere kinderen of volwassenen dicht in de buurt komen van de te vroeg geboren baby's op deze afdeling. Maar vandaag heb ik goed nieuws, want vanochtend is het laatste baby'tje overgeplaatst naar een andere zaal, omdat ook die zaal een nieuwe vloer krijgt.'
'We mogen dus naar binnen,' riep Sophie opgewonden.
'Ja,' zei Leonie, 'maar we gaan wel net doen alsof de ruimte steriel moet blijven en er echte baby's in de zaal liggen. Ik wil dat jullie ervaren hoe het in het echt gaat. Dus maak jullie maar op voor een verkleedpartij.'
In een tussenruimte kregen de kinderen een blauwe wegwerpoverall.
'Trek die maar over je kleren aan,' zei Leonie. Ze gaf de kinderen ook een

wit hoofdkapje en een paar blauwe plastic wegwerpoverschoenen.
Nadat Tijs zich had verkleed, giechelde Iris: 'Je lijkt wel een smurf.'
En Mieke reageerde: 'Ik voel me net een mollige tante,' en ze trok aan beide kanten van het lubberende smurfenpak.
Onder begeleiding van Leonie liepen ze vanuit de omkleedkamer naar een ruimte die de sluis werd genoemd. Het was samen met de omkleedkamer de verbindingskamer tussen de ruimte waar normaal gesproken de moeders lagen en die waar de te vroeg geboren baby's lagen. In de sluis moesten de kinderen hun handen wassen met zeep. Aan één zijde van de verbindingskamer was een glazen wand.
Tijs zag een klein, rechthoekig en doorzichtig huisje waarin een heel kleine pop lag. De pop was verbonden aan allemaal slangetjes met daaraan vast kraantjes om ze open en dicht te doen. Precies zoals meester vanmorgen in de klas had verteld.
'Waarom heeft de pop zo'n ding om zich heen?' vroeg Rutger.
'Dat noem je een couveuse,' zei Leonie. 'Een te vroeg geboren baby kan zichzelf nog niet warm houden. De couveuse zorgt er daarom voor dat de baby op temperatuur blijft.'
'En waarom kan de baby zichzelf nog niet warm houden?' vroeg Iris door.
Leonie antwoordde: 'Hij of zij heeft nog te weinig vet onder de huid.'
'Ik vind het maar zielig,' zei Mieke treurig. Ze keek naar het infuus dat in het linkervoetje van de pop zat. 'En wat komt er uit dat slangetje?' vroeg ze.
'Suiker en vet,' zei Leonie. 'Die voedingsstoffen heeft een baby nodig om te kunnen groeien.'
'Waarom krijgen ze niet gewoon borstvoeding?' vroeg Lars.
'Oen die je bent,' zei Iris. 'De baby moet toch in die koevieze blijven.'
Meester kon wel lachen om Iris' verspreking. 'Couveuse,' verbeterde hij.
De uitleg ging langs Tijs heen. Hij voelde zich opeens duizelig worden en licht in zijn hoofd. Zijn benen trilden.
'Meester, het gezicht van Tijs is ineens heel wit,' merkte Rutger op.
Meester zag hoe Tijs wezenloos voor zich uit staarde.
'En zijn armen en benen trillen ook,' zei Iris.
'Tijs, Tijs, gaat alles goed?' vroeg meester bezorgd.
Tijs reageerde niet. Hij hoorde vaag een stem, maar wat er gezegd werd, drong niet tot hem door.
Meester stapte naar Tijs toe en pakte zijn armen vast. Hij keek Tijs recht in de ogen, maar het was al te laat. Ineens gleed Tijs uit meester zijn

handen. Languit lag hij voor de glazen wand op de grond. Doodstil.
De kinderen schrokken. Iris sloeg haar handen voor haar mond en Mieke pakte Rutgers hand vast. Sem en Jelle durfden niet te kijken. Lars beet op zijn lip. 'Foute boel,' zei hij.
Leonie snelde naar Tijs toe en knielde bij hem neer.
'Tijs, kun je me horen?' vroeg ze.
Maar Tijs reageerde niet.
'Hij is buiten bewustzijn,' constateerde Leonie.
De kinderen gingen dicht bij meester staan. Leonie bracht haar oor naar Tijs zijn mond. Tegelijk keek ze vanuit haar ooghoek naar zijn borstkas. Die ging licht op en neer. Geruststellend zei Leonie: 'Hij ademt nog.'
Ze pakte Tijs zijn benen vast en hield die omhoog. 'Kunt u ze zo vasthouden?' vroeg ze aan meester.
Meester knielde naast Leonie en deed wat ze van hem vroeg. Leonie zag de angst op de gezichten van de kinderen.
'Het komt wel weer goed, hoor,' zei ze opbeurend.
Sophie knipperde met haar ogen tegen de tranen. Joep en Sjors wisten zich geen houding te geven en stonden met hun handen in hun broekzakken. Mieke en Rutger keken net als Sem en Jelle de andere kant op. Lars hield zijn handen voor zijn ogen, ook hij vond het veel te griezelig om naar te kijken.
'Ik pak even een nat washandje voor op zijn voorhoofd,' sprak Leonie kalm. Ze stond op en liep naar de dichtstbijzijnde wastafel.
Plots stapte Iris moedig naar voren. Ze knielde en streelde Tijs zachtjes over zijn linkerwang. Meester knikte goedkeurend.
Leonie hurkte weer naast Tijs, maar nog voor ze de natte lap op zijn voorhoofd kon leggen, opende hij zijn ogen.
'Ja!' gilde Iris. 'Hij doet het nog!'
Joep begon pardoes te lachen. 'Hij doet het nog,' herhaalde hij. 'Tijs is geen robot, hoor.'
Rutger, Mieke, Sem, Jelle en Lars keken nog verschrikt. Leonie legde voor de zekerheid nog even het washandje op Tijs zijn voorhoofd.
'Houd zijn benen nog maar even omhoog,' zei ze tegen meester. 'Dat bevordert de bloedstroom naar zijn hoofd.'
Na vijf minuten kon Tijs weer rechtop zitten. Hij kreeg meteen een zacht snoepje. De kinderen haalden opgelucht adem.
'Wanneer heb je voor het laatst iets gegeten?' vroeg Leonie.
'Vanmorgen,' antwoordde Tijs nog wat beduusd.

‘En hoe laat was dat?’
‘In de kleine pauze, een beschuit met muisjes.’
‘En daarna helemaal niets meer?’ Leonie klonk voor het eerst een beetje streng.
Tijs schudde zijn hoofd.
Meester verontschuldigde zich gelijk tegenover Leonie, dat hij in de middagpauze niet goed had opgelet of iedereen zijn boterham had opgegeten.
‘Dat mag je nooit meer doen,’ zei Leonie tegen Tijs. ‘Beloof je dat? Ook tussen de middag moet je iets eten. En al helemaal als je naar een ziekenhuis gaat. Het is hier warm en er zijn soms akelige dingen te zien.’
Tijs knikte. Hij rilde nog wat na. Hij was erg geschrokken. Flauwvallen was eng, had hij zojuist ondervonden. Hij dacht terug aan het moment. Hij voelde zich eerst draaierig, daarna licht in zijn hoofd, zijn spieren werden slap en ineens werd het donker voor zijn ogen. Daarna viel hij zomaar op de grond. Het was net alsof hij had geslapen, maar dan buiten bewustzijn. Toen hij weer wakker was, wist hij niet hoe lang het had geduurd. Eén ding had hij wel geleerd: dat je op tijd iets moest eten, want flauwvallen was echt geen pretje.
Meester hielp Tijs weer overeind. Langzaam maar zeker kregen de kinderen weer praatjes.
Sem grapte: ‘Je had bijna een infuus met suiker nodig.’
‘Plus een hand van Iris over je wang,’ zei Sjors en hij blies op zijn vingers: ‘Fiet fieuw.’
Iris bloosde en ook Tijs kreeg weer wat kleur op zijn gezicht.
‘Jongens, zo kan het wel weer.’ Meester voelde aan zijn voorhoofd. Hij veegde de zweetdruppels weg. ‘Je maakt hier ook van alles mee,’ zei hij.
Jelle had nog een vraag voor Leonie: ‘Kunt u uitleggen hoe zo’n couveuse werkt?’
Leonie knikte: ‘Loop maar met mij mee.’
Ze liepen door de tweede sluisdeur. Leonie vertelde dat ze nu op een intensive care waren voor te vroeg geboren baby’s.
‘De baby’s,’ zei ze, ‘krijgen hier intensieve zorg, omdat hun eigen lichaam nog niet alles zelf kan, zoals ademhalen.’
‘Wie ademt er dan voor de baby?’ vroeg Sophie wijs.
‘Een apparaat,’ antwoordde Leonie. ‘Ik laat het jullie zien bij de couveuse met de pop.’
Leonie trok een paar wegwerphandschoenen aan en stak haar linker- en rechterhand door de twee gaten van de couveuse. ‘We doen even net alsof

de pop een echte baby is,' sprak Leonie. Ze voelde heel voorzichtig aan het buisje dat bij het mondje van de pop naar binnen ging en aan het slangetje van waaruit twee sprietjes in de neusholtes zaten.
'Waarom doet u dat?' vroeg Sem.
'Zo kan ik controleren of alles goed zit,' zei Leonie. 'Het buisje is aangesloten op de beademingsmachine. Die staat nu uit, maar normaal gesproken krijgt een baby door het slangetje extra zuurstof.'
'En die draadjes en plakkertjes dan?' vroeg Rutger. 'Waar zijn die voor?'
'Daarmee kan ik de hartslag en ademhaling controleren,' vertelde Leonie.
De kinderen knikten. Ze begrepen eindelijk waar alle slangetjes, buisjes en plakkertjes voor dienden als er een echte baby in de couveuse zou liggen.
Mieke vroeg: 'Hoe lang moet een baby in zo'n couveuse blijven?'
'Tot hij of zij groot en sterk genoeg is,' antwoordde Leonie. 'De kans op het krijgen van een infectie is bij een te vroeg geboren baby erg groot.'
Ze haalde haar handen uit de couveuse en gooide de wegwerphandschoenen in de prullenbak.
'Weer dat woord infetsie,' zei Lars niet-begrijpend.
'Infectie,' verbeterde Leonie. 'Ik zal het jullie uitleggen in onze overlegruimte.' Leonie nam de kinderen mee naar een ruimte waarin stoelen in een U-vorm stonden opgesteld. De kinderen namen plaats en Leonie tikte met haar vinger op het scherm van een digibord. Ze googelde een plaatje van een bacterie en een virus.
'Kijk,' zei ze tegen de kinderen. 'Dit zijn piepkleine beestjes die ons ziek kunnen maken.'
'Wat ziet dat er raar uit,' zei Joep en hij keek naar de gekke, platte vormen op het beeldscherm.
'Ja, dit zie je ook niet als je om je heen kijkt,' zei Leonie. 'Maar ze zweven met miljarden tegelijk overal om ons heen.'
'Iehhh,' griezelde Iris.
'Stel je niet aan,' zei Sjors. 'Je hebt toch kleren aan.'
'Met overal bedoel ik ook echt overal,' zei Leonie. 'Ze zitten zelfs in je eigen slaapkamer.'
Jelle trok een vies gezicht.
Leonie vertelde verder: 'Bacteriën en virussen zijn ontzettend klein. De meeste bacteriën zijn maar zo groot als een duizendste deel van een millimeter.'
'Wow!' zei Mieke. 'Dat is echt ienie-ienie-ienie-ienie-mienie klein.'

‘Zie je nou wel,’ zei Lars. ‘Je trapt ze zo plat.’
Leonie schudde haar hoofd. ‘Ze zitten niet alleen op de grond, maar ook in de lucht. Ze brullen in je oor, kruipen over je hand en gillen in je mond.’
‘Hou op,’ zei Iris, die er niet meer tegen kon.
‘Wees gerust,’ zei Leonie. ‘Ons lichaam heeft een afweersysteem dat bescherming biedt tegen gevaarlijke bacteriën en virussen. Met een moeilijk woord heet dat het immuunsysteem.’
‘Alarmprobleem,’ rijmde Lars.
‘Ssssstt,’ deden Sem en Tijs, die het interessant vonden wat Leonie vertelde.
Leonie legde uit dat het immuunsysteem bestaat uit een aangeboren deel en een aangeleerd deel. ‘Een baby,’ zei ze, ‘heeft alleen nog maar het aangeboren deel en moet tegen veel bacteriën en virussen nog afweerstoffen aanmaken. Volwassen mensen hebben in hun leven al heel vaak afweerstoffen aangemaakt en met het aangeleerde deel erbij worden zij minder snel ziek. Je begrijpt misschien al wel dat voor een te vroeg geboren baby, die te kort in de buik van de moeder heeft gezeten, de kans op een infectie groot is.’
‘En daarom liggen ze dus in een koeveulen,’ zei Lars.
Leonie lachte om de verspreking.
‘Wat doet je lichaam dan als je wel ziek wordt?’ vroeg Mieke nieuwsgierig.
Leonie dacht even na en zei toen: ‘Het aangeboren deel kun je vergelijken met een soort politiecellen. Die zorgen voor algemene bescherming en zijn voortdurend in je lichaam aanwezig om bacteriën en virussen te waarschuwen als ze vervelend doen. De meeste bacteriën en virussen luisteren naar zo’n waarschuwing, maar soms ook niet. Dan verliest de politie de controle en krijg je griep. Via de portofoon roepen de politiecellen dan de hulp in van de mobiele eenheid. Dat zijn de cellen van het aangeleerde deel. De mobiele eenheid-cellen gaan met de wapenstok en traangas het griepvirus te lijf totdat alle schadelijke bacterie- en virusdeeltjes zijn opgeruimd. En dan word je weer beter.’
‘U kunt goed uitleggen,’ vond Mieke.
Leonie bedankte voor het compliment.
‘Dat was een wijze les, meester,’ zei Sjors.
Meester waardeerde die opmerking en grapte: ‘En dat op de eerste schooldag na de vakantie.’
Ze moesten allemaal lachen. Toen was het tijd om te vertrekken. De kinderen zeiden Leonie gedag en op de gang rende Joep meteen naar de lift.

‘We moeten wel, meester,’ zei hij, ‘want Tijs heeft veel te weinig energie om al die trappen te lopen en anders valt hij nog een keer flauw.’
Daar was meester het wel mee eens.

’s Avonds in bed dacht Tijs aan Fien. Hij snapte nu dat een couveuse nodig was om te vroeg geboren baby’s als Fien warm te houden en te beschermen. Hij zag de toendra voor zich met jonge kanoeten. Leonie had hun ook verteld dat bacteriën en schimmels niet goed tegen kou konden. Bij temperaturen van rond het vriespunt en daaronder gingen bacteriën en virussen dood.
‘Daarom bewaar je ook brood en vlees in de vriezer,’ had Leonie gezegd. Tijs begreep daaruit dat de kans om ziek te worden op de toendra klein was. Het was dus helemaal niet zielig dat een jonge kanoet geboren werd in een ijskoude omgeving. En in het nestkuiltje was het vast lekker warm, net als in een couveuse. Als een jonge kanoet zich af en toe even opwarmde aan de broedvlekken onder de buikveren van zijn ouders, dan overleefde hij het vast wel. Tijs draaide zich tevreden om onder zijn dekbed. Hij had dit keer zelf een kanoetenvraag opgelost.

# Stagelopen

De eerste week van het nieuwe schooljaar vloog voorbij. De kinderen werkten hard, want meester had op de weektaak anderhalf keer zoveel opdrachten geschreven als in groep 6. Meester hield dus vast aan een strakke tijdsplanning, ook omdat hij elke dag gymnastiekles wilde geven, want beweging vond hij heel belangrijk.
Op zaterdagmiddag liepen Tijs en Rutger over straat.
'Hoe ver ben jij met je spreekbeurt?' vroeg Rutger.
'Bijna klaar,' zei Tijs. 'En jij?'
'Ik heb er niets meer aan gedaan.'
'Niet?! Dan mag je wel opschieten, want we gaan volgende week oefenen.'
Rutger zuchtte. 'Ik weet het, maar elke keer als ik wil beginnen, dan lukt het niet.'
Tijs gaf hem de volgende tip: 'Je pakt een foto en bedenkt daar een paar zinnen bij. Dat doe je met al je foto's die je wilt laten zien en dan heb je vanzelf een verhaal.'
'Oké,' reageerde Rutger.
'Echt, het is heel makkelijk,' zei Tijs.
Ze kwamen bij een stoplicht.
Een klein, blond meisje kwam hun kant op rennen.
'Hé, dat is Iris,' merkte Rutger op.
Tijs zag het ook.
'Hoi,' zei Iris. Ze hijgde en pufte.
'Waarom sloof jij je zo uit?' vroeg Tijs.
'Ik train voor een nieuwe turnoefening,' antwoordde Iris en ze deed een paar rek- en strekoefeningen.
'En waarom doe je dat niet in een sporthal?' vroeg Rutger.
Iris ging op haar tenen staan en maakte zichzelf lang.

'Om mijn conditie te verbeteren,' zei ze. 'Ik moet twee keer per week een halfuur hardlopen in de buitenlucht.'
Het stoplicht sprong op groen.
Iris rende er meteen vandoor. 'Doei!' riep ze.
Tijs keek haar achterna. Hij voelde vlinders in zijn buik. Wat was Iris toch leuk en sportief, vond hij.
'Hé, slome slak!' riep Rutger.
Tijs keek verschrikt op. Rutger stond al aan de overkant. Het stoplicht ging naar oranje. Vlug stak Tijs ook de weg over.
'Je bent verliefd, hè?' vroeg Rutger.
Tijs kreeg een kleur. 'Jij op Mieke, toch.'
'Dat is geen antwoord op mijn vraag.'
Tijs haalde zijn schouders op. Rutger gaf hem een por.
'Je was net met je gedachten bij Iris, hè? Geef nou maar toe.'
Tijs deed net alsof hij het niet hoorde. Rutger gaf hem nog een duw.
'Hé, doe normaal,' riep Tijs.
'Je moet niet zo aan jezelf twijfelen,' zei Rutger. 'Je mag er best voor uitkomen dat je op Iris bent. Iedereen weet toch ook dat ik met Mieke ga.'
Tijs keek voor zich uit. Rutger had gelijk, dacht hij, maar tussen zelf weten dat je verliefd bent en zeggen dat je op iemand bent, zat nog wel een groot verschil.
Rutger begon te huppelen. 'Waarom vraag je Iris niet gewoon?'
Tijs versnelde ook zijn pas. 'Maar ik wil nog niet zoenen,' zei hij.
'Je kunt ook verkering hebben en niet zoenen,' antwoordde Rutger.
Tijs dacht even na. 'Oké, maar hoe vraag ik Iris dan?'
Rutger hield zijn pas in en zei: 'Je zegt gewoon tegen Iris: ik ben op jou, en dan vraag je: ben jij ook op mij?'
Tijs keek verbaasd naar zijn vriend. 'Is dat alles wat je moet zeggen?'
'Ja, zo ging het bij mij en Mieke ook,' zei Rutger en huppelde weer verder.
Tijs rende achter hem aan. 'En wanneer moet ik Iris dan vragen?'
'Zo snel mogelijk,' zei Rutger.
'En wat als Iris nee zegt?'
'Dan weet je haar antwoord.'
Tijs schudde zijn hoofd. Hij wilde helemaal niet van Iris horen dat zij niet op hem was. Stel dat ze op het schoolplein nee zou zeggen, dan ging hij af waar iedereen bij stond.
'Hé, pas je op?' Rutger pakte Tijs bij zijn arm. 'Straks knal je nog ergens tegenaan.'

Tijs liep rakelings langs een lantaarnpaal. Hij zuchtte om zichzelf. Hij maakte zich veel te druk.
Ze liepen een eindje verder en Tijs vroeg: 'Op wie denk jij dat Iris is?'
Rutger fronste. 'Waarom vraag je dat?'
'Gewoon.'
'Iris is vast ook op jou,' zei Rutger. 'Geloof me nu maar.'
'Maar Sem is veel sportiever dan ik. Sem zit op voetbal, tennis en atletiek.'
'Dus?' zei Rutger.
'Iris is ook heel sportief. Sem past vast veel beter bij haar.'
Rutger slaakte een zucht. 'Ik word moe van jou. Je moet stoppen met twijfelen aan jezelf en het Iris gewoon snel vragen.'
Tijs haalde gelaten zijn schouders op. Hij wist niet of hij dat wel durfde.
Ze sloegen rechtsaf naar de straat waar Rutger woonde.
'Wil je me zo eerst even helpen met mijn spreekbeurt?' vroeg Rutger.
Tijs knikte. 'Als we daarna op jouw spelcomputer een voetbalspel gaan spelen.'
'Doen we!' zei Rutger en hij sloeg een arm om de schouder van zijn vriend.

Het was dinsdagmorgen en meester vond het tijd voor de spreekbeurten.
'We gaan oefenen,' zei hij. 'Wie wil er als eerste?'
Natuurlijk stak niemand zijn hand omhoog, waarop meester zijn bureaula opende en een vel papier pakte. Op het papier schreef hij een cijfer. 'We gaan loten,' zei hij. 'Een getal onder de twintig. Wie het dichtstbij raadt, is als eerste aan de beurt.'
'Veertien,' zei Lars.
Sophie ging voor twee.
'Vijf,' riep Sem.
Jelle koos voor twaalf.
'Hè,' zei Sjors. 'Dat wilde ik ook zeggen.'
'Pech voor jou,' zei Jelle.
'Dat dacht ik niet,' zei Sjors. 'Ik had ook twaalf in mijn hoofd.'
'Weet je dat zeker?' vroeg meester.
Sjors knikte heftig.
'Dan zijn jij en Jelle allebei aan de beurt.' Meester toonde het cijfer op het blaadje. 'We zullen opnieuw moeten loten tussen jullie twee.'
'Zeven,' zei Jelle vlug.
'Dat mag niet,' brulde Sjors. 'Gezegd is gezegd.'
'Maar ik wil niet als eerste,' jammerde Jelle.

‘Dan had je maar geen twaalf moeten noemen,’ zei Sjors. ‘Lekker puh!’
Jelle balde zijn vuisten.
Iris kon niet tegen het geruzie en bood aan om te beginnen.
Meester stak zijn duim op. ‘Goed zo,’ zei hij.
Iris liep naar voren en ze vertelde enthousiast over turnen, haar zilveren medaille en de nieuwe oefening waar ze voor aan het trainen was.
‘Goed gedaan,’ zei meester. ‘En keurig binnen de tijd, precies vijf minuten.’
Na Iris wilde Sophie. Sophie deed het over kangoeroes. Ze liet een paar foto’s zien die ze had gekregen van haart tante uit Australië.
‘Je bent goed op weg, Sophie,’ zei meester. ‘Maar probeer nog wel wat meer informatie te vinden. Wie is de volgende?’
Rutger liep zelfverzekerd naar voren. Hij toonde op het digibord een paar foto’s van een voetbalstadion. Hij wist alleen niet meer wat hij erbij wilde zeggen.
Meester vroeg hoofdschuddend: ‘Is dat alles?’
‘Komt goed, meester. Ik heb nog meer foto’s en over de tekst denk ik nog na.’ Rutger nam weer plaats op zijn stoel.
Sjors en Sem hadden ook weinig voorbereid. Ze waren net als Rutger binnen een halve minuut klaar.
‘Het is maar goed dat we een keer oefenen,’ mompelde meester.
Joep liet een filmpje zien over een nieuw computerspel, maar vertelde niets.
‘Het is een spreekbeurt, Joep,’ zei meester. ‘Je moet er wel iets bij uitleggen.’
Jelle las een verhaal voor over orka’s, maar hij had geen plaatjes.
Meester gaf als commentaar: ‘Het is ook de bedoeling dat je iets laat zien, Jelle.’
Lars deed dat beter. Hij had een paar speelgoedtrekkers meegenomen en vertelde uitvoerig over verschillende trekkermerken.
Meester was lovend. ‘Dit is precies de bedoeling,’ zei hij.
Ook Mieke gaf het juiste voorbeeld. Ze vertelde over pure, witte en melkchocolade en ze had van elke soort een reep meegenomen.
Toen ze stukjes chocola uitdeelde, riep Sophie blij: ‘Jij mag elke dag wel een spreekbeurt geven.’
Tot slot was het de beurt aan Tijs. Tijs vertelde uitvoerig over de Waddenzee en het onderzoek naar kanoeten. Meester moest hem zelfs afremmen.
‘Ho, stop, genoeg,’ riep hij. ‘De rest mag je bij je echte spreekbeurt vertellen.’

Tijs ging weer zitten. Iris gaf hem een knipoog, Mieke stak haar duim op en Rutger zei: 'Je deed het super.'
Tijs voelde zich trots.

Na de middagpauze gaf meester verkeer. 'Pak allemaal je werkboek,' zei hij. 'We gaan de verkeersborden nog een keer oefenen.'
'Nee, niet weer,' zuchtte Mieke.
'Jawel, want juf heeft tegen mij gezegd dat jullie niet in een groep kunnen fietsen.'
'Pfff,' deed Sem. 'Juf bedoelt Tijs en Jelle zeker, want die zorgen voor ongelukken.'
'Helemaal niet!' riep Tijs. 'Die ene keer in groep 6 kwam door die wielrenner en ...'
'Rustig maar,' zei meester. 'Het doet er niet toe wie er beter kan fietsen dan een ander, het gaat erom dat jullie over een paar weken allemaal slagen voor het verkeersexamen.'
'Ramen,' rijmde Lars. 'Een fiets heeft geen ramen, een auto wel.'
De rest van de klas schoot in de lach.
'Dat soort vragen zal je niet krijgen,' zei meester. 'Het examen test vooral jullie kennis over verkeersborden en voorrangsregels.'
'Tegels,' rijmde Lars. 'Op een stoep liggen tegels en die zijn bedoeld voor wandelaars.'
Meester moest nu ook lachen.
'Ik vind het wel zielig voor Jelle,' zei Iris weer serieus. 'Hij is kleurenblind en kan dus nooit de vragen over verkeersborden goed doen.'
'Hmmm ...,' deed meester, 'maar volgens mij kan Jelle wel het verschil zien tussen blauw en rood.'
Jelle knikte, maar hij zei verder niets. Hij schaamde zich er een beetje voor.
Tijs dacht aan de kleurringen van de lepelaar. De kleine gekleurde ringetjes kon Jelle dus nooit herkennen. Dat was pas zielig! Tijs was blij dat hij alle kleuren goed kon zien. Daarmee kwam zijn droombaan in ieder geval niet in gevaar.
Meester begon met zijn uitleg en vertelde dingen die hij al honderdduizend keer had behandeld. Na een paar minuten keken de meeste kinderen daarom verveeld voor zich uit. Sjors zat onderuitgezakt op zijn stoel, Sem ondersteunde zijn hoofd met zijn handen, Joep zat voortdurend te gapen en Mieke en Iris keken ongeïnteresseerd naar het digibord. Meester

zwiepte enthousiast het ene verkeersbord na het andere tevoorschijn. Pas toen er op de deur werd geklopt, veerde iedereen overeind.
'Binnen!' riep meester.
In de deuropening verscheen conciërge Menno. Hij gaf meester een stapeltje papier. Meester sloeg zijn hand voor zijn mond.
'Wat goed dat je deze printopdracht komt brengen, Menno! Ik was het helemaal vergeten!'
'Geen dank,' reageerde Menno en hij liep het lokaal weer uit.
De deur viel in het slot.
Mieke vroeg nieuwsgierig: 'Wat bent u vergeten, meester?'
'Nee, niets,' schudde meester zijn hoofd. 'Dat vertel ik jullie later nog wel.'
Hij draaide zich weer om naar het digibord.
Iris zei: 'Meester, als u geheimzinnig doet, kan ik niet goed opletten.'
Meester keek haar aan. Meer kinderen knikten.
Toen zuchtte meester: 'Oké, dan zal ik het snel vertellen. In groep 7 gaan jullie op stage.'
Iris fronste haar wenkbrauwen. Lars keek meester vragend aan.
Meester vertelde: 'De stage mag over hetzelfde onderwerp gaan als je spreekbeurt, maar je mag ook een ander onderwerp kiezen. Het is alleen wel belangrijk dat je een onderwerp kiest waar je ook naartoe kan.'
'Een onderwerp waar je ook naartoe kan,' herhaalde Sophie.
'Voorbeeld,' flapte Lars eruit. 'We snappen het niet.'
Meester lichtte toe: 'Jullie gaan bijvoorbeeld naar een bedrijf, een vereniging of iets anders. Als het maar buiten de muren van dit schoolgebouw is.'
'Mijn slaapkamer,' geeuwde Sjors.
'Mijn spelcomputer,' riep Joep.
Meester schudde zijn hoofd. 'Nee, nee, zo werkt het niet.'
'Huh?' deed Joep verbaasd. 'Maar mijn spelcomputer staat niet op school. En u zegt zelf dat we ergens naartoe moeten wat niet op school is.'
'Ik was ook nog niet uitgesproken,' zei meester. 'Je moet namelijk naar een plaats buiten de muren van dit schoolgebouw waar mensen werken. Het is de bedoeling dat je iets leert over een bedrijf, dat je ziet wat er gedaan of gemaakt wordt en hoe de mensen daar werken. Dat heet stagelopen. Volgend jaar in groep 8 hebben we daar geen tijd voor met de Centrale Eindtoets en de afscheidsmusical, maar stagelopen is iets wat je vanaf de middelbare school regelmatig zult gaan doen, dus we gaan in groep 7 alvast een keer oefenen.'
Er stak een luid gejuich op in de klas.

'Dan hoeven we niet naar school!' riep Sjors. Zijn stem schalde door het lokaal.
'Ik ga vragen of ik naar het NIOZ op Texel mag,' bedacht Tijs opgewonden.
Rutger keek hem vragend aan.
'Leg ik nog wel een keer uit,' zei Tijs.
'En ik ga kijken of ik naar een grote turnsportschool kan,' reageerde Iris enthousiast.
Al snel riep iedereen door elkaar.
'Ho! Stop! Rustig!' riep meester. 'Ik deel straks een brief uit met alle informatie.' Meester hield de stapel papier in de lucht die Menno zojuist had gebracht. 'Die brief laat je thuis aan je ouders lezen. We gaan nu verder met verkeer.'
De kinderen luisterden nog even naar de uitleg van meester en gingen toen zelfstandig aan het werk. Vlak voor de zoemer klonk, las meester de cijfers voor van de aardrijkskunderepetitie die ze de dag ervoor hadden gemaakt. 'Lars en Sjors hebben een zes min,' zei hij. 'Iris, Jelle, Joep en Sophie hebben een zeven. Tijs heeft een acht, Sem een negen en Mieke zelfs een negen-en-een-half.'
Er klonk applaus.
'Tot slot, Rutger, jij hebt een één.'
'Een één?' riep Rutger verontwaardigd.
Meester knikte. 'Een één komma nul.'
'En ik had het nog wel zo goed geleerd,' sputterde Rutger. Hij begon te blozen.
Tijs begreep er ook niets van. Rutger haalde meestal wel een voldoende. En zeker op topografie, want daar was hij goed in.
'Je hebt ook alle antwoorden goed,' zei meester tegen Rutger. 'En toch heb je een één. Kun je bedenken waarom?'
Rutger schudde zijn hoofd. Tijs zag aan het gezicht van zijn vriend dat hij loog. Rutger kreeg altijd een kleur als hij niet de waarheid sprak.
Meester ging verder: 'Ik zag je voortdurend naar links kijken. Al je antwoorden zijn precies hetzelfde als op het blaadje van Mieke.'
Sem floot op zijn vingers: 'Fiet fieuw.'
Sjors begon te jennen: 'Rutger is op Mieke, Rutger is op Mieke.'
Meester maakte een kalmerend gebaar en vroeg aan Rutger: 'Zeg eens eerlijk: heb je afgekeken?'
'Nee,' hield Rutger beslist vol.

'Ik geloof je niet,' zei meester. 'Zelfs de spelfout die Mieke heeft gemaakt, staat ook op jouw blaadje.'
Mieke keek verschrikt op. 'Heb ik iets fout geschreven?'
'Groot-Brittannië met één n,' antwoordde meester.
Mieke kreunde. 'O stom, dat is natuurlijk met twee keer een n.'
'Jee, Miek, het is maar een spelfout, hoor,' reageerde Iris, die al blij was met haar zeven.
'Dat kan gebeuren, Mieke, iedereen maakt wel eens een fout,' zei meester.
Tijs stootte Rutger aan en fluisterde: 'Geef nou maar toe dat je hebt afgekeken. Eerlijkheid duurt het langst.'
Rutger gaf toe dat hij had afgekeken.
Meester keek de klas rond. 'Wat zullen we doen, jongens en meiden?' vroeg hij.
Sjors grinnikte: 'Ik stel voor dat Rutger Mieke een zoen geeft.'
'Mee eens,' zei Sem. 'Om het goed te maken.'
'Ja, en Rutger krijgt een week extra klassendienst,' zei Sophie. 'Dan hoef ik deze week tenminste niet.'
'Of hij moet voor straf de rest van het jaar in zijn eentje vooraan bij het bureau van meester zitten. Dan kan hij nooit meer afkijken,' zei Jelle.
'Dat is een suf idee,' reageerde Sjors direct.
Jelle werd verlegen. 'Eh, ik heb niks gezegd.'
'Die plannen gaan me allemaal te ver,' zei meester. 'Ik weet het goed gemaakt. Rutger, je mag de topografietoets overdoen. Vrijdagmiddag na schooltijd.'
Rutger knikte. Daarna werkten ze nog een kwartier aan hun weektaak, tot de pauze.
'Daarmee kom je goed weg,' zei Tijs tegen Rutger toen ze het schoolplein op liepen.
'Wat je goed noemt,' zei Rutger. 'Ik moet nu alsnog als een gek vijftien Europese landen en hun hoofdsteden uit mijn hoofd leren.'
'Ik kan je er vanmiddag bij helpen,' bood Mieke aan. 'Kom jij naar mij, of ik naar jou?'
Rutger schudde zijn hoofd. 'Geen tijd. Ik heb zaterdag een belangrijk voetbaltoernooi, dus ik moet trainen.'
'Had je daarom niet geleerd?' vroeg Iris.
Rutger knikte.
'En topo is nog wel je lievelingsvak,' merkte Tijs op. Hij wist dat Rutger altijd leerde voor een repetitie. Rutger wilde net als bij het voetballen ook

op school goed presteren. Maar nu had hij dus iets te veel tijd besteed aan het trainen met de bal, dacht Tijs. Rutger knikte. Hij schaamde zich wel een beetje voor zijn één.

'En Sjors en Sem dan?' vroeg Mieke. 'Doen die ook mee aan het voetbaltoernooi?'

Rutger knikte opnieuw.

'Maar Sjors en Sem hebben wel een voldoende,' zei Iris. 'Wanneer hebben die dan geleerd?'

'Sjors en Sem hadden een spiekbriefje gemaakt en dat in hun mouw gestopt,' legde Rutger uit.

'Grrr,' gromde Iris. Ze kon niet tegen valsspelen.

'Zeker weer een idee van Sjors,' zei Mieke. 'En dat is meester natuurlijk niet opgevallen.'

Tijs dacht aan de bijlage bij het mailtje van Lieuwe. Lieuwe had onderzocht dat kanoeten ook wel eens bij elkaar afkeken. Dat deden ze bijvoorbeeld als ze op zoek gingen naar voedsel. De kleine schelpdieren zaten goed verstopt in de donkergekleurde wadbodem, zodat de kanoeten ze niet zomaar konden vinden. Tijdens het zoeken hielden de vogels elkaar goed in de gaten. Als een van de kanoeten veel schelpdieren naar boven haalde, dan wisten de andere kanoeten dat dat een goed plekje was.

'Nog even over de Uitblinkerzclub,' zei Mieke. 'Tijs en Rutger moeten allebei nog iets laten zien.'

Tijs sprong pardoes vanaf het klimrek in het zand. 'Daar heb ik nog helemaal niet goed over nagedacht,' zei hij.

'Dat moet je dan maar gauw doen,' zei Mieke, 'want ik wil het snel weten.'

'Pfff,' deed Tijs. Hij piekerde zich suf, maar hij kon niets bedenken.

'Ik weet het gewoon niet,' zei hij. 'Kunnen jullie niet iets voor mij bedenken?'

'Poeh,' zei Rutger. 'Eens even nadenken. Eh ..., nee. Volgens mij kun jij eigenlijk van alles, maar niet echt iets wat wij helemaal niet kunnen.'

'Ik zou het ook niet weten,' schudde Iris haar hoofd.

'Daar sluit ik me bij aan,' knikte Lars.

'En ik ook,' zei Mieke.

'Dat bedoel ik dus,' zei Tijs en hij keek teleurgesteld naar zijn schoenveters. 'Ik ben nergens goed in. Zelfs jullie kunnen niet iets bedenken.'

Zijn stem klonk erg bedrukt. De anderen wisten even niet wat ze moesten zeggen. Lars schommelde wat heen en weer op een stang van het klimrek. Mieke leunde onderuitgezakt tegen een paal, Iris frunnikte aan haar

haarelastiekje en Rutger friemelde aan de rits van zijn jas. Uiteindelijk doorbrak Mieke de stilte.
'Denk er nog maar even over na,' zei ze. 'Als je het weet, dan horen we het wel. Dat betekent dat Rutger als volgende aan de beurt is.'
'Oké,' zei Rutger. 'Zaterdag zijn jullie uitgenodigd bij het sportveld. Dan kan ik laten zien hoe goed ik kan voetballen.'
Tijs en Iris knikten instemmend. Mieke baalde, want zij kon er niet bij zijn.
'Ik ga naar het strand, want het wordt supermooi weer.'
'Ik ben er wel bij,' zei Lars, en vervolgde: 'Ik vind wel dat Tijs dan iets bedacht moet hebben. Het kan niet zo zijn dat hij alle tijd krijgt om iets te verzinnen en dat wij allemaal al iets hebben laten zien. Dat is niet eerlijk.'
'Daar ben ik het ook mee eens,' zei Rutger.
'Tja,' zei Mieke. 'Daar heeft Lars een punt.'
Iris knoopte het elastiekje weer in haar blonde haren. Tijs keek terneergeslagen naar de grond. Wat moest hij nu?

Thuis gooide Tijs achteloos zijn tas in de gang en rende naar zijn slaapkamer.
'Zeggen we geen gedag meer als we thuiskomen?' riep moeder hem na.
'Ja, sorry, maar ik moet eerst even iets doen wat superbelangrijk is.'
In zijn slaapkamer plofte hij neer op zijn bureaustoel en drukte zijn laptop aan.
'Ik heb beneden thee en je favoriete koekjes,' probeerde moeder Tijs over te halen.
Mmm, lekker, havermoutkoekjes, dacht hij. Maar nu nog even niet. Hij opende zijn mailbox en typte het volgende:

> Hoi Lieuwe,
>
> In groep 7 gaan we oefenen met stagelopen.
> Van meester Sietse mogen we naar een bedrijf dat past bij het onderwerp van je spreekbeurt.
> Ik vraag het eerst maar aan jou: Mag ik naar het NIOZ op Texel komen?
>
> Groet,
> Tijs

Tijs klikte op verzenden. Hij rende weer naar beneden en haalde uit zijn tas de brief van meester over het stagelopen.
'Alsjeblieft, mam. Van meester.'
Moeder las aandachtig de tekst. Tijs pakte vlug een havermoutkoekje uit de trommel en nam een slok thee, die hij met eenzelfde vaart weer uitproestte.
Moeder keek verschrikt op. 'Wat doe je nu?'
'Het is nog superheet.' Tijs liep naar de kraan in de keuken.
'Ik heb het ook nog maar net ingeschonken. Je bent veel te gehaast. Vanwaar al die drukte?'
Tijs hield zijn mond langs de straal stromend koud water. Moeder pakte een vaatdoekje om de tafel te drogen.
'We mogen van meester op stage,' zei Tijs. Hij veegde zijn mond droog met een handdoek.
'Dat lees ik,' zei moeder.
'Nou, dat is toch supervet! Ik heb Lieuwe gelijk een mail gestuurd of ik een dag naar het NIOZ mag.'
'Ho ho,' zei moeder, 'moet je dat niet eerst met ons overleggen?'
'Jij zegt altijd: vragen staat vrij.'
Moeder schoot in de lach. 'Ja, tot op zekere hoogte, maar je kunt niet zomaar met een wildvreemd iemand afspreken.'
'Lieuwe is niet vreemd!' reageerde Tijs verontwaardigd.
Moeder dacht na. 'Is Lieuwe een van de onderzoekers die je met Jurre hebt ontmoet?'
Tijs knikte heftig.
'Ah, dat maakt het verhaal anders.'
'Dus ik mag?' vroeg Tijs.
'Niet zo snel,' zei moeder. 'Ik lees in de brief dat meester een informatieavond organiseert. Ik ben benieuwd hoe de stage past in de leerdoelen en hoe het bijdraagt aan jullie kennisontwikkeling.'
'Alsof je van onderzoek niets leert,' reageerde Tijs bits.
'Dat zeg ik niet, maar ik vind het nogal heftig dat jij als tienjarige alleen naar Texel gaat. Hoe denk je daar bijvoorbeeld te komen?'
'Eh ..., geen idee,' zei Tijs.
'En wie betaalt de kosten?'
Tijs haalde zijn schouders op.
'En ik wil Lieuwe ook wel ontmoeten.'
Tijs zuchtte. 'Daar bedenken jullie tijdens die infoavond maar iets op,

want deze kans laat ik echt niet schieten. Nooit!'
Moeder lachte. 'Je wilt er erg graag naartoe, hè?'
'Heel graag.' Tijs pakte nog een koekje.
Moeder sloot de trommel af. 'Ik zal er eens goed over nadenken en het er met papa over hebben.'
Tijs stond op. 'Ik ga kijken of Lieuwe al heeft teruggemaild.'

's Avonds mailde Lieuwe:

> Hoi Tijs!
>
> Je bent van harte welkom op Texel. Wanneer kom je? En hoe lang blijf je?
>
> Groet,
> Lieuwe
>
> PS Ik stuur je morgen een nieuwe video over een experiment met kanoeten, steenlopers en roofvogels!

'JAAA!' riep Tijs opgewonden vanachter zijn laptop. 'GAAF! GAAF! GAAF! Ik mag van Lieuwe!'
Hij typte meteen een mailtje aan meester en stuurde daarbij het antwoord van Lieuwe door.
'Zo, dan weet meester dat het van de Texelse kant oké is,' zei hij hardop tegen zichzelf. 'Nu pap en mam nog overtuigen.'

# Voetbaltoernooi

Op zaterdagmiddag fietste Tijs samen met Rutger richting het sportveld. Rutger had zijn voetbalschoenen onder zijn snelbinders geknoopt. Hij droeg een blauwe korte broek en een rood-wit T-shirt van zijn favoriete voetbalclub. De felrode sokken met daaronder een paar scheenbeschermers kwamen tot vlak onder zijn knieën. 'Het wordt een spannende middag,' zei hij.
'En warm,' zei Tijs.
Rutger haalde het zweetbandje, dat om zijn pols zat, langs zijn voorhoofd.
'Denk je dat je geselecteerd wordt voor het provincieteam?' vroeg Tijs.
'Ik maak een goede kans,' antwoordde Rutger vol zelfvertrouwen. 'Ik ben in supervorm, want ik heb veel getraind.'
'En Sjors en Sem dan? Die hebben toch ook veel geoefend?'
'Klopt, maar ik ben beter.'
Ze kwamen aan bij het huis van Iris. De jongens hadden afgesproken om haar op te halen. Iris stond met haar armen over elkaar op de oprit te wachten.
'Hé, waar is je fiets?' vroeg Tijs.
'Lekke band,' zei Iris beteuterd. 'Ik heb geprobeerd hem te plakken, maar hij loopt steeds weer leeg.'
'Zal ik er even naar kijken?' Tijs stapte al van zijn fiets.
'Daar hebben we nu geen tijd voor,' zei Rutger. 'Over tien minuten moet ik me melden bij de inschrijftafel.'
'Ja, maar we kunnen Iris hier toch niet laten staan?'
'Misschien kan ik bij je achterop?' vroeg Iris.
Tijs keek haar aan. Zijn hoofd werd direct rood. Een meisje bij hem achterop? En dan ook nog heel toevallig Iris? Hij wist zo één, twee, drie niet wat hij moest zeggen.

'Volgens mij wil Tijs maar al te graag dat je bij hem opstapt,' zei Rutger tegen Iris.
Iris kreeg een twinkeling in haar ogen.
Tijs zei met een tomaatachtig hoofd: 'Oké.'
Rutger voegde er nog plagend aan toe: 'En die band kan Tijs een andere keer nog wel plakken. Dan hebben jullie gelijk een afspraakje.'
Tijs probeerde zo rustig mogelijk te fietsen, maar zijn hart bonsde in zijn keel. Veel te snel naar zijn zin arriveerden ze al bij de voetbalvelden. Op het sportterrein was het een drukte van belang. Er waren veel scouts die op zoek waren naar nieuw talent. Op een klein veld met minidoeltjes renden de kinderen tot zes jaar achter een bal aan.
'Zo voetbalde ik vroeger ook,' wees Rutger naar de groepjes kinderen die kriskras over het veld liepen. 'Dat wordt kluitjesvoetbal genoemd. Iedereen rent achter de bal aan zonder samen te werken. Allemaal willen ze een doelpunt maken. En of ze de wedstrijd nu winnen of verliezen, dat maakt niet zo veel uit.'
Iris verbeeldde met haar handen een grote ronde cirkel. 'Zo groot is de bal en zo klein zijn de spelertjes,' en ze bracht haar duim en wijsvinger naar elkaar toe. 'Het zijn net kaboutertjes met een skippybal.'
Tijs lachte om de gebaren die Iris maakte. Dat gezwaai met haar armen had ze van het turnen.
In de verte kwamen Sjors en Sem in hun trainingskleren aanlopen.
'Hé, jullie ook hier,' zei Sem.
'We komen Rutger aanmoedigen,' zei Tijs.
'Kansloos,' reageerde Sjors. 'Ik pak elke bal van hem af.'
'Hmpf,' deed Rutger en hij haalde zijn schouders op.
'Je bent jaloers, omdat ik beter ben dan jij,' blufte Sjors.
'Dat zullen we dan straks wel zien,' snoof Rutger.
Iris trok Rutger aan zijn arm en wenkte. Samen met Tijs liepen ze naar de inschrijftafel.
'Je moet je niet gek laten maken door hen,' zei Iris.
'Ze proberen je uit je concentratie te halen,' voegde Tijs eraan toe.
'Ik ben niet bang,' zei Rutger. 'Ik zal ze een poepie laten ruiken.'
'Haha,' lachte Tijs. 'Die heb je van Lars.'
Rutger grijnsde.

Even later stonden vijftig voetballers rond de middencirkel van het grote veld. Op de middenstip vertelde een trainer wat de bedoeling was.

'De komende anderhalf uur gaan we drie dingen doen. We beginnen met z'n allen op het grote veld met een warming-up. Daarna splitsen we de groep op in tweeën. De ene groep gaat verder op het grote veld en speelt in partijvorm, de andere groep gaat naar het veld hiernaast voor afmaken op doel met actieve weerstand. Na een halfuur wisselen de twee groepen om. Doe je best, geniet ervan en laat zien wat je waard bent!'
Alle spelers kregen een gekleurd hesje met daarop een nummer. Rutger trok een rood hesje aan met nummer zevenentwintig.
'Dat is zijn lievelingskleur,' wist Iris.
'Dat brengt dan vast geluk,' zei Tijs.
De warming-up begon. De talenten renden drie rondjes om het veld, deden rek- en strekoefeningen en dribbelden vervolgens met een bal aan hun voet langs pionnen. Op de zestienmeterlijn moesten ze een verdediger passeren en de bal op het doel schieten.
Rutger, Sem en Sjors deden alle drie even fanatiek mee. Na allemaal vijf keer op doel geschoten te hebben, werd er een drinkpauze ingelast.
Ook voor de toeschouwers langs de kant waren er bekertjes met water en limonade. Met flinke teugen dronk Iris twee bekertjes leeg.
'Burp!' deed ze en ze zei er meteen achteraan: 'Oeps, sorry.'
Lars was intussen gearriveerd.
'Waarom ben je zo laat?' vroeg Iris.
'Lekke band.'
'Jij ook al?' vroeg Tijs verbaasd.
'Voor en achter,' verduidelijkte Lars.
'Bij mij ook,' zuchtte Iris. 'Wat toevallig.'
'Eerlijk gezegd waren die van mij vanmorgen ook leeg,' zei Tijs.
Lars en Iris keken hem aan.
'Maar ik heb ze zelf geplakt.'
'Dan mag je die van mij ook doen. Ik ben nu op de fiets van mijn moeder,' zei Lars.
'Kun jij geen banden plakken?' vroeg Tijs.
'Jij bent toch zo handig,' merkte Iris op.
'Niet moeilijk doen als het makkelijk kan,' zei Lars en hij gaf hun een knipoog.
Tijs opende een klaphekje naar het tweede veld. Lars nam een slok water uit de colafles die hij thuis had gevuld.
'Pfff, wat is het warm,' pufte hij.
Iris knikte. Tijs dacht na. Hij begreep niets van al die lekke banden. Hij

zag dat Rutger een bal in zijn voeten kreeg aangespeeld. Hij mocht gaan afronden op doel, waarbij hij wel eerst Sjors moest passeren.
'Oei,' zei Iris.
'Dit wordt man tegen man,' zei Lars.
'Kom maar op, kleuter,' grijnsde Sjors naar Rutger.
Rutger keek geconcentreerd. Hij begon te lopen met de bal. Hij slalomde om twee pionnen en stond toen recht tegenover Sjors. Die kwam dreigend op hem af. Rutger maakte een handige voetbeweging en snelde langs Sjors heen. Vervolgens rondde Rutger af op doel. De bal vloog lijnrecht in de kruising.
'Wow!' klonk het langs de zijlijn.
Rutger liep met een grijns terug naar de middenlijn. Hij sloot achter in de rij weer aan.
Tijs zag hoe een aantal jongens hopeloos de bal over het doel schoot. En sommigen gingen zelfs langs de kant van het veld zitten vanwege de warmte.
'Die vallen sowieso af,' zei Lars.
'Wat wil je ook met dit weer,' pufte Iris. 'Ik heb vandaag al twee keer een schoon shirtje aangetrokken. Ik zweet als een otter.'
'Snotter,' flapte Lars eruit.
Tijs schoot in de lach.
Ze keken weer naar Rutger. Bij de laatste oefening gaf de trainer een voorzet en Rutger moest proberen om de bal, vanuit de lucht, in één keer raak te schieten. Dat was niet makkelijk en van de vijf voorzetten schoot Rutger er maar eentje tegen het witte net. Teleurgesteld slenterde hij van het veld.
'Kom op,' zei Iris. 'Je deed het hartstikke goed!'
'Inderdaad,' zei Tijs. 'En die bal in de hoek van paal en lat was echt fantastisch! Er zijn maar twee jongens die veel beter zijn. Die ene jongen in het shirt van het Nederlands elftal, die heet volgens mij Daan, en dat handige jongetje dat de kleinste is van allemaal.'
'Zijn naam is Joeri,' wist Iris.
'En van de jongens die langs het veld zijn gaan zitten, heb je toch al gewonnen, want die worden nooit geselecteerd met hun slechte conditie,' voegde Lars eraan toe.
Rutger haalde zijn schouders op. Het leek niet tot hem door te dringen dat het best goed ging. Tijs gaf Rutger een bemoedigende schouderklop.
'Straks in de partijvorm schiet je elke bal raak.'
'Hmpf,' deed Rutger.

'Jawel,' zei Tijs opbeurend. 'Je moet geloven in jezelf, dat heb je me zelf een keer verteld.'
Iris en Lars knepen allebei een grote natte spons uit boven het hoofd van Rutger. Tijs gaf hem twee bekertjes limonade. Rutger dronk ze snel leeg en liet een flinke boer: 'Burp!'
'Gurp,' rijmde Lars.
Daar moest Rutger wel om lachen.
'Bedankt voor de verkoeling en de aanmoedigingen,' zei hij. Met opgeheven hoofd stapte hij het veld weer op.
Aan het begin van de partijvorm stond het team van Rutger flink onder druk. Bij de tegenstander stonden Sjors en Sem in de basis. Zij waren voortdurend in de aanval. Rutger kon alleen maar verdedigen en hij zag dat Sjors en Sem allebei een doelpunt maakten. De moed zonk hem in zijn schoenen en hij liet zijn hoofd hangen.
'Hup, Rutger, kom op, je kunt het!' moedige Iris hem aan.
'Laat ze een poepie ruiken,' brulde Lars.
'Geloof in jezelf,' riep Tijs.
De aanmoedigingen leken te werken. Het team van Rutger werd beter en beter. De spelers gingen minder op een kluitje lopen en gebruikten nu het hele veld. Alleen bij een vrije trap of hoekschop gingen ze weer dicht bij elkaar staan.
Door het veldoverwicht kreeg Rutger de kans een paar mooie acties te laten zien. En het lukte zelfs om een keer te scoren! Na afloop van het derde halfuur verzamelde iedereen zich weer rond de middencirkel.
'Ik zal het kort houden, jongens,' zei de trainer. 'Het lijkt te gaan regenen.' Hij keek bezorgd naar de lucht. De zon zat intussen verstopt achter donkere wolken en het begon zachtjes te waaien. De trainer bedankte iedereen voor zijn inzet en moedigde ze aan veel te blijven oefenen. Daan, de jongen in het tenue van het Nederlands elftal, werd gekozen voor het provincieteam. Rutger keek somber voor zich uit toen hij naar Iris, Tijs en Lars liep.
'Je hebt het goed gedaan,' zei Lars.
'Meer dan goed,' complimenteerde Tijs. 'Vooral het moment waarop je de bal afpakte van Daan, dat was echt geniaal!'
'Die jongen stond echt te balen, hoor,' zei Lars.
'En toen je een doelpunt maakte op het einde, stond zijn gezicht echt op onweer,' voegde Iris er lachend aan toe.
Rutger vrolijkte langzaam op. De bemoedigende woorden van zijn vrienden deden hem zichtbaar goed.

‘Ik baal ervan dat ik niet ben geselecteerd,’ zei hij, ‘want ik heb zo mijn best gedaan. Ik dacht echt dat ik een kans maakte.’
‘Je mag trots zijn op jezelf dat je het anderhalf uur hebt volgehouden,’ zei Lars. ‘Er zijn tijdens de training heel veel jongens en meiden afgehaakt.’
‘Precies,’ zei Tijs.
‘En daarom ben je voor ons een echte uitblinker!’ riep Iris uitgelaten.
Lars sloeg een arm om de schouders van Rutger. ‘Dan heb je toch nog iets gewonnen,’ zei hij.
Rutger bloosde. ‘En daar ben ik heel blij mee!’ zei hij trots.
Toen begon het te regenen. Het plensde zo hard, dat de sportvelden blank kwamen te staan. Iedereen werd kletsnat.
‘Ik hoef straks ook niet meer onder de douche,’ grapte Rutger, maar de lach op zijn gezicht verdween toen hij zijn fiets pakte. Zijn achterband was leeg. Stomverbaasd bleef hij staan.
Sjors en Sem raceten op hun fietsen voorbij. ‘Succes met plakken,’ grijnsde Sjors.
‘Hoe durven ze!’ riep Iris en balde haar vuist.
‘Gemeneriken!’ brulde Lars.
Het viertal keek elkaar aan.
‘Ze kunnen gewoon niet tegen hun verlies,’ zei Tijs en hij inspecteerde de achterband van Rutger. Toen moest hij zachtjes grinniken.
‘Sjors heeft alleen je ventiel opengedraaid, dus als we een pomp hebben, dan is je band zo weer vol.’
Rutger leende uit de sportkantine een fietspomp en vulde zijn band met lucht. Daarna fietsten ze het sportterrein af.
‘Ik heb trek,’ zei Rutger.
‘Ik ook,’ zei Lars, ‘maar wij eten vanavond spruitjes.’ Hij trok een vies gezicht.
‘Blehh,’ deed Iris. ‘Wij eten wortels.’
‘Ik heb zin in pannenkoeken,’ zei Tijs, ‘met lekker veel stroop.’
‘En in iets te drinken, want ik heb nog steeds dorst,’ zei Rutger.
‘Dan had je net je tong uit moeten steken,’ grapte Lars.
Rutger lachte. ‘Doe mij maar cola,’ zei hij.
‘Ja! En frietjes!’ riep Iris enthousiast.
‘Een superplan,’ vond Tijs.
‘Dan moeten we naar de snackbar,’ zei Lars.
Rutger keek bedenkelijk. ‘Dat gaat niet,’ zei hij.
‘Waarom niet?’ vroeg Iris.

'Mijn broer werkt daar en als hij ziet dat ik stiekem patat koop, dan worden mijn ouders niet blij.'
'Vertelt hij dat dan door?'
'Yep.'
'Stom,' zei Iris.
Rutger knikte.
'Hé, maar wacht eens,' zei Tijs. 'Ik weet wat. Als ik nu patat en cola bestel, dan wachten jullie buiten.'
'Slim,' vond Iris.
'En dan nemen we het mee naar het clubhuis,' bedacht Rutger. 'Daar kan toch niemand ons zien.'
'Hmmm ...,' dubde Lars. 'Mijn ouders zijn wel thuis ...'
'Dat geeft niet, joh,' zei Iris. 'Ik ga wel op de uitkijk.'
'Oké,' zei Lars.
Ze fietsten met zijn vieren naar de snackbar. Op de hoek bleven Lars, Iris en Rutger staan. Rutger gaf Tijs geld mee, want hij had toch zakgeld genoeg. Het wachten duurde lang. Lars hing verveeld over zijn stuur.
'Het schiet niet echt op, hè?'
'Mijn broer is altijd traag,' zei Rutger.
'Zal ik even gaan kijken waar Tijs blijft?' stelde Iris voor.
'Nee, wacht. Daar komt hij al.'
Rutger wees naar het einde van de straat. Tijs droeg in elke hand een plastic tasje. 'Vier patat, vier kroketten en vier blikjes cola,' zei hij verlekkerd.
'Mjummie,' deed Lars.
'Kom, laten we gaan, anders wordt het koud,' stelde Iris voor.
Ze fietsten weer langs de voetbalvelden. Rutger zei: 'Ons elftal staat bovenaan. Nog twee wedstrijden winnen en we zijn periodekampioen.'
'Dan komen we allemaal kijken,' beloofde Tijs.
'Met Mieke erbij,' zei Iris.
Via de supermarkt reden ze tot vlak bij het boerenerf. Daar riep Lars: 'Stoppen!'
Tijs trapte als eerste op de rem.
'We verstoppen onze fietsen achter de schuur,' zei Lars. 'Anders zien mijn ouders dat ik al terug ben en dan worden we gesnapt.'
Ze deden wat Lars zei en slopen voorzichtig om de schuur heen. Lars ging voorop. Via de houten trap klommen ze naar hun onderkomen.
'Boe,' klonk een zware stem toen hij bijna boven was.
Lars haalde diep adem. Zijn benen bibberden van schrik. Hij keek achterom.

'Geintje,' zei Rutger.
'Pfff,' deed Lars. 'Ik schrok me suf. Ik dacht echt dat ik de stem van mijn vader hoorde.'
Iris haalde de grote zak met patat uit de plastic tas. 'We hebben geen borden en bestek,' zei ze.
'We eten wel met onze handen,' stelde Lars voor. 'Dat scheelt afwassen.'
'Ik eet patat altijd met mijn handen,' zei Rutger. 'Wie gaat als eerste op de uitkijk?'
'Ik ga wel,' bood Tijs aan. Hij ging op de bovenste tree zitten van de houten trap. Hij zag onder het dak van de schuur een vogelnestje. Een boerenzwaluw stak zijn kop buiten het nest en keek vluchtig om zich heen. Daarna vloog het vogeltje met een paar snelle vleugelslagen weg. Tijs dacht na. Een vogel moest voortdurend om zich heen kijken om mogelijk gevaar te ontdekken. Zelf hoefde hij maar even op de uitkijk en dan kwam Iris hem aflossen. Maar voor een vogel was er geen rustmoment. Die moest de hele tijd waakzaam zijn. En zeker als er bijna geen verstopplekjes waren. Hoe zou een kanoet dat doen? Die had op de open wadvlakte helemaal geen schuilplaats. Hij herinnerde zich het moment dat hij met oom Mervyn naar wadvogels had gekeken. De kanoeten liepen toen de hele tijd in een groep. Misschien helpen ze elkaar wel, dacht hij. Net als bij het zoeken naar voedsel.
Rutger, Lars en Iris smikkelden ondertussen van de zoute aardappelstengels en de vette kroketten.
'Mjam, mjam, mjam,' smakte Lars.
'Dit eet je zeker niet zo vaak,' zei Iris.
'Nee,' antwoordde Lars en hij likte zijn vingers af. 'We eten altijd aardappels, groente en vlees.'
'Wat saai,' vond Rutger. 'Wij eten elke week wel een nieuw gerecht, of we gaan uit eten.'
'Daar hebben wij geen geld voor,' zei Lars. 'Wij gaan hooguit één keer per jaar uit eten.'
Rutger en Iris bleven even stil.
'Volgende,' zei Tijs.
Iris stond op en nam de plaats van Tijs in. Tijs viel onmiddellijk op zijn kroket aan. Toen alles op was, keken ze elkaar aan.
'Wat doen we met de plastic bakjes en mayozakjes?' vroeg Lars. 'Als ik ze hier in de prullenbak gooi, dan ziet mijn moeder gelijk wat we gegeten hebben.'

'Ik neem het wel mee,' zei Rutger. 'Ik weet op het plein voor de supermarkt in het dorp wel een afvalbak.'
'Goed idee,' zei Iris rillend.
'Heb je het koud?' vroeg Lars.
Iris knikte.
'Ik ook,' zei Tijs. 'Mijn korte broek is nog nat van de stortbui.'
'Dan kruipen jullie toch lekker warm tegen elkaar aan,' zei Rutger. 'Je bent vriend en vriendin of je bent het niet.'
Tijs aarzelde. Iris ook.
'Ik ga wel kleden halen,' zei Lars. 'Ik ben zo terug.'
Even later zaten ze met zijn vieren onder twee kleden op de houten bank. Iris en Rutger speelden met hun telefoon en Lars bladerde in een tijdschrift over trekkers.
Tijs dacht na over zijn uitblinkerzopdracht. Hij moest nog steeds iets verzinnen, maar wat? En nu Rutger was geweest, was hij toch echt aan de beurt. Zijn gedachten dwaalden weer af naar vogels. Wat deden kanoeten eigenlijk als ze het koud hadden? Zouden ze ook dicht bij elkaar gaan staan? Dat moest eigenlijk wel, dacht hij. In de Waddenzee waren maar weinig beschutte plekken te vinden. Het was bijna miraculeus dat kanoeten konden overleven op een modderbodem waar bijna geen bescherming was tegen kou, regen of wind. En dan vlogen ze ook nog eens vijfduizend kilometer achterelkaar door zonder pauze te nemen. Kanoeten waren ook uitblinkers, net als zij.
'Hé, maar dat is het,' zei hij ineens hardop.
De andere drie keken op.
'Wat is het?' vroeg Iris.
'Nee, niks,' antwoordde Tijs. 'Ik dacht iets hardop in mezelf.'
'Nu wil ik het weten ook,' reageerde Iris nieuwsgierig.
'Anders lijk je net op juf of meester,' voegde Lars eraan toe.
'Ik dacht,' zei Tijs, 'een kanoet is een uitblinker omdat hij heel bijzondere dingen doet. Wij vormen ook een Uitblinkerzclub. Dus als ik nu iets met kanoeten doe, waar ik veel over weet, dan heb ik een opdracht over uitblinkers voor uitblinkerz.'
'En hoe wil je dat dan laten zien?' vroeg Iris.
'Eh ...' Tijs aarzelde. 'Dat weet ik nog niet precies.'
Ze keken elkaar aan.
'Wat is een kanoet eigenlijk?' vroeg Lars.
'Een wadvogel,' zei Tijs.

'En is die bijzonder?'
Tijs knikte. 'Een kanoet maakt elk jaar een wereldreis. Hij kan wel vijfduizend kilometer vliegen zonder pauze te nemen.'
Lars fronste. 'Wow, dat is best knap,' zei hij.
Rutger kreeg ineens een ingeving. 'Ik weet wat je kunt doen. Je doet je spreekbeurt toch over kanoeten?'
Tijs knikte.
'Als je nu een tien haalt op je spreekbeurt, dan ben je een echte uitblinker.'
'Dat ik daar niet eerder aan heb gedacht,' zei Tijs en zijn ogen begonnen te glimmen.
'Maar een tien halen bij meester Sietse is wel moeilijk, hoor,' zei Iris meteen. 'Meester Sietse geeft bijna nooit een tien.'
'Een negen is ook goed,' zei Rutger.
'Of een acht,' zei Lars. 'Want dat is ook heel hoog. Ik heb zelf nog nooit een cijfer gehaald hoger dan een zes-en-een-half.'
'Ik ga mijn best doen,' zei Tijs.
Iris pakte haar telefoon. 'Ik ga gelijk Mieke een berichtje sturen dat je iets hebt bedacht.'
'Ik heb het bedacht,' zei Rutger.
'Ook goed,' zei Iris. 'Dan zet ik dat erbij.'

's Avonds, vlak voordat Tijs ging slapen, las hij op zijn telefoon een nieuw bericht van Lieuwe.

> Hoi Tijs,
>
> Zoals beloofd vind je in de bijlage een video over mijn roofvogelexperiment.
> Een collega van mij heeft alles gefilmd. De video begint als ik voor het wadvogelgebouw sta.
>
> Veel kijkplezier!
>
> Groet!
> Lieuwe

Tijs opende de bijlage op zijn laptop. Lieuwe verscheen in beeld.
'Hoi! Mijn naam is Lieuwe. Ik ben waddenwetenschapper. Ik doe onder-

zoek naar wadvogels en ik wil je graag een van mijn experimenten met kanoeten en steenlopers laten zien.'
Tijs zag hoe Lieuwe de deur van het wadvogelgebouw opende en naar de experimentenruimte liep. Op de nagebootste wadbodem stond een vierkante bak met nat zand. Daaroverheen was een touw gespannen dat reikte van de ene kant van de ruimte tot aan de andere kant. Lieuwe deed de schuifdeur van een aangrenzend vogelverblijf open. Daar stonden zes kanoeten in een groepje bij elkaar.
'Ik laat zo een van deze zes kanoeten los in de experimentenruimte,' vertelde Lieuwe voor de camera. 'Na vijf minuten laat ik over het touw een opgezette sperwer "vliegen".'
Tijs zag hoe Lieuwe de neproofvogel aan het touw vastmaakte.
'Ik wil hiermee de ontsnaptactieken van kanoeten en steenlopers onderzoeken,' zei Lieuwe.
Op zijn laptop zag Tijs een tweede vogelverblijf waarin een groep steenlopers met hun korte, puntige, wigvormige snavels hun bontgekleurde veren poetsten.
'Een steenloper is iets kleiner dan een kanoet,' merkte Lieuwe op en hij liep weer terug naar het vogelverblijf met daarin de zes kanoeten. Een van de zes vogels liet hij los in de experimentenruimte.
De kanoet begon meteen zijn verenkleed te poetsen.
Lieuwe zei zacht: 'Dat doen ze nou altijd. Ik begrijp er niks van. Door de modderbodem worden hun poten gelijk vies, dus wat heeft het dan voor zin dat ze hun veren poetsen?'
De collega van Lieuwe hield een blaadje voor de camera. Daarop was te lezen: 'De vogels vinden het niet fijn als jij met je vettige vingers aan hun verenpak hebt gezeten.'
Tijs moest erom lachen. Hij zag dat de kanoet naar de bak met nat zand vloog om te zoeken naar wadslakjes. Tijdens het zoeken keek de vogel om zich heen: naar links, rechts en omhoog. Het leek wel alsof hij doorhad dat er zo meteen iets ging gebeuren.
Lieuwe knikte goedkeurend voor de camera. Hij zag dat de kanoet zich gedroeg zoals hij dat in het veld ook deed: altijd waakzaam voor een roofvogel. Lieuwe gaf zijn collega een seintje en telde met zijn vingers af van drie naar één. Toen liet hij de sperwer over het touw glijden. In vijf seconden was de opgezette roofvogel aan de overkant. Bij het 'loslaten' van de sperwer liet Lieuwe uit een geluidsrecorder alarmroepen horen van kanoeten. De kanoet reageerde onmiddellijk. Hij vloog angstig op, maakte een

aantal rondjes en landde weer op de bak met nat zand nadat de sperwer was verdwenen.
Lieuwe stak zijn duim op voor de camera. Het experiment was geslaagd en de kanoet mocht zich weer bij zijn soortgenoten in het vogelverblijf voegen. Nu verscheen er een echoscoop in beeld.
'Hiermee hebben we de borstspierdikte van de vogels gemeten,' zei Lieuwe. 'En met een weegschaal hebben we hun gewicht bepaald.'
Tijs herkende de werkruimte meteen. Het was de plek om de kanoeten te wegen en te meten, zoals hij op een eerdere video had gezien. Lieuwe had toen uitgelegd dat de borstspieren in verbinding staan met de vleugels en dat een vogel daardoor kan vliegen.
'We zien,' zei Lieuwe, 'dat zowel de kanoeten als de steenlopers opvliegen als de sperwer over het touw glijdt. Ze zijn dus echt bang voor de neproofvogel. En we zien ook dat een kanoet zijn gewicht verlaagt als hij dagelijks wordt geconfronteerd met een sperwer, maar dat zijn borstspieren niet veranderen. De steenloper vergroot juist zijn borstspieren en behoudt zijn lichaamsgewicht.'
De filmende collega vroeg daarop: 'Waarom reageren een kanoet en een steenloper verschillend op een roofvogel?'
'Goede vraag,' zei Lieuwe en hij pakte een wit vel papier en een viltstift. Hij tekende een dijk met een strekdam en een paar steenlopers in de buurt daarvan. 'Een steenloper zoekt graag langs de kustlijn naar krabbetjes en stukjes zeewier,' zei hij. 'Dat is niet zonder gevaar, want een roofvogel kan zich makkelijk dichtbij verstoppen achter een steen of paal. Een steenloper moet dus snel kunnen reageren als een roofvogel op hem afkomt. Hij heeft daarvoor sterke borstspieren nodig, zodat hij snel vaart kan maken in het begin van zijn ontsnapping.'
'Aha,' klonk de stem van de collega. 'Dat verklaart waarom de steenlopers dikkere borstspieren hebben in jouw experiment.'
Lieuwe knikte en tekende op het vel papier een paar kanoeten ver uit de kustlijn. Hij vertelde: 'Een kanoet zoekt het liefst naar voedsel op de open wadvlakte. Dat is gunstig, want zo wordt hij minder snel verrast door een sperwer die vanachter een dijk of strekdam komt aanvliegen. Hij hoeft dan ook geen extra energie te stoppen in het vergroten van zijn borstspieren voor betere ontsnappingsprestaties.'
Tijs knikte bedachtzaam achter zijn laptop. Hij begreep wat Lieuwe daarmee bedoelde: een vogel kan de energie uit een wadslakje maar één keer gebruiken.

'En,' zei Lieuwe, 'kanoeten zoeken op het wad in een dichte groep. Dat betekent veel ogen die het gevaar van een roofvogel kunnen ontdekken. Ook dat is voordelig, want als een kanoet de hele tijd waakzaam moet zijn, gaat dat ten koste van zijn tijd om naar voedsel te zoeken.'
Ook dat begreep Tijs. Een kanoet kon maar een paar uur per dag naar voedsel zoeken en als ze in die tijd te veel moesten letten op de dreiging van een roofvogel, dan konden ze niet genoeg eten.
Lieuwe zei tot slot: 'Zodra een roofvogel op een groep kanoeten afkomt, vliegen de kanoeten als groep de lucht in. Ook dat geeft een voordeel, want een individuele kanoet heeft in een groep een lagere kans om gepakt te worden dan wanneer hij in zijn eentje oog in oog komt te staan met een sperwer.'
De collega maakte Lieuwe erop attent dat hij nog niet had uitgelegd waarom kanoeten gingen lijnen.
'Ah,' zei Lieuwe terwijl hij zijn wijsvinger opstak. 'Dat kan ik laten zien met een filmpje dat ik zelf in het veld heb gemaakt.'
Lieuwe schoof zijn laptop voor de camera en startte het filmpje. Tijs zag hoe kanoeten precies tegelijk bochtjes maakten. De vogels vlogen heel gecoördineerd en dicht op elkaar door de lucht. Als één kanoet de vliegrichting omgooide, dan gingen alle kanoeten mee. Daardoor zag je de ene keer de witte buiken en het andere moment de grijze ruggen. Het leek net een grijs-wit knipperlicht.
Lieuwe zei: 'Kanoeten verlagen hun lichaamsgewicht zodat ze makkelijk kunnen kantelen. Om niet uit de bocht te vliegen bij het maken van scherpe wendingen, is een laag gewicht beter dan een hoog gewicht. Lichte vogels zijn wendbaarder. Een kanoet voorkomt dus dat hij dik wordt door niet te veel te eten, als hij weet dat de kans op aanvallen van een roofvogel in een gebied groot is.'

Daarmee stopte de video. Tijs kroop snel onder zijn dekbed en droomde verder over het leven van een kanoet.

# Spookhuis

Meester had de stage voor de herfstvakantie ingeroosterd. Tijdens een informatieavond vertelde hij de ouders over het doel van de stage en de mogelijkheden om kennis te maken met stagebegeleiders. Hij gaf aan dat de school een subsidie had ontvangen waarmee een groot deel van de kosten was gedekt. De rest kon betaald worden uit de jaarlijkse ouderbijdrage. Ook voor vervoer werd gezorgd. Conciërge Menno zou de kinderen met een busje naar alle stageadressen brengen die zich op meer dan vijftien kilometer van de school bevonden.
De vader en moeder van Tijs hadden twee keer een skype-afspraak met Lieuwe. Na een aantal keren overleg met meester Sietse en de ouders van Rutger, mochten Tijs en Rutger samen op stage naar Texel.
En zo geschiedde dat Menno op een vrijdagmorgen Tijs en Rutger naar de veerboot bracht. 'Succes, jongens, en heel veel plezier!' zei hij.
'Bedankt, Menno!' reageerden de jongens.
Halverwege de loopbrug bleef Rutger staan. 'Ik denk dat ik iets ben vergeten,' zei hij.
Tijs hield zijn pas in en keek naar Rutger.
'We gaan toch op bezoek bij wetenschappers?'
'Eh, ja,' antwoordde Tijs.
'Dan ga ik terug.'
Tijs fronste zijn wenkbrauwen. Rutger keek naar zijn korte broek en witte gympen. Tijs schoot in de lach.
'Welnee, joh, je kunt er in gewone kleren naartoe.'
'Weet je dat zeker? Mijn vader moet altijd in pak als hij bij belangrijke mensen op bezoek gaat.'
'Bij Bert, Lieuwe en Jort is dat niet nodig,' zei Tijs en hij liep de boot op.
Rutger haastte zich achter hem aan. 'Zeker weten?' vroeg hij nog een keer.

'Heel zeker,' zei Tijs. 'Ik heb ze toch al een keer ontmoet.'
'Dat is waar,' gaf Rutger toe.
Op de boot zochten ze een plekje bij het raam. Ze keken naar buiten. In de verte voer een schip van de kustwacht, iets dichterbij een zeilbootje en op de reling stond een meeuw.
'Laten we het schip verkennen,' stelde Rutger voor.
Via een schuifdeur kwamen ze in een trappenhuis. Ze liepen twee trappen af.
'Dit is het autodek,' zei Tijs.
Rutger begon te tellen: 'Eén, twee, drie, vier, vijf, zes. Wow! Zes rijen auto's,' riep hij opgewonden.
Via een andere trap kwamen ze op het vrachtautodek.
'Tien vrachtauto's,' telde Tijs.
'We gaan terug met de lift,' zei Rutger.
Tijs drukte het knopje voor de hoogste verdieping in. Ze zoefden omhoog naar het buitendek.
'Gaaf uitzicht,' vond Rutger.
Tijs wees naar een rij duinen in de verte. 'Zou dat het eiland al zijn?'
'Dingdong,' klonk het uit een speaker. 'We naderen Texel.'
'Ja, we zijn er al!' riep Rutger verheugd.
Tijs keek om zich heen. 'Weet jij nog waar onze tassen staan?'
'Eh, nee,' antwoordde Rutger.
Tijs keek zoekend rond, aarzelde en zei: 'We moeten in ieder geval naar beneden.'
Rutger knikte. 'We zaten bij het raam.'
Een verdieping lager herkende Tijs de zitbanken. De veerboot meerde intussen af.
'We moeten opschieten,' zei Rutger.
'Zoeken jullie iets?' vroeg een mannenstem. Het was een medewerker van de boot.
'Ja, meneer, onze tassen,' antwoordde Rutger gehaast.
'Kom maar mee,' zei de man. 'Er staan twee stuks bagage onbeheerd bij een raam.'
De jongens liepen achter de bootmedewerker aan naar de andere kant van het schip.
'Ja, die zijn van ons,' reageerde Tijs opgelucht. Hij zag zijn zwarte rolkoffer en de blauwe weekendtas van Rutger.
'Fijn,' zei de man. 'En nu snel van boord, want we gaan zo al weer vertrekken.'

De jongens haastten zich naar de loopbrug.
Op de kade stond Lieuwe te wachten. 'Welkom op Texel!' riep hij enthousiast. 'Een goede reis gehad?'
'Anderhalf uur in de auto was wel lang,' vond Rutger. Hij liet zijn tas op de grond ploffen.
'Dat geloof ik graag.' Lieuwe plaatste de bagage van de jongens op een steekwagentje. 'Gelukkig is de overtocht met de boot maar twintig minuten.'
'Klopt,' zei Tijs. 'Dat is veel minder lang dan met de boot naar Ameland.'
Ze liepen vanuit de haven langs de dijk naar het NIOZ. Na vijfhonderd meter kwamen ze aan bij het gebouw. Een mevrouw achter de receptiebalie lachte vriendelijk en zei de jongens gedag. In het gebouw was een lange gang. Aan de ene kant bevonden zich kantoorruimtes, aan de andere kant laboratoria. In het kantoor van Lieuwe stonden een bureau, een tafel en vier stoelen. Aan de muren hing een aantal posters.
'Begrijp jij wat erop staat?' vroeg Rutger aan Tijs.
Tijs keek naar een blauwwitte poster en schudde zijn hoofd. Hij herkende op een foto wel de *Navicula*.
'Dat is de boot waar de onderzoekers mee op de Waddenzee varen,' zei hij.
'Hoe weet je dat?'
'In de zomervakantie heb ik Bert, Jort en Lieuwe toch ontmoet?'
Rutger knikte.
'Ze waren toen met dat schip.'
'Dan zullen die teksten wel over het onderzoek gaan dat ze hier doen,' merkte Rutger slim op.
'Klopt helemaal,' zei Lieuwe. Hij kwam zijn kantoor in met een beker koffie en twee glazen limonade. 'Over het onderzoek dat we hier doen, schrijven we artikelen.'
'Voor in de krant?' vroeg Tijs.
'Nee, voor in wetenschappelijke tijdschriften,' antwoordde Lieuwe.
Rutger keek hem verbaasd aan.
'Dat zijn tijdschriften die speciaal bedoeld zijn om over onderzoek te vertellen,' verduidelijkte Lieuwe.
'O,' zei Rutger. 'En hoe zien die er dan uit?'
Lieuwe pakte een tijdschrift uit zijn bureaula.
Rutger bladerde erin en zei: 'Het lijkt wel op mijn voetbalblad dat ik elke maand krijg.'
Lieuwe grinnikte. 'Alleen gaat dit niet over voetbal, maar over vogels.'

'En in die van mij staan veel meer plaatjes,' bladerde Rutger verder. 'Heb jij hier een abonnement op?' vroeg hij.
'Ja, net zoals iedereen die hier werkt.'
'En als je nu geen Engels kunt lezen?' vroeg Tijs.
'Ja, waarom schrijven jullie niet gewoon in het Nederlands?' merkte Rutger op.
'Jullie zijn wel van de vragen, hè?' zei Lieuwe.
'Dat doen onderzoekers toch ook,' beweerde Tijs stellig.
Lieuwe gaf hem gelijk en vroeg: 'Kunnen jullie bedenken waarom we in het Engels schrijven?'
'Om stoer te doen,' zei Rutger. 'Om te laten zien dat jullie wel Engels kunnen en wij niet.'
Lieuwe lachte. 'Nee, we schrijven in het Engels omdat we de verhalen met onderzoekers van over de hele wereld willen delen. En zoals jullie vast wel weten, is Engels een wereldtaal.'
'Dan praten jullie zeker ook in het Engels?' Tijs keek door het raam naar buiten en zag dat er op de dijk schapen liepen.
'Nee, maak je maar niet ongerust. Met Nederlandse collega-wetenschappers praten we gewoon Nederlands.'
'Gelukkig,' zei Rutger.
Lieuwe dronk zijn mok koffie leeg en zei: 'Kom, we gaan een kijkje nemen in het laboratorium.'
In een grote ruimte waren twee vrouwen en twee mannen aan het werk. Ze droegen lange witte jassen.
'Het lijken wel trouwjurken,' grapte Rutger.
Lieuwe glimlachte en vertelde dat je in een laboratorium heel schoon en opgeruimd moest werken.
'Streng, hoor,' vond Rutger.
'Het lijkt wel een ziekenhuis,' zei Tijs. 'Alles is hier wit.'
'Wat doen jullie hier eigenlijk?' vroeg Rutger.
Lieuwe antwoordde: 'We onderzoeken de bodemmonsters van het wad. Herken je de buisjes met een paarse dop, Tijs?'
Tijs knikte. Hij zag de kokkeltjes, nonnetjes en andere bodemdieren in de plastic kokertjes. Het viel hem onder het kunstlicht pas op dat in elk buisje een label zat met daarop een nummer.
'Als we de zes cijfers van het label invoeren in een computer, dan kunnen we precies terugzoeken waar we de monsters hebben gestoken,' zei Lieuwe. Hij wees op een grote kaart de plekken aan die bemonsterd waren.

‘Waarom staan er gekleurde stippen op de kaart?’ vroeg Tijs.
Lieuwe vertelde dat ze in de zomer vier keer van west naar oost door de Waddenzee voeren. ‘Tijdens elke vaartocht nemen we heel veel monsters. Met een kleurtje geven we aan welke plekken we al gedaan hebben. Elke vaartocht krijgt zijn eigen kleur.’
Tijs knikte.
Op een grote witte tafel lagen allemaal kleine schelpjes verspreid.
Rutger fronste toen hij zag dat een van de onderzoekers de schelpen aan het opmeten was. ‘Dat vind ik raar,’ zei hij.
Lieuwe keek hem verbaasd aan.
‘Je gaat toch geen schelpjes meten. Volgens mij zit er dan een steekje los in je hoofd.’
‘Rutger!’ beet Tijs hem toe. ‘Dat zeg je toch niet. Dat is onbeleefd.’
‘Ja, nou, het is toch zo? Wat kan er nou belangrijk zijn aan het opmeten van een paar schelpjes?’
‘Dat is heel belangrijk,’ zei Lieuwe. ‘Dit wordt nergens anders op de wereld gedaan.’
‘Dus ...’ zei Rutger.
‘Dus is dit interessant.’
‘Ja, voor Tijs, ja, want hij doet er zijn spreekbeurt over.’
‘Jij wilde toch zo graag mee?’ bracht Tijs in.
‘Om vogels van dichtbij te zien, ja, niet om naar een paar schelpen te kijken.’
Rutger sloeg zijn armen over elkaar.
‘Niet zo ruziën, jongens,’ zei Lieuwe. ‘Rutger, voordat we naar de kanoeten gaan, is het belangrijk om eerst even bij dit werk stil te staan.’
Rutger haalde zijn schouders op.
‘Doe nu maar wat Lieuwe zegt, joh,’ stootte Tijs hem aan. ‘Anders verknal je je stage, en je weet wat dat betekent, hè?’
Rutger stak zijn handen in zijn broekzakken. ‘Het schoolkamp in groep 8 kan me gestolen worden,’ zei hij.
Tijs schudde zijn hoofd. Zo kende hij Rutger niet. Lieuwe vertelde waarom het belangrijk was om de schelpjes te meten.
‘Een kanoet slikt alleen schelpjes die door zijn keel passen. Nonnetjes eet hij dan het liefst, maar mensen hebben de kleine schelpdieren tot voor kort grotendeels weggevist. Met de bodemmonsters willen we kijken op welke plekken in de Waddenzee nonnetjes in de wadbodem leven, en vragen beantwoorden zoals: Met hoeveel zijn ze? En hoe groot zijn ze? Als

we dat weten, kunnen we die plekken beschermen en daarmee de groei en overleving van nieuwe nonnetjes stimuleren.'
'Lieuwe, kun je even komen?' klonk een stem vanachter een microscoop.
Lieuwe draaide zich om.
'Het lijkt wel of we op school zitten,' zuchtte Rutger.
'Dit is toch veel beter,' deed Tijs opgewekt. 'We hoeven nu tenminste niet op onze plek te blijven zitten.' Hij spreidde zijn armen.
'Dat is waar,' gaf Rutger toe.
Tijs zei: 'En geloof me nu maar, het wordt steeds leuker als je er meer over weet.'
Rutger keek zijn vriend aan.
'Echt?'
'Echt!' zei Tijs.
Rutger zuchtte opnieuw. 'Denk je dat ik het nog goed kan maken bij Lieuwe?'
'Natuurlijk,' zei Tijs. 'Als je straks een vraag stelt, dan zal je zien dat Lieuwe dat leuk vindt.'
'Maar wat moet ik dan vragen?'
'Vraag maar waarom ze de schelpen wegen. Dat heeft hij nog niet verteld.'
'Oké, zal ik doen.'
Lieuwe was blij verrast met de vraag van Rutger. 'Voor een kanoet,' zei hij, 'is het niet alleen belangrijk of een nonnetje door zijn keel past, maar ook hoeveel vlees er tussen de twee schelphelften zit. We willen dus weten hoeveel vlees er in een nonnetje zit, zodat we kunnen uitrekenen hoeveel nonnetjes een kanoet per dag moet eten om voldoende energie binnen te krijgen. Daarom wegen we dus de inhoud van de schelpjes.'
Tijs knikte. Rutger werd ongeduldig.
'En gaan we nu naar de kanoeten?' vroeg hij.
Lieuwe glimlachte. 'Kom maar mee.'
Ze liepen met zijn drieën over een grasveld naar een ander gebouw. Op de deur van het gebouw stond in grote letters:

EXPERIMENT IN PROGRESS, PLEASE BE QUIET!

'Weer dat stomme Engels,' zei Rutger.
'Jullie krijgen in groep 7 toch Engelse les?' merkte Lieuwe op.
'Ja, maar deze woorden nog niet,' zei Tijs. Hij las nog een keer de letters, maar schudde zijn hoofd.

'Mogen we er niet in of zo?' vroeg Rutger.
'In dit gebouw zitten kanoeten waarmee we op dit moment een experiment doen,' zei Lieuwe. 'Je mag alleen naar binnen als je héél stil kunt zijn.'
Tijs en Rutger keken hem aan. Lieuwe hield zijn wijsvinger voor zijn lippen. De jongens knikten.
Lieuwe ging de jongens voor. Binnen was het donker. Alleen een lamp van de noodverlichting brandde. Ze liepen zachtjes door een lange gang. Aan het einde opende Lieuwe voorzichtig een deur. Daarachter was het opnieuw aardedonker.
'Dit is de ruimte met de vogelverblijven,' fluisterde Lieuwe en hij drukte op een lichtschakelaar.
Twee tl-balken flitsten aan. 'Pling, pling,' klonk het. Aan de rechterkant zagen Tijs en Rutger zes deuren met luikjes.
Lieuwe zei zacht: 'Daarachter zitten de kanoeten als ze niet meedoen aan een experiment.'
Plots hoorden ze vanachter een andere deur 'Knut-Knut'.
'Wat is dat?' vroeg Rutger ietwat verschrikt.
'Het geluid van een kanoet,' antwoordde Lieuwe en hij pakte de klink van een brede houten deur vast.
'Nu moeten jullie echt héél stil zijn,' fluisterde hij.
'Nog stiller?' vroeg Rutger.
'Zo stil als je kan,' zei Lieuwe.
Achter de deur was de experimentenruimte. Het was er doodstil. Rutger zag een silhouet.
'Ieh!' riep hij verschrikt.
'Ssssstt,' commandeerde Lieuwe.
'Ma... ma... maar wat is dat?' griezelde Rutger.
'Een van de onderzoekers,' fluisterde Lieuwe.
'Pfff,' deed Rutger en hij haalde opgelucht adem.
Achter een videocamera stond een grote man met zwarte krullen. Tijs herkende hem meteen. Het was Jort. De camera stond op een statief en door een heel klein luikje in een deur maakte Jort video-opnamen van kanoeten die op een nagebootst wad zochten naar voedsel.
'In deze ruimte kunnen we het water omhoog en omlaag laten bewegen, net zoals dat buiten in de Waddenzee gebeurt,' fluisterde Lieuwe.
Rutger keek verbaasd. Hij snapte er niets van. Water omhoog en omlaag, en dat gebeurt buiten ook?
'Hij heeft het over eb en vloed,' zei Tijs. 'Vertel ik je later nog wel.'

Rutger knikte. Jort deed een stap opzij en wenkte de jongens. Tijs kwam achter de camera staan. Hij zag tien platte bakken met zand die verspreid op het kunstwad stonden in een laagje water.
Rutger keek door de lens. 'Zijn dit kanoeten?' vroeg hij.
'Klopt,' antwoordde Jort.
Rutger zag hoe vier kanoeten druk met hun snavels in het zand van de platte bakken prikten. Een andere kanoet rustte uit en een zesde keek om zich heen.
'Waarom staan die platte bakken eigenlijk op de bodem?' vroeg Tijs.
'We doen een voedselexperiment,' zei Jort. 'In de bakken zitten drie soorten prooien verstopt: zachte prooien met heel weinig schelp, zoals garnalen en krabben, prooien met weinig schelp, zoals wadslakjes en kleine nonnetjes, en prooien met veel schelp, zoals grote nonnetjes en kokkels. We kijken of kanoeten liever de snel bewegende garnalen en krabben eten, of liever de bijna niet bewegende wadslakjes, nonnetjes en kokkels.'
Tijs knikte bedachtzaam. Aan de andere kant van de ruimte werd op een deur geklopt. Rutger deed van schrik twee stappen naar achteren. Ook Tijs voelde een rilling over zijn rug.
'Dat is Bert, jongens,' zei Lieuwe. 'Hij filmt aan de andere kant en klopt op de deur als teken dat deze proef klaar is.'
'Pfoe,' deed Rutger. 'Het lijkt hier wel een spookhuis.'
Jort deed het licht uit in de nagebootste wadruimte en trok aan een lang touw. Een schuifdeur gleed open en de lichten in een aangrenzend vogelverblijf floepten aan. De kanoeten vlogen naar het licht in het vogelverblijf en Jort schoof de deur weer dicht. Vervolgens flitsten in de wadruimte de lampen een voor een aan en stapte Bert met een waadbroek aan naar binnen om de platte bakken bij te vullen met nieuwe prooien. Jort wisselde de kanoeten die hadden meegedaan aan het experiment om voor vijf andere kanoeten. Vervolgens startte de proef opnieuw. Rutger, Tijs en Lieuwe liepen naar buiten en ploften neer in het gras.
'Lieuwe,' zei Tijs, 'waarom doen jullie eigenlijk dit voedselexperiment?'
'We willen weten of kanoeten wel die prooien kiezen die ze het snelst naar binnen kunnen werken. We hebben al ontdekt dat het oppakken en doorslikken van krabben en garnalen een heel gedoe is, omdat ze zoveel bewegen. Toch zien we in het veld dat kanoeten achter garnalen aan gaan.'
'Wat een sukkels,' zei Rutger, die het niet begreep.
Tijs gaf hem een por.

'Eh ..., ik bedoel, dat is niet zo slim van ze.'
'Dat hangt ervan af,' zei Lieuwe, 'want we weten ook dat een kanoet na het eten van kokkeltjes en nonnetjes even pauze moet nemen. Zijn maag raakt snel vol van de schelpen, omdat die moeilijk te verwerken zijn. Een kanoet moet dus eerst wat schelpengruis uitpoepen, voordat hij weer verder kan eten.'
Dat vond Rutger wel logisch. 'Als ik drie boterhammen met chocopasta op heb, zit mijn buik ook vol,' zei hij.
Lieuwe knikte. 'Die van mij na vijf bruine boterhammen ook. Maar bij het eten van garnalen raakt de maag van een kanoet minder snel vol dan bij het eten van schelpdieren.'
'Komt dat doordat garnalen geen schelp hebben?' vroeg Tijs.
'Precies,' zei Lieuwe. 'Het zachte en dunne schildje van een garnaal is veel makkelijker te kraken dan de schelp van een nonnetje. Kanoeten die garnalen eten, hoeven dus veel minder vaak pauze te nemen.'
'Hmmm,' zei Rutger. 'Dat is dan wel weer handig.'
Lieuwe gaf een samenvatting: 'Het oppakken en doorslikken van garnalen is dus een heel gedoe, maar het kraken ervan is heel makkelijk. Bij schelpdieren gaat het naar binnen werken heel snel, maar kost het kraken veel tijd.'
'Dus voor welke prooi moet een kanoet dan kiezen?' vroeg Tijs.
'Dat bepaalt hun maag,' zei Lieuwe. 'We zien in het veld dat kanoeten met een kleine maag op plekken zoeken met krabben en garnalen, en dat kanoeten met een grote maag zoeken op plekken met schelpdieren. De maag van een kanoet bepaalt dus wat hij eet.'
Lieuwe leunde tevreden achterover en hield zijn handen ineengevouwen achter zijn hoofd.
'Maar als jullie dat dan al weten, waarom doen jullie dan nog zo'n experiment?' vroeg Rutger.
Lieuwe keek hem aan.
'Ja,' zei Tijs. 'Dat is dan toch niet meer nodig?'
Lieuwe schudde zijn hoofd. 'Jawel,' zei hij. 'We willen precies weten hoeveel tijd het een kanoet kost om een schelpdier te vinden, op te pakken, door te slikken en te verwerken. En dat willen we ook weten bij een krab en een garnaal. Binnen in ons wadvogelgebouw kunnen we dat heel precies bepalen.'
'En waarom willen jullie dat dan zo precies weten?' vroeg Rutger.
'We zijn nieuwsgierig en we vinden het leuk om te schrijven dat een kanoet bijvoorbeeld winst of verlies kan hebben. Verlies als hij één schelpdier

vindt, maar tijdens het zoeken energie verbruikt voor vier schelpdieren, of winst als hij heel snel twee schelpdieren doorslikt. En daarbij willen we onze resultaten publiceren in een wetenschappelijk tijdschrift. Daarvoor moet je heel precieze getallen hebben. We maken daarom video's, zodat we later met een computerprogramma de beelden kunnen analyseren.'

De jongens keken elkaar aan.

'Pietje precies,' zei Rutger.

'Lieuwtje precies,' grapte Tijs.

Rutger schoot in de lach. 'Nee, nog preciezer,' zei hij. 'Het is Bertje, Jortje en Lieuwtje precies, want ze zijn met zijn drieën.'

Lieuwe hield zijn gezicht in de plooi. 'Het wordt tijd om weer eens binnen te kijken,' zei hij. 'Jullie worden melig.'

Ze liepen terug naar het gebouw. Dit keer brandde er volop licht.

'We kunnen de vogelverblijven schoonmaken,' zei Jort.

'En de vogels wegen,' vulde Bert aan.

Jort pakte vier kratten, vier deksels en een schepnet. Bert rolde de slang van een hogedrukspuit uit en pakte twee bezems.

'Deze zijn voor jullie, jongens,' zei hij.

Jort liep met een schepnet in zijn hand een vogelverblijf in en ving met een vlugge beweging een kanoet. Hij stopte de vogel in een krat.

Tijs keek bedachtzaam. 'Dit vind ik zielig,' zei hij.

'Ik ook,' knikte Rutger.

'Tja, jongens, je wilt wetenschappelijke proeven doen of niet,' zei Lieuwe.

'Dan maar geen proefjes,' zei Tijs.

'Mee eens,' knikte Rutger opnieuw.

'Kom op, jongens,' zei Lieuwe. 'Jullie hebben toch net gehoord wat voor spannende ontdekkingen je daarmee kunt doen?'

'En we zijn heel voorzichtig,' stelde Jort overtuigend. 'We weten precies wat we doen.' Hij stopte een volgende kanoet in een krat. 'We hebben hier alle drie een opleiding voor gevolgd.'

Bert vulde aan: 'En na afloop van een experiment laten we de vogels weer vrij. Van eerdere experimenten weten we dat kanoeten blijven leven.'

'Huh?' zei Rutger verbaasd. 'Hoe kunnen jullie dat nou weten? Alle vogels lijken op elkaar.'

Jort pakte een kanoet uit een krat en liet de poten zien. Er zaten zes gekleurde ringetjes om.

'Hé, dat hebben lepelaars ook,' zei Tijs. 'Dat is hun vogelpaspoort.'

'Precies,' zei Bert. 'Met behulp van de kleurringen weten we welke kanoet

bij ons een experiment heeft gedaan.'
Rutger gaf aan dat hij het begreep.
Jort ving de laatste kanoet en zei: 'We kunnen beginnen met schoonmaken.'
Rutger en Tijs schoven elk hun bezem over de vloer van een vogelverblijf.
Bert pakte de hogedrukspuit en spoot de muren schoon.
Ze waren ruim een uur druk in de weer met het verschonen van water- en voedselbakken en het schoonspuiten van de vloeren en muren.
'Doen jullie dit elke week?' vroeg Tijs en hij plofte neer op een kruk.
'Ja, tweeënvijftig weken in het jaar,' antwoordde Jort.
'Dus ook in de zomervakantie en met kerst en oud en nieuw?' vroeg Rutger.
Jort knikte.
'Pfff,' deed Rutger. 'Jullie liever dan ik.'
Jort zei: 'Maar onze vogels hebben in vergelijking met buiten natuurlijk niet zoveel ruimte. Als we niet schoonmaken, wordt het hier een enorme bende met al het uitgepoepte schelpengruis en de losgelaten veren.'
Dat begrepen de jongens wel.
'En we willen niet dat de vogels ziek worden,' zei Lieuwe. 'Want dan lopen de experimenten in de soep.'
'Lekker, soep,' reageerde Jort likkebaardend. 'Ik krijg trek van het woord alleen al.'
'Niks ervan,' bromde Bert. 'We gaan eerst de gezondheid van de vogels controleren.'
'Spannend!' zei Tijs.
'Inderdaad,' zei Bert. 'En heel belangrijk, want we willen weten hoe het met ze gaat.'
Tijs knikte. 'Ik vind het fijn dat jullie ze zo goed verzorgen,' zei hij.
'Wanneer mogen ze weer naar buiten?' vroeg Rutger.
'Over een paar weken,' antwoordde Jort en hij pakte de eerste kanoet uit een krat. 'We willen nog één experiment doen met deze vogels.'
Jort schoof de kanoet voorzichtig in een ronde buis zodat de vogel niet weg kon vliegen. Hij plaatste de buis met daarin de kanoet op een weegschaal en bepaalde vervolgens ook het gewicht van het buisje zonder de kanoet.
'Waarom weeg je nou hoe zwaar dat buisje is?' vroeg Rutger.
'Dat snap je toch wel?' zei Tijs.
'Nee.'
'Je moet het gewicht van het buisje toch niet bij het gewicht van de vogel optellen, anders lijkt de kanoet veel zwaarder dan dat ie in het echt is.'

Rutger knikte. 'Je hebt gelijk,' zei hij.
Bert inspecteerde het verenkleed, de vleugels en de poten. Voor de jongens had hij een korte opdracht: 'Hoeveel verschillende soorten veren denken jullie dat een kanoet heeft?'
Tijs en Rutger zagen meteen dat de lange, puntige vleugelveren er anders uitzagen dan de korte, pluizige veertjes op de buik en rug.
'Twee,' zeiden ze.
'Bijna goed,' antwoordde Bert en hij vertelde dat een kanoet drie soorten veren heeft: donsveren, dekveren en vleugelveren.
'Donsveren zorgen ervoor dat ze warm blijven,' zei hij, 'dekveren zorgen in het paarseizoen voor een aantrekkelijk uiterlijk en de lange vleugelveren zijn voor het vliegen.'
Jort deed een volgende kanoet in de ronde buis en zei: 'In het najaar worden al die veren vervangen. Dat is hard nodig, want de vleugelveren zijn flink gesleten na een keer op en neer vliegen naar de toendra.'
Dat konden de jongens wel begrijpen. Na twintig vogels waren ze klaar.
'Ziezo,' zei Bert. 'Het zit er weer op voor deze week,' en hij keek tevreden naar de kanoeten, die rondliepen in hun schoongemaakte verblijven.
'Mooi,' zei Jort. 'Dan kunnen we naar de soep!' en hij wreef over zijn buik.
Lieuwe lachte. 'Lunchtijd, jongens. En jullie horen wel wie de grootste eter is van ons drieën.'

Na het eten stonden Lieuwe, Tijs en Rutger voor een zeecontainer. In de zeecontainer stonden kisten met rubberen handschoenen, zeven en steekbuizen. Over een dik touw hingen waadpakken en reddingsvesten.
'Alles wat we nodig hebben voor onze vaartocht,' zei Lieuwe en hij sloot de deur van de container af.
'En hoe krijg je dit ding nu op het schip?' vroeg Rutger.
Tijs liep een rondje. 'Er zit geen trekhaak aan,' zei hij.
'Nee, slimmerik,' reageerde Rutger. 'Heb jij ergens wielen gezien?'
Er verscheen een langwerpige, smalle schaduw voor de container.
Tijs keek verbaasd naar boven. De zon stak fel af tegen de strakblauwe lucht. Er waren helemaal geen wolken.
'Kijk maar achterom,' zei Lieuwe.
Tijs en Rutger zagen een grote, gele kraan hun kant op rijden. Vlak daarachter draaide een vrachtwagen met een platte laadbak om het gebouw.
'Ik denk dat ik het al snap,' zei Tijs.
'Doen jullie dit altijd zo?' vroeg Rutger.

Lieuwe knikte en hij gaf aanwijzingen aan de vrachtwagenchauffeur bij het achteruitrijden. 'Overal om het gebouw heen staan zulke containers. Onderzoekers stoppen daarin de spullen die ze nodig hebben voor een vaarexpeditie. De kraan tilt de zeecontainer op de vrachtwagen en die brengt de spullen naar het schip in de haven. Daar hijst de kraan de container op het dek. Zo doen we dat hier.'
Tijs en Rutger knikten.
Aan boord van het schip gaf de stuurman een rondleiding. De jongens kregen de ene na de andere instructie naar hun hoofd geslingerd. Dit mocht wel, dat mocht niet. Daar moesten ze voorzichtig zijn, bij die drempel moesten ze oppassen. In de machinekamer mochten ze niet komen en douchen mocht maar een halve minuut per dag, anders raakte het drinkwater op. En de kombuis was het domein van de kok. Die zin herhaalde de kapitein wel drie keer.
In hun slaaphut keken Tijs en Rutger elkaar aan.
'Het lijkt allemaal net echt,' zei Rutger.
'Dat is het ook,' zei Tijs. 'Heb je gezien hoe alle kasten en schuiflades in de kombuis vergrendeld zijn?'
'Ja, waarom is dat eigenlijk?'
'Om te voorkomen dat alles gaat schuiven bij slecht weer.'
'Ik hoop dat het mooi weer blijft,' klonk Rutger benauwd. 'Anders word ik zeeziek.'
Tijs keek op zijn telefoon. 'De voorspelling is dat het morgenmiddag gaat stormen.'
'Hmmm,' deed Rutger. 'Dan blijf ik liever aan land, maar ik heb waarschijnlijk geen keus.' Hij pakte het hoeslaken van het onderste bed. 'Weet jij wat we hiermee moeten?'
'Ja, dat moet om het matras.'
'Oké. Ik maak thuis nooit mijn eigen bed op.'
'Jij bent ook niet een klein beetje verwend, hè.'
'Ach, dat zijn taken voor een moeder,' mompelde Rutger.
Tijs schudde zijn hoofd. 'Dan kun je later ook niet op jezelf wonen,' zei hij.
'Dan regel ik wel een vriendin die dat voor me doet.'
'Mieke?' raadde Tijs.
'Als het dan nog aan is,' antwoordde Rutger.
Tijs giechelde. Rutger gooide zijn kussen naar Tijs. Die mikte direct zijn kussen in het gezicht van Rutger. Al snel waren de jongens in een kussen-

gevecht verwikkeld. Lieuwe klopte op de deur.
'Maken jullie altijd zoveel lawaai als jullie je bed opmaken?' riep hij.
De jongens keken elkaar aan. Tijs gaf Rutger snel een laatste mep en riep: 'Nee!'
'Doen jullie dan wat zachter?' De voetstappen van Lieuwe verwijderden zich weer.
Rutger pakte zijn kussen.
'Genade,' zei Tijs en hij kruiste zijn armen. 'Ik denk dat we maar beter kunnen stoppen.'
Rutger legde zijn kussen neer.
'Je hebt gelijk,' zei hij.
Tijs pakte zijn kussensloop en deed de lap stof om zijn kussen. Met enig duw- en trekwerk lukte het Rutger om zijn hoeslaken om het matras te spannen.
'Aan de rest begin ik niet meer,' zei hij. 'Ik rol mijn slaapzak uit en dan is het goed.'
'Je hebt gelijk, onze moeders komen toch niet controleren.'
Rutger ging op zoek naar zijn zaklamp en haalde zijn tas ondersteboven.
Bert klopte op de deur.
'Ja!' klonk het in koor.
Bert deed open. 'We gaan …' Stomverbaasd bleef hij staan. Hij zag de half-opgemaakte bedden en de spullen van Rutger die verspreid over de vloer lagen. 'Dit kan zo niet, jongens, als de stuurman dit ziet dan …' Bert keek verontrust rond in het slaapvertrek.
'Dan?' vroeg Rutger.
'Dan kunnen jullie gelijk van boord. Op een schip moet je precies doen wat je opgedragen wordt. Dus je zorgt voor een opgemaakt bed en een opgeruimde slaaphut. Met deze puinhoop weet ik zeker dat je straks geen eten krijgt.'
'Dat is een grapje zeker,' zei Rutger.
'Zelf weten,' zei Bert. 'ik heb jullie gewaarschuwd,' en hij trok de deur van de slaaphut achter zich dicht.
'Tjee,' zei Rutger, 'ik dacht dat we niet thuis waren.'
'Laten we maar doen wat Bert zegt,' zei Tijs.
De jongens gingen rap aan de slag. De geur van eten drong via een kier onder de deur door.
'Ik krijg honger,' zei Rutger.
'Trek,' verbeterde Tijs. 'Honger hebben kinderen die helemaal geen eten krijgen.'

'Pietje precies,' reageerde Rutger.
'Bert, Jort en Lieuwe precies,' zei Tijs.
Rutger lachte. 'Volgens mij is de schipper nog preciezer met al zijn regels.'
Ze gingen op zoek naar Bert.
'We zijn klaar!' zei Rutger.
Bert stond op. 'Dan kom ik controleren.'
Rutger zei: 'Het lijkt wel of we op schoolkamp zijn.'
En Tijs grapte: 'We moeten meester even laten zien of we alles hebben opgeruimd.'
Bert keek met een goedkeurende blik naar de bedden. 'Dit lijkt me goed zo,' zei hij.
Tijdens het eten zaten ze aan een lange, rechte tafel. Jort, Lieuwe en Bert naast elkaar en Rutger en Tijs naast de kok. De stuurman kreeg zijn bord met warm eten in de stuurhut, want de *Navicula* was al op weg naar Terschelling.
'Morgenvroeg om zes uur gaat de wekker, jongens,' zei Lieuwe. 'Om zeven uur hijsen we de rubberboten in het water, want om acht uur precies is het hoogwater.'
Rutger liet van schrik zijn vork vallen. 'Zo vroeg?'
Tijs keek verbaasd naar Lieuwe. 'Maar we hebben toch laagwater nodig voor het nemen van bodemmonsters?' vroeg hij.
Jort schudde zijn hoofd en sprak met volle mond. 'En del van de Waddenzee val met lagwater nie helemal drog en dat lopt vreslijk zwar.'
'O,' zei Tijs. 'Dus we gaan het anders doen dan die andere keer dat ik bij jullie was.'
'Klopt,' zei Lieuwe. 'En om ervoor te zorgen dat de rubberboten niet vastlopen op de ondiepe plekken, doen we er verstandig aan om met hoogwater te monsteren.'
Rutger likte zijn bord schoon. Tijs keek verwachtingsvol naar Lieuwe.
'We laten het jullie morgenvroeg zien,' zei Lieuwe.
Bert veegde zijn mond af met een servet.
'Jullie gaan allebei met een van ons mee om te helpen,' zei Jort nu zonder eten in zijn mond.
'Gaaf!' riep Rutger. 'Varen met een rubberboot op zee. Dat heb ik nog nooit gedaan.'
'Wacht maar tot het gaat stormen,' zei Tijs plagend en hij gaf zijn vriend een knipoog.

# Bodemdieronderzoek

De volgende morgen om zes uur werd er hard op de kamerdeur van de jongens gebonsd.
'Opstaan!' riep Jort vanachter de deur. Tijs schrok meteen wakker en veerde overeind. Bovenin het stapelbed was het geklop op de deur goed te horen. Rutger had niets door en snurkte rustig verder. Tijs klauterde via het smalle trapje naar beneden en gaf Rutger een por.
'Wakker worden!' riep hij.
Rutger draaide zich om en keek met spleetoogjes naar zijn vriend.
'We moeten eruit. We gaan onderzoek doen.'
Tijs trok zijn spijkerbroek aan. Rutger geeuwde en wierp een blik op zijn telefoon.
'Nu al?' mompelde hij.
'Kom op, opstaan!' zei Tijs.
Rutger draaide zich weer om.
'Hé, ik zei toch dat je er uit moest komen.'
'Nog vijf minuten,' smeekte Rutger.
'Eruit, slaapkop!'
Rutger sputterde nog wat tegen, maar trok uiteindelijk toch zijn kleren aan.
Tijs opende de deur. Een geur van versgebakken pannenkoeken kwam hen tegemoet.
'Gedmorgn,' zei Jort met volle mond. Voor zijn neus stond een groot plat bord met daarop een spekpannenkoek.
De kok verscheen in de deuropening van de kombuis. 'Kan ik jullie ook verblijden met een warme pannenkoek?'
'Ze zijn verrukkelijk,' beval Jort aan.
Tijs en Rutger kijken elkaar stomverbaasd aan. Pannenkoeken? Om tien over zes in de ochtend?

'Misschien vanmiddag,' zei Tijs.
'Nee, dank u wel,' antwoordde Rutger beleefd.
'Geen enkel probleem. Alles kan gemaakt worden. De klant is koning.'
De kok draaide zich om en riep vanuit de kombuis: 'Een boterham met hagelslag dan maar?'
De jongens namen plaats aan de lange eettafel en namen een hap van hun brood. Jort at gulzig zijn pannenkoek op en kreeg er nog een en nog een en nog een.
'Eet jij 's morgens altijd zoveel?' vroeg Rutger verbaasd.
'Pnnekoken min livelingseten,' antwoordde Jort met volle mond.
Na het ontbijt gaf Lieuwe de laatste instructies: 'Tijs, jij gaat met mij mee, en Rutger, jij gaat bij Jort in de rubberboot. Mocht je in het water vallen, dan zorgt het reddingsvest ervoor dat je blijft drijven.'
Twee rubberboten werden in het water getakeld. Via een touwladder stapten Tijs en Lieuwe als eerste in.
'Houd je goed vast,' zei Lieuwe. 'We gaan!'
Tijs zat voorin op de dikke rubberen rand en hield zich vast aan het touw dat daaroverheen was gespannen. Lieuwe bediende achterin de buitenboordmotor. Tussen hen in lagen een zeef, een steekbuis, een meetlat en een rugzak met daarin lege buisjes, een kaart, wat potloden en een setje invulformulieren. Na vijf minuten varen liet Lieuwe de gashendel los.
'Gooi het anker maar uit, we zijn op de plek van ons eerste monsterpunt.'
'Hoe weet je nu dat we er al zijn?'
Tijs keek verbaasd om zich heen. Hij zag overal water en op een enkele boei na waren er geen herkenningspunten.
'Met dit apparaat.' Lieuwe hield een GPS omhoog. 'Herinner je je nog de kaart die ik in het laboratorium heb laten zien?'
Tijs knikte.
'Daarop staan coördinaten van de plekken waar we monsters nemen. Die coördinaten voer ik in op de GPS en die wijst precies aan waar we naartoe moeten.'
Tijs knikte. Hij wierp met al zijn kracht het anker in het water. Er volgde een flinke plons. Lieuwe liet de meetlat in het zeewater zakken.
'Pak uit de rugzak maar het invulformulier en schrijf maar op dat het hier één meter diep is.'
Tijs deed gehoorzaam wat hem werd opgedragen. Lieuwe hing half over de rubberen rand toen hij de steekbuis in het water duwde. De steekbuis zoog zich vast in de wadbodem. Lieuwe draaide stug heen en weer aan de

handvaten en na flink sjorren kwam de plastic buis naar boven. Lieuwe leegde de inhoud in een krat dat vlak boven het water hing en met een touw vastzat aan de rubberen rand. De bovenste vier centimeter van de bodemlaag stopte hij in de zeef.
'Weet je nog waarom we dit doen?' vroeg hij aan Tijs.
'Ja,' zei Tijs. 'de snavel van een kanoet is maximaal 4,1 centimeter lang. Je hebt zo dus de toegankelijke prooien te pakken.'
Lieuwe knikte bevestigend en hield de zeef onder water en schudde net zo lang tot alleen schelpdieren en wormen achterbleven.
'Oké, Tijs, nu moet je goed opletten. Op het invulformulier staat boven de kolommen drie tot en met tien een aantal namen van schelpdieren en wormen. Ik noem zo de naam van een dier uit de zeef. Ik zeg erbij hoeveel ik er tel. Jij noteert met het potlood de aantallen in de juiste kolom. Begrepen?'
Tijs knikte. Lieuwe sprak de woorden extra duidelijk uit.
'Nonnetjes vijf, kokkels tien, mossels twee, oester één, wadpier één, zandkokerwormen vier en gestippelde dieseltreinworm één.'
Bij het laatste woord schoot Tijs in de lach. 'Dat is een grapje zeker.'
'Schrijf maar op,' commandeerde Lieuwe.
'Maar er is helemaal geen kolom voor de treinenworm,' zei Tijs kribbig.
'Klopt, maar deze mag je in de laatste lege kolom zelf invullen. En het is de gestippelde dieseltreinworm.'
Tijs priegelde de lange naam op het formulier. Het schrijven ging lastig in de schommelende rubberboot. Als meester dit zou zien, dan wist je zeker dat het opnieuw moest, dacht hij.
'Kom maar even naar achteren,' zei Lieuwe. 'Dan laat ik je de gestippelde dieseltrein zien.'
Tijs kroop voorzichtig naar Lieuwe toe. Het sliertachtige dier leek meer op een duizendpoot dan op een trein en bewoog schoksgewijs over Lieuwes hand.
'Net een echte dieseltrein, Tijs.'
Lieuwe deed de worm bij de andere schelpdieren en wormen in een buisje en stopte er een label in met het nummer van het monsterpunt.
'Is dat niet zielig?' vroeg Tijs. 'Zo gaan al die dieren dood.'
Lieuwe knikte, maar zei: 'Het is in het belang van hun soortgenoten. Als wij met dit onderzoek kunnen laten zien dat deze dieren in de wadbodem leven, dan kunnen we hun leefgebieden mogelijk beschermen.'
'Waarom moet dat dan?' vroeg Tijs.

'Omdat mensen naar gas en zout willen boren in de Waddenzee en daarmee de wadbodem mogelijk verstoren. Ze vergeten soms dat die bodem vol zit met leven.'
Tijs begreep het. Lieuwe legde de spullen terug in de boot.
'Eens kijken waar het volgende punt is,' zei hij. 'Kun jij de coördinaten voorlezen?'
Tijs nam zijn plaats voor in de rubberboot weer in. Lieuwe zette de coördinaten in de GPS.
'O ja,' zei Lieuwe, 'en vergeet niet om een vinkje te zetten bij dit monsterpunt. Anders weten we straks niet meer op welke plekken we al zijn geweest. En daarna mag je het anker omhooghalen.'
Tijs ging op zijn knieën zitten. Na flink trekken schoot het anker los uit de zachte prut.
'Gaat het altijd zo zwaar?' hijgde Tijs.
Lieuwe drukte de gashendel in.
'Dat ligt eraan,' zei hij. 'Als de bodem heel slikkig is, dan trekt het zwaar, als de bodem meer uit zand bestaat, dan gaat het lichter.'
Op de plaats van het tweede monsterpunt werd het stappenplan weer van voor naar achter afgewerkt:

- Tijs gooide het anker uit.
- Lieuwe bepaalde de diepte van het water en haalde met de steekbuis een bodemmonster naar boven.
- Lieuwe leegde de inhoud in het krat, in de zeef en telde vervolgens de wormen en schelpdieren.
- Tijs vulde de aantallen in op het invulformulier, zette een vinkje op de kaart en trok het anker uit het water.
- Lieuwe bepaalde met de GPS de koers naar het volgende punt.

Na dertig monsterpunten vroeg Lieuwe door de portofoon: 'Jort, hoe ver zijn jullie? Wij zijn klaar. Over.'
'Wij moeten er nog vijf,' klonk het vanuit de portofoon. 'Misschien kunnen jullie een monsterpunt van ons overnemen? Over.'
'Ja. Geef de coördinaten maar door. Over.'
Het monsterpunt lag vlak in de buurt van waar Lieuwe en Tijs al waren.
'We maken de routes altijd zo dat de laatste monsterpunten vlak bij elkaar liggen,' legde Lieuwe uit. 'We varen dus eigenlijk naar elkaar toe. Dat is handig, want als één duo sneller klaar is, dan kunnen zij het andere duo

nog even helpen, zonder dat we daarvoor een heel eind moeten varen.'
'Slim,' zei Tijs.
'Uiteraard,' zei Lieuwe en hij gaf Tijs een knipoog. 'Voor je het weet is de periode van hoogwater alweer voorbij.'
Na het laatste monsterpunt voeren ze terug naar de *Navicula*. Lieuwe zette de gashendel vol open.
'Houd je goed vast, Tijs. We gaan even op volle snelheid varen,' riep hij.
Het water klotste tegen de randen van de rubberboot. Tijs klemde zijn handen stevig om het touw. Als een speedboot, zo hard gingen ze. Tijs voelde de wind in zijn gezicht en door zijn haren. Dit was echt gaaf.
Bij de *Navicula* werden de rubberboten weer aan boord getakeld. De buisjes met de bodemdieren verdwenen in een vriezer. De reddingsvesten en waadpakken werden over de rubberboten gelegd om te drogen in de zon. Binnen stond koffie en thee klaar met gevulde koeken.
'De kok zorgt weer goed voor ons,' constateerde Jort tevreden. Hij at en dronk snel, zoals altijd.
'Bij mij was het echt vet,' vertelde Rutger enthousiast aan Tijs. 'Jort vaart hard, joh! En ik mocht al één keer het bodemmonster van hem zeven. En we hadden toen een joekel van een zager. Dat zijn hele dikke wormen met twee grote zwarte kaken bij hun kop. En ...'
Tijs luisterde aandachtig, maar vroeg zich wel af hoe het kon dat zij nog niet klaar waren toen hij en Lieuwe alle punten al hadden afgewerkt.
'Ja, nou, het zit zo,' zocht Rutger naar woorden. 'Toen ik de zeef pakte, liet ik hem per ongeluk los boven het water. Ik kon er echt niets aan doen, maar met al dat slik erin is dat ding gewoon heel zwaar. En toen verdween ie dus onder water ...'
'Dom,' zei Tijs.
'Maar Jort was vergeten een reservezeef mee te nemen en dus moesten we terug naar de *Navicula*,' vervolgde Rutger.
'Ook dom,' zei Tijs.
Jort voegde zich bij de jongens. 'Zullen we vanmiddag gaan zwemmen? Het is straks laagwater en het is best lekker weer.'
'Ja, leuk, zwemmen!' riep Tijs.
Rutger bedacht zich en rende naar de slaaphut, dook in zijn tas en kwam met een beteuterd gezicht weer terug.
'Vergeten,' zei hij. 'Mijn zwembroek ligt nog thuis.'
'Dan moet je in je onderbroek,' zei Tijs.
'Echt niet,' riep Rutger stellig.

‘Waarom wil je niet in je onderbroek?’ vroeg Jort verbaasd. ‘Je bent toch geen watje?’
‘Dat is ie wel,’ zei Tijs.
‘Niet waar,’ reageerde Rutger verontwaardigd.
‘Met een d,’ zei Tijs vlug.
Rutger wilde achter hem aan gaan, maar Jort hield hem tegen.
Rutger zuchtte: ‘Oké, ik ga wel in mijn onderbroek.’
‘Zo mag ik het horen,’ zei Jort, ‘want we hebben hier het grootste zwembad van Nederland helemaal voor ons alleen.’
‘Zo is dat,’ zei Bert, die zijn hoofd om de hoek stak. ‘Maar jullie helpen eerst nog wel even mee met de voorbereidingen voor later vanmiddag.’
In een container boven op het dek plakten Rutger en Tijs lege invulformulieren vast op een schrijfblok. De formulieren waren gedrukt op waterafstotend papier.
‘De mooiste uitvinding die er bestaat,’ zei Jort. ‘Ik was het een keer vergeten. Nou, daar heb ik nu nog spijt van. Na een dag hard werken gingen al mijn gegevens verloren toen er een plens zeewater overheen stroomde.’
Tijs en Rutger moesten grinniken. Jort was dus wel vaker vergeetachtig.
Op dat moment klonk er een doffe dreun.
‘Wat was dat?’ vroeg Rutger verschrikt.
‘Ik hoorde dat zo straks ook al,’ zei Tijs.
‘We worden denk ik onder vuur genomen,’ zei Rutger en keek naar buiten.
‘Ja, door piraten zeker,’ lachte Tijs.
‘Het klonk toch als een echte bom.’
‘Dat is waar,’ gaf Tijs toe.
‘Kom, laten we gaan kijken.’
Rutger opende de deur naar buiten. Ze liepen een rondje over het dek en kwamen Bert tegen. Die wees naar de lucht in de verte.
‘Zien jullie die zwerm vogels?’ vroeg hij.
De jongens knikten.
‘Dat zijn kanoeten,’ zei Bert. ‘De vogels worden opgeschrikt door de schietoefeningen van Defensie.’
Het geluid van een straaljager sneerde door de lucht. Tijs en Rutger fronsten hun wenkbrauwen.
‘De grootste vliegtuigschietbaan van Europa ligt in het waddengebied,’ vertelde Bert. Hij gaf de jongens zijn verrekijker. ‘Zien jullie die grote zandvlakte daar links? Dat is de Vliehors op Vlieland. Daar oefenen F16-piloten met nepbommen.’

Er klonk opnieuw een dreun. Tijs zag door de verrekijker een wolk van zand opstijgen. Daarnaast vloog een groep kanoeten omhoog.
Bert zei: 'De vogels schrikken elke keer op van het geluid van de straaljagers en de bommen. Zo verliezen ze heel veel energie, terwijl ze juist naar de Waddenzee komen om even uit te rusten en weer aan te sterken voor het vervolg van hun reis.'
'Waarom vliegen de vogels dan niet ergens anders naartoe?' vroeg Rutger.
'In de Waddenzee vinden ze hun favoriete voedsel,' zei Tijs.
Bert knikte. 'Tja, het blijft een lastig onderwerp. Er moet geoefend worden, maar de vraag is waar. Geen mens wil de oefeningen dicht bij zijn eigen huis, maar voor de wadvogels, die hier "thuis" zijn, is dit geen goede plek.'
'Lunchen,' schalde de stem van de kok vanuit de kombuis.
Aan tafel was het opnieuw verwennerij ten top. De kok had versgebakken broodjes, fruitshakes, soep en kroketten klaargezet. Een halfuur na het smakelijke middagmaal stonden Tijs en Rutger op het achterdek te popelen om het water in te springen. Rutger klom als eerste over de reling, maar Bert hield hem tegen.
'Ho, ho,' zei hij. 'Je moet de touwladder gebruiken.'
'Jammer, ik wilde net een bommetje maken.'
'En dan je enkels breken zeker,' zei Bert. 'Zie je hier in de buurt een ziekenhuis?'
Rutger keek om zich heen. 'Eh, onder water misschien?'
'Ja, maak er maar grapjes over,' lachte Bert monter. 'Maar springen is hier echt veel te gevaarlijk, daarvoor is de Waddenzee te ondiep.'
Jort kwam in zijn hippe, gekleurde zwembroek naar buiten. De jongens schoten in de lach.
'Nieuwe mode zeker om je zwembroek achterstevoren aan te trekken?' merkte Tijs op.
Jort zag dat zijn kontzakken aan de voorkant zaten.
'Ik ben zo terug,' zei hij.
'Er is toch niemand die je ziet!' riep Rutger hem na.
Jort haastte zich met een knalrood hoofd van schaamte naar binnen. Rutger ging als eerste in het water.
'Best koud,' riep hij. Met zijn armen over elkaar sprong hij van zijn linker op zijn rechterbeen. Het water kwam tot net boven zijn knieën.
'Het lijkt wel pootjebaden,' lachte Tijs. Hij klauterde ook het water in.
Met Jort erbij hadden ze een uur lang de grootste lol. Met hun voeten

woelden ze de wadbodem om en maakten ze een modderbad.
‘Waahh!’ riep Rutger ineens. ‘Er glibberde iets onder mijn voet. Het voelde als een vis.’
‘De Waddenzee is ook een zwembad voor vissen,’ zei Jort. ‘Het is de baby- en kinderkamer voor platvissen. Het water is ondiep en met elke vloed stroomt veel voedsel vanuit de Noordzee naar de Waddenzee. Ze kunnen hier dus goed opgroeien.’
Rutger rilde nog een keer en vroeg: ‘Hoe haalt een vis eigenlijk adem?’
‘Dat weet je toch wel,’ reageerde Tijs verbaasd. ‘Met kieuwen natuurlijk.’
Jort knielde en speurde de bodem af. ‘Hebbes,’ zei hij. Hij pakte een platte vis van de bodem.
‘Kijk,’ zei hij. ‘Een schol.’
‘Dat vind ik zielig,’ zei Rutger. ‘Je hebt die vis expres plat gemaakt door er met je hand op te drukken.’
Jort schudde zijn hoofd. ‘Deze vis is plat van zichzelf. Hij wordt geboren als een normale vis die rechtop zwemt, maar langzaamaan wordt hij steeds platter, groeien zijn ogen naar de bovenkant van zijn kop en trekt zijn mond scheef.’ Hij liet de jongens de scheve bek van de platvis zien.
‘Daarmee eet hij de sifon van schelpdieren,’ zei Tijs.
Rutger begreep er niets van.
‘Daarover ga ik vertellen in mijn spreekbeurt,’ zei Tijs.
Bert riep vanaf het dek: ‘De tijd van vrij spelen is voorbij. Er moet weer gewerkt worden.’
Een kwartier later voeren Lieuwe en Tijs als eerste uit. Na zeven monsterpunten ontwikkelde zich in de verte een donkere, grijsgrauwe lucht. Het duurde niet lang of er volgde een eerste bliksemflits. Onweer! De klap volgde dertig tellen later.
Uit de portofoon klonk de stem van de kapitein: ‘Slecht weer op komst. Terugvaren! Over.’
‘Begrepen!’ schalde het tweemaal door de walkietalkies.
De donkere lucht kwam snel dichterbij. De wind trok aan. Het water werd onrustig. De Waddenzee was de hele dag zo vlak als een spiegel geweest, maar nu deinden de rubberboten op de golven op en neer.
‘We maken dit monsterpunt nog even af, Tijs,’ zei Lieuwe gehaast en hij haalde de steekbuis met het monster omhoog. ‘En dan gaan we als de wiedeweerga terug naar de *Navicula*.’
Lieuwe zeefde het monster en toen Tijs de aantallen opschreef, vielen de eerste regenspetters op het waterafstotende papier.

'Opschieten, Tijs. We hebben geen tijd te verliezen. Haal maar vast het anker omhoog, dan stop ik snel de schelpen en wormen in een buisje.'
Lieuwe praatte snel. De kleine golfjes van eerder die dag waren golven geworden van een halve meter hoog. Het ene moment zat Tijs voor in de boot op een top van een golf, terwijl Lieuwe met de achterkant van de boot veel lager lag. Twee tellen later was het precies andersom: Lieuwe hoog, Tijs laag.
'Ik krijg het anker niet los!' riep Tijs.
'Ik kom je helpen!' schreeuwde Lieuwe terug. Hij deed het laatste buisje in de rugzak en legde het krat en de steekbuis eroverheen in de hoop dat de kostbare bodemmonsters niet zouden wegwaaien.
Tijs kon met moeite zijn evenwicht bewaren in de op-en-neer zwiepende boot. Lieuwe trok met zijn grote, sterke armen het anker los. Hij nam weer plaats achter in de boot en zette de gashendel in de hoogste versnelling. Ze stuiterden op volle snelheid over de golven. Door de portofoon kreeg Lieuwe bericht dat Jort en Rutger al terug waren.
Tijs hield zich krampachtig vast aan het touw op de rubberen rand. Elke keer dat een golf het kleine bootje optilde, kwam Tijs los van de rand. Ik moet me goed vasthouden, dacht hij. Ik moet me goed vasthouden. Na elke golf klapte de rubberboot weer op het water en kwam hij met een harde klap weer op zijn billen terecht. De klap was bij de ene golf nog harder dan bij de andere. Tijs rilde van het kouder geworden zeewater dat met elke golf over hem heen plensde. Het zeewater sijpelde intussen via zijn mouwen en kraag naar binnen. Zijn trui en broek werden nat en raakten doorweekt.
De *Navicula* was nergens te zien. De regen zorgde voor een dicht watergordijn. Tijs verloor het gevoel in zijn vingers door de kou. De kracht in zijn handen verslapte. Net op het moment dat hij zijn capuchon wat beter over zijn hoofd wilde trekken, en hij zich nog maar met één hand vasthield aan het touw, werd de rubberboot voor de zoveelste keer gelanceerd.
Tijs viel achterover in het water. Kopje onder. Hij kwam weer boven en zijn reddingsvest klapte open. Hij voelde hoe het water zijn voeten koud maakte. Hij keek om zich heen. De lucht was gitzwart en Lieuwe en de boot waren door de striemende regen nergens te zien.
Intussen schreeuwde Lieuwe door de portofoon: '*Navicula. Navicula.* Over! Ik heb hulp nodig en snel. Heel snel! Tijs is overboord geslagen! Over.'
Er was alleen geruis te horen.
'Verdorie,' schreeuwde Lieuwe. Hij tuurde over het water, maar zag niets.

Alleen in de verte doemde heel vaag het licht op van een mistlamp. Lieuwe bedacht zich niet, drukte de gashendel vol in en zette koers richting het licht. Toen hij er bijna was, zakte de moed hem in zijn laarzen. Het was een lichtboei.
Tijs voelde zich ellendig. Zou Lieuwe wel doorhebben dat hij uit de rubberboot was gevallen? Vast wel, sprak hij zichzelf moed in.
Lieuwe pakte de GPS. Door de kletterende regen was het scherm moeilijk te lezen, maar tussen de regendruppels door zag hij een klein vlekje dat net iets groter was dan de boeien eromheen. Hij voer ernaartoe.
De oranje lampjes op mijn reddingsvest knipperen wel, maar Lieuwe ziet ze vast niet, dacht Tijs. Hij raakte wanhopig. Zijn lijf werd kouder en kouder. Hij klappertandde.
Lieuwe bereikte de *Navicula*. Op het dek stonden Jort en Bert. 'Een van jullie moet met mij mee. Tijs is overboord geslagen, we moeten hem vinden.'
Jort aarzelde geen moment en klauterde over de reling van het schip. Op het juiste moment sprong hij in de rubberboot. Het ging net goed. Het onweer hing nu recht boven de *Navicula*. De wind gierde angstaanjagend. Over de driftige golven probeerde Lieuwe terug te varen naar de plek waar Tijs ronddobberde.
Tijs merkte ondertussen dat het gevoel uit zijn benen en armen verdween.
Opeens zag Jort twee kleine rode lampjes knipperen op het water.
'Dat moet hem zijn!' schreeuwde hij naar Lieuwe. 'Dat is zijn reddingsvest.'
Tijs dreef op de golven en zijn gezicht was spierwit. Jort haalde hem snel aan boord van de rubberboot. Terug bij de *Navicula* hielp Bert Tijs bij het overstappen. Lieuwe en Jort takelden de rubberboot aan boord, wat twee keer zo lang duurde dan normaal. Daarna haastten ze zich naar binnen, waar de kok zorgde voor warme chocolademelk en koek. De bliksemflitsen sloegen nu rakelings langs de *Navicula* in het water.
Bert ontfermde zich ondertussen over Tijs. Die rilde, klappertandde en had een koude, bleke huid. Bert wikkelde een goud-zilverkleurige isolatiedeken om hem heen, tegen de onderkoeling. In de warme slaaphut kwam Tijs zo langzaam weer op temperatuur.
Buiten minderde het noodweer. De regen- en onweersbui verplaatste zich op de zuidwestenwind richting het noordoosten. Tijs trok met hulp van Bert droge kleren aan en kreeg een extra fleecevest en fleecedeken om warm te blijven. Aan de eettafel stond ook voor hem een dampende mok

chocolademelk klaar. Voorzichtig nipte Tijs aan de warme, gesuikerde drank. Hij voelde dat hij aan kracht won en weer beter kon nadenken.
'Ben je bang geweest?' vroeg Rutger.
Tijs knikte. 'Het was heel eng. Ik voelde me steeds slapper worden en ik had het heel koud.'
'Het was verschrikkelijk,' zei Lieuwe. 'Zo'n snelle weersomslag heb ik nog niet eerder meegemaakt. Heel heftig.'
De anderen knikten. Ze begrepen dat het angstige momenten waren geweest op het water. Bert hield Tijs goed in de gaten en zag dat hij steeds meer kleur kreeg op zijn gezicht.
'Je herstelt goed,' zei hij. 'Je ziet steeds minder slaperig en sloom.'
Dat konden Jort en Lieuwe beamen. Ze hoorden hoe de stormachtige wind nog wel tekeerging. De wind had duidelijk vat op het water, want de *Navicula* deinde op de golven op en neer.
Tijs vond dat niet erg. Hij zat met de fleecedeken lekker warm om zich heen. Tegen Rutger zei hij: 'Weet je wat vies was? Dat ik een paar keer een flinke hap zeewater in mijn mond kreeg. Dat is smerig! Het proefde als heel zoute soep.'
Daarop snelde Rutger bij de tafel vandaan. Hij was net op tijd bij de spoelbak in de keuken voordat hij begon over te geven. De kok kalmeerde Rutger en gaf hem een tabletje tegen zeeziekte.
Jort keek Tijs en Rutger aan. 'Jullie maken hier heel wat mee,' zei hij. 'De een wordt onbedoeld drenkeling, de ander is zeeziek.'
Rutger zag bleekjes en had geen behoefte om te reageren. Tijs dronk zijn laatste slok chocolademelk en vroeg zich af of kanoeten ook last zouden hebben van het zoute zeewater als ze dat dronken.
Lieuwe legde uit: 'Een wadvogel heeft vlak naast zijn ogen twee kleine zoutkliertjes. Die filteren het zout uit hun bloed en voeren het af via de neusgaten op de snavel.'
Handig, vond Tijs, die blij was dat het akelige avontuur op het water voorbij was. Hij hoopte dat hij nooit weer een slok zeewater binnen zou krijgen.

# Mistnetten

De volgende morgen mochten de jongens uitslapen. Rutger maakte daar dankbaar gebruik van. Tijs was om acht uur wakker. Hij rekte zich uit en kon niet langer blijven liggen. Hij klom van het trapje uit het stapelbed en deed zachtjes zijn kleren aan. Voorzichtig opende hij de deur van de slaaphut.

'Tik, tik, tik,' klonk het. Lieuwe liet de spatiebalk en de letters op het toetsenbord van zijn laptop snel op en neer gaan.

'Wat ben je aan het doen?' vroeg Tijs.

'Een artikel aan het schrijven.'

'Zo vroeg al?' Tijs wreef een restje slaap uit zijn ogen.

'Het leven van een onderzoeker staat nooit stil, Tijs.' Bert kwam met twee dampende mokken koffie uit de kombuis.

Lieuwe legde uit: 'De Australiërs met wie ik een wetenschappelijk artikel schrijf, werken als wij slapen.' Hij nam een slok van zijn koffie. 'Aaah, heerlijk. Mijn dank is groot, Bert.'

Bert swipete met zijn vinger over het scherm van zijn iPad.

'Ga jij nu ook al aan het werk?' vroeg Tijs.

'Ik ga lezen,' antwoordde Bert. 'Een onderzoeker uit Groenland vraagt of ik een proefversie van een artikel van commentaar wil voorzien.'

Tijs geeuwde. Onvermoeibaar, die wetenschappers, dacht hij. Hij liep tot aan de drempel van de kombuis. De kok stond alweer pannenkoeken te bakken.

'Hé, daar hebben we Tijs. Heb je goed geslapen, jongen?' De stem van de kok klonk opgewekt.

'Prima,' zei Tijs.

'Kom er maar even in.'

Tijs zag dat de kok in een grote pan roerde.

‘Vanavond staat er pasta op het menu,’ zei de kok. ‘En ik maak er een speciale saus bij die een dag moet staan voordat ie lekker van smaak is.’
Tijs keek in de pan. Een roodachtige smurrie van tomatenpuree stond te pruttelen op de kookplaat.
‘Dit gerecht geeft langdurig energie,’ zei de kok. ‘Dat kunnen jullie vanavond en vannacht goed gebruiken.’
‘Hé, dat is waar ook,’ herinnerde Tijs zich blij. ‘We gaan vandaag mistnetten opzetten en als het donker is elk uur bij de netten langs om te kijken of er kanoeten in zitten.’
Hij maakte een klein vreugdedansje. Bert had verteld dat de netten in het donker voor de kanoeten niet te zien waren en daarom mistnetten werden genoemd.
‘Vraag jij de heren even of ze hun spullen wegleggen?’ vroeg de kok. ‘Dan kunnen we de tafel dekken voor het ontbijt.’
Dat wilde Tijs heel graag. ‘Doe ik!’ zei hij enthousiast.

Die ochtend controleerden Rutger en Tijs samen met Jort het vangmateriaal. De mistnetten en houten stokken werden geteld, de netten nagekeken op gaten en waar nodig geboet.
Na de lunch hees Bert een rubberboot in het water. Ze zetten koers richting Griend, een klein onbewoond eiland midden in de Waddenzee, halverwege Terschelling en het vasteland.
‘Griend is een goede plek voor wadvogels,’ zei Bert, ‘want er zit veel voedsel in de bodem.’
‘Wat gaan we eigenlijk doen met de stokken en netten?’ vroeg Rutger.
‘We hangen de netten tussen de stokken,’ zei Bert. ‘We plaatsen de stokken op vijf meter van elkaar en we zetten het geheel goed vast met scheerlijnen zodat het niet omvalt in de zachte slikbodem. En dan kunnen we kanoeten vangen.’
‘Maar dat is toch zielig voor de vogels,’ zei Rutger bezorgd.
‘Ik denk dat dat wel meevalt,’ zei Bert. ‘Het net hangt niet strak tussen de stokken en het beweegt mee in de vliegrichting van een kanoet als die tegen het net aan vliegt. De kanoet glijdt vervolgens heel rustig naar beneden en aan de onderkant is het net bolvormig. Daarin wordt de vogel opgevangen.’
Jort vulde aan: ‘En we controleren vanavond en vannacht elk uur de netten, zodat de vogels niet te lang in het net blijven hangen.’
‘Gelukkig maar,’ zei Rutger. ‘Anders vind ik het zielig.’

Jort ging rechtop staan en pakte de meetlat.
'Negentig centimeter!' riep hij naar Lieuwe.
Lieuwe knikte en voer nog een klein stukje dichter naar het eiland. Dat scheelde straks sjouwen.
Nadat Jort het anker in het water had laten zakken, klom Bert als eerste uit de rubberboot. Hij nam meteen de leiding. Rutger en Tijs kregen elk een stok, Lieuwe hing het net ertussen en Jort sloeg de scheerlijnen vast.
'Het waait nog steeds hard,' merkte Rutger op. 'Je hoort de wind gewoon langs de netten zoemen.'
'Het moet ook niet harder gaan waaien,' zei Bert, 'want dan horen de vogels vannacht het fluiten van de netten en zullen we niets vangen.'
'Dan doen we al dit werk dus voor niets,' zei Rutger.
Jort knikte bevestigend.
'Fraai is dat. Sta ik hier voor paal met een paal.' Rutger keek om zich heen.
Na een uur stond er vijfhonderd meter mistnet rechtop in de zompige wadbodem. Toen ze terugliepen naar de rubberboot, zei Bert: 'We hebben vanochtend wel eerst het weerbericht gecheckt, Rutger. De voorspelling is dat de wind vanavond in kracht afneemt. En het is nieuwe maan, dus het is ook donker genoeg. Je hoeft niet bang te zijn dat we voor niks hebben gewerkt.'
Aan boord van de *Navicula* had de kok het avondeten klaar. De pasta smaakte verrukkelijk, vond Tijs. En het zelfgemaakte vruchtenyoghurttoetje was overheerlijk, volgens Jort.
'De kok heeft echt verstand van koken,' zei Rutger en hij veegde zijn mond af. 'Thuis eet ik normaal nooit zoveel.'
'Zo hoor ik het graag,' zei de kok. 'En als je dan dit keer ook alles binnen houdt, is het helemaal fijn. Ik vind het zo zonde als je vannacht alles weer uitspuugt.'
Iedereen moest lachen, behalve Rutger. Alleen al van het woord spugen begon zijn maag te draaien.
Na het eten trok iedereen zich terug in zijn slaaphut.
'Een uurtje verplicht rust,' zei Bert. 'Langer mag ook, maar om half twaalf kom ik langs om iedereen te roepen. Dan kunnen we om twaalf uur de eerste controleronde doen.'
'Vet!' zei Rutger. 'Ik ga tot twaalf uur opblijven.'
'Dat lukt je niet,' zei Tijs.
'Wedden?' Rutger hield zijn hand omhoog.
Tijs drukte zijn hand ertegenaan. 'Oké,' zei hij. 'Ik doe mee.'

De jongens speelden met hun telefoon, luisterden muziek, lazen een boek en dronken cola. Om elf uur vielen ze allebei in slaap. Tijs droomde over de mistnetten en dat ze een kanoet hadden gevangen. Ergens hoorde hij geklop. Hij bewoog zijn hand over het dekbed en voelde papier. Hij opende zijn ogen tot spleetjes en zag dat het zijn opengeslagen boek was. Het geklop klonk nu harder. Voorzichtig schoof de deur open. Tijs opende zijn ogen verder en keek opzij.
'Wakker worden,' zei Bert zacht.
Rutger lag niet in zijn slaapzak, maar erbovenop. Bert drukte op de lichtschakelaar. Tijs kneep meteen zijn ogen weer dicht. Het licht was fel.
'Gaan jullie mee?' vroeg Bert. 'We gaan een eerste ronde maken langs de netten.'
Hij liet de deur open en liep naar de volgende slaaphut. Tijs kroop als eerste uit zijn bed. Gaaf, dacht hij.
Rutger kwam ook overeind en zei: 'Ik denk dat ik blijf liggen. Ik voel me draaierig in mijn hoofd.'
'Niks ervan,' zei Tijs. 'Dan had je maar niet zoveel cola moeten drinken.'
'Hmpf,' zei Rutger. 'Alsof dat er iets mee te maken heeft.'
'Nou en of,' klonk Tijs overtuigd. 'Al dat suiker en vocht klotst nu door je hersenen, net als het golvende water in de zee.'
'Burp!' deed Rutger.
'Je gaat toch niet weer overgeven, hè?'
'Burp!' deed Rutger nog een keer. 'Nee, ik denk het niet,' zei hij.
'Kom, schiet op,' zei Tijs, 'want we gaan iets gaafs doen in het donker.'
Rutger stapte uit bed, trok zijn broek en trui aan, raapte zijn sokken van de grond en slofte achter Tijs aan naar boven.
Daar stonden Jort en Lieuwe al in hun waadpak te wachten. Op hun voorhoofd droegen ze een lampje.
'Daarmee kunnen we straks in het donker iets zien,' zei Jort.
'En dan hebben we toch onze beide handen vrij,' vulde Lieuwe aan.
Slim, dacht Tijs.
Een voor een klommen ze in een rubberboot. Alleen Bert bleef op de *Navicula* achter. Hij ging alvast voorbereidingen treffen voor als de eerste kanoeten aan boord werden gebracht.
Buiten was het donker. Héél donker. Midden op de Waddenzee waren geen lantaarnpalen of verlichte industrieterreinen. Alleen een enkele boei gaf licht en zo af en toe flitste het licht van een vuurtoren voorbij.
'Dit is de donkerste plek van Nederland, jongens,' zei Jort.

'Logisch,' reageerde Rutger slaperig. 'Hier woont toch ook niemand.'
'Dat klopt, maar in Nederland was het vroeger op veel meer plekken zo donker als hier. Dat zie je nu nergens meer. Overal waar mensen wonen brandt licht. Zelfs als ze 's nachts slapen. Dat is nergens voor nodig. Allemaal energieverspilling.' De stem van Jort klonk boos.
Poeh, dacht Tijs. Dat iemand zich op dit tijdstip van de dag kwaad maakt om iets waar hij nu toch niets aan kan doen. Na vijf minuten gooide Jort het anker uit. Rutger en Tijs kregen allebei een plastic krat mee. Lieuwe en Jort liepen voorop. Het net deed haar naam eer aan. Het was absoluut niet te zien in het donker. Alleen van heel dichtbij viel op dat er iets op Griend stond wat er eigenlijk niet hoorde. Bij het mistnet controleerden Lieuwe en Jort elke meter van het ruitvormig gespannen touw. Alle vogels die gevangen waren, werden eruit gehaald. Aan het einde van het vijfhonderd meter lange mistnet was de score: nul kanoeten, twee scholeksters en vijf bonte strandlopers. De kratten bleven dus leeg. Dit keer geen succes. Op de gezichten van Tijs en Rutger was de teleurstelling te zien.
'Jammer,' zei Tijs.
Jort haalde zijn schouders op. Hij zei: 'Daar is maar één woord voor: pech.'
Terug aan boord van de *Navicula* was het wachten, wachten en nog eens wachten. Rutger, Tijs en Jort speelden een spelletje; Bert en Lieuwe lazen een boek.
Na een uur stapte het viertal weer in de rubberboot. Ook de tweede ronde draaide uit op een teleurstelling. Weer geen kanoeten. Weer geen succes.
'Volgens mij zijn ze allemaal ergens anders aan het overnachten,' zei Tijs teleurgesteld.
'Zijn we hier nu de hele avond en nacht voor aan het opblijven,' voegde Rutger eraan toe. Zijn ogen vielen bijna dicht van het tekort aan slaap. De afgelopen nacht had hij ook al bijna geen oog dichtgedaan door het onstuimige zeewater.
'Ja, jongens, dat hoort bij het onderzoek,' zei Lieuwe nuchter. 'Het zit vaker tegen dan mee. Maar als we straks kanoeten vangen, dan wordt ons geduld zeker beloond!'
Ook de derde ronde werden er geen kanoeten gevangen. En ook de vierde keer bleven de kratten leeg.
Toen Jort en Lieuwe voor de vijfde keer in de rubberboot stapten, gingen Rutger en Tijs niet meer mee. Tijs geeuwde vanuit zijn tenen. Hij leunde met zijn armen op de reling, net als Rutger.
'Het flitst,' zei Rutger. 'Zag je dat? Ik denk dat er weer onweer komt.'

'Welnee, joh,' zei Tijs. 'Dat is gewoon het licht van een vuurtoren.'
'O,' zei Rutger. 'Ik dacht toch echt dat ... Hé, nu flitst het daar links ook. Weet je zeker dat het geen onweer is?'
Tijs schudde zijn hoofd. 'Nee, geloof me nu maar.'
Bert kwam naast de jongens staan. 'Leuke knipperlichten, hè,' zei hij. 'En ze zijn allebei verschillend.'
Rutger keek opzij. 'Waar zie jij auto's?' vroeg hij.
'Slaapkop,' zei Tijs. 'Er kunnen toch geen auto's in de Waddenzee rijden?'
Bert lachte. 'Ik bedoel de lichtbundels van de vuurtorens van Vlieland en Terschelling,' zei hij. 'Als je het aantal seconden tussen de lichtbundels telt, dan kun je achterhalen welke vuurtoren van Vlieland is en welke van Terschelling.'
Tijs begon meteen. 'Om de vijf seconden een flits rechts van het schip,' zei hij.
'Dat is de vuurtoren van Terschelling,' zei Bert.
'En die van Vlieland dan?' vroeg Rutger.
'Tel zelf even,' zei Tijs.
'Daarvoor ben ik te moe,' reageerde Rutger slaperig.
'Luiwammes,' zei Tijs.
'Puh,' deed Rutger. 'Tel jij dan, uitslover.'
Tijs keek goed naar links en zei: 'Om de twee seconden een flits.'
'Uitstekend,' zei Bert. 'De vuurtoren van Vlieland heeft inderdaad een ritme van twee seconden licht aan en twee seconden licht uit.'
'Toch wel handig, al dat flitsen in de lucht,' merkte Tijs op. 'Zo kun je je in het donker oriënteren zonder dat je wat ziet.'
Rutger haalde zijn schouders op. 'Ik ga naar bed,' zei hij. 'Ik houd het niet langer vol.'
Tijs vond dat ook een goed plan.
Om half vijf 's nachts werd er hard op de deur van de slaaphut gebonsd. Jort wachtte een reactie van de jongens niet af en stormde naar binnen. Het leek wel alsof hij zojuist een miljoen had gewonnen.
'Jongens, vier kanoeten! Eruit! Wakker worden! Sta op! Uit je slaapzak! Ogen opendoen!' Hij riep dolenthousiast van alles door elkaar.
Tijs en Rutger stonden onmiddellijk naast hun bed. Als twee robots kleedden ze zich aan. Op de automatische piloot liepen de jongens achter Jort aan naar boven. Pas daar besefte Tijs dat hij niet meer sliep, toen hij een kanoet in Berts rechterhand zag. Een klein streepje maanlicht scheen via het raam naar binnen. Bert, Jort en Lieuwe waren druk bezig met het

wegen, meten en het maken van een maagecho van de eerste kanoet. Ze typten alle gegevens over in een digitaal logboek.
'Kijk, jongens,' zei Bert. 'Dit zijn de kleurringen zoals jullie die ook hebben gezien in het wadvogelgebouw.'
Tijs en Rutger kwamen dichterbij staan. Ze zagen de gekleurde ronde plastic ringetjes in een bakje liggen. Aan één kant waren de rondjes nog open. Bert klemde behendig een blauwe kleurring om de poot van een kanoet. Jort smeerde er een klein druppeltje lijm op om de uiteinden mee vast te plakken. Voorzichtig controleerde hij of de kleurring vrij om de poot van de vogel kon bewegen. De vogel kreeg nog vier kleurringen en een metalen ring met een code.
'Het weegt bij elkaar maar evenveel als één paperclip,' zei Jort. 'De vogels ondervinden dus bijna geen hinder van onze onderzoeksmaterialen aan hun lijf.'
'Kunnen jullie mij even helpen, jongens?' vroeg Lieuwe. In zijn hand had hij een kanoet. 'Pak maar even de liniaal die daar ligt.' Lieuwe wees met zijn hoofd naar een tafel. 'Dan mogen jullie om de beurt de lengte van de snavel en de vleugels meten,' zei hij.
Tijs mat de snavel en las op de schuifmaat: 3,3 centimeter. Hij voelde zich een echte onderzoeker. Nadat Rutger had gemeten dat de linker- en rechtervleugel elk 18 centimeter waren, pakte Jort een naald.
'Wat ga je nu doen?' vroeg Tijs.
Rutger keek angstig naar de scherpe naald.
'Een paar druppeltjes bloed afnemen,' zei Jort koeltjes.
Rutger deinsde achteruit.
Bert vroeg voor de zekerheid: 'Kunnen jullie tegen bloed?'
Rutger schudde zijn hoofd.
'Dan moet je even niet kijken,' zei Bert.
Tijs ging dicht naast Rutger staan. 'Het lijkt wel alsof we in een ziekenhuis zijn,' zei hij zacht.
'Als je dan maar niet flauwvalt,' bibberde de stem van Rutger.
'Dat zal niet gebeuren,' zei Tijs. 'We hebben genoeg suiker in ons lichaam na alle cola.'
'Ik ga beginnen,' zei Lieuwe.
Rutger keek vlug de andere kant op. Tijs zag hoe Jort Lieuwe hielp om een paar druppeltjes bloed af te nemen uit de linkervleugel. Heel voorzichtig stak Lieuwe de dunne naald in een ader. Jort hield er een dun buisje bij om de druppeltjes bloed mee op te vangen.

'De vogel heeft er weinig last van, jongens,' zei Bert. 'Op deze manier kunnen we kijken hoe de weerstand van de trekvogels is tegen ziektes. Het is net zoals in een ziekenhuis, wanneer een arts bloed afneemt van een patiënt om te kijken of die genoeg afweer heeft in zijn lichaam.'
'Ja, daar hebben we alles al over geleerd,' zei Tijs en hij stootte Rutger zachtjes aan.
'Yep,' zei Rutger terwijl hij strak de andere kant op bleef kijken.
'Klaar,' zei Lieuwe en hij zette het ienie-mienie dunne buisje in een vriezer.
'Hoeft de kanoet nu geen pleister of zoiets?' vroeg Tijs.
'Nee, kijk maar,' zei Lieuwe en hij liet de vleugel zien. 'De naald is zo dun, dat geeft bijna geen wondje.'
Rutger en Tijs keken naar de vleugel. Er was inderdaad niets te zien van de prik.
'Het bloed vertelt ons ook welk voedsel de vogels hebben gegeten,' zei Lieuwe. 'In het laboratorium kunnen we aan het bloed zien of een kanoet voor het laatst insecten heeft gegeten of kleine schelpdieren. Als het insecten zijn, dan weet je dat de vogel direct van Siberië naar de Waddenzee is gevlogen, want in Siberië eten ze insecten.'
Dat klopt, dacht Tijs. Want in de Waddenzee eten kanoeten geen insecten maar schelpdieren.
'Dit is toch wel heel bijzonder,' zei Rutger. Hij was net als Tijs diep onder de indruk van wat hij zag en hoorde.
Lieuwe glimlachte. 'Je hebt in twee dagen veel geleerd,' zei hij.
Bert pakte een tweede vogel uit het krat. Het hele stappenplan werd opnieuw afgewerkt. Ook kregen twee kanoeten een miniatuurzender op hun rug.
'Daarmee kunnen we zien waar een kanoet precies verblijft,' zei Lieuwe.
Nadat alle vier de vogels waren geweest, mochten Rutger en Tijs elk een kanoet loslaten.
'Dit is een mooi moment, jongens.' Bert pakte de andere twee kanoeten uit het krat.
Tijs voelde het zachte warme kanoetenlijf in zijn hand. Dit maakte hij zelfs met neef Jurre en oom Mervyn niet mee. Ook Rutger hield voorzichtig een kanoet vast.
'Ik tel tot drie en dan laten we ze los,' zei Bert.
Eén, twee en bij drie gingen de kanoeten de vrijheid weer tegemoet. Een lange avond en nacht werden zo mooi afgesloten.

In de verte kwam de zon langzaam op. Een volgende dag begon, al moest voor iedereen aan boord van de *Navicula*, op de kok en kapitein na, de dag ervoor nog eindigen.
'Toch wel gaaf, dit onderzoek,' geeuwde Rutger en hij kroop in zijn slaapzak.
'Bijzonder, hè,' zei Tijs. 'Wanneer maak je nou zoiets mee? Weet je nog dat Sjors zei dat het saai is om naar het waddengebied te gaan?'
'Ja,' geeuwde Rutger. 'Maar Sjors heeft ongelijk. Het is juist super vet!'
Tijs knikte. 'Jammer dat we morgen weer naar huis moeten, hè?'
Rutger gaf geen antwoord meer. Hij was voldaan in slaap gevallen.

# Bezoek uit Mauritanië

De stage was voorbij en er was schoolontbijt. De kinderen kwamen een kwartier vroeger naar school. In de klas had meester op elk tafeltje een bord gezet.
Sem wreef over zijn buik. 'Wat gaan we eten?' vroeg hij.
Meester bukte zich, zette zijn leren schoudertas op tafel en haalde er een pak pannenkoekenmeel uit.
'Pannenkoeken!' riep Joep verlekkerd.
'Huh?' deed Jelle. 'Wie eet er nu pannenkoeken als ontbijt?'
'Jort,' antwoordde Rutger.
'En Lieuwe,' zei Tijs.
De andere kinderen fronsten.
'Wie zijn dat?' vroeg Iris.
Tijs vertelde over de ontbijtgewoonte van de onderzoekers tijdens hun stage.
'Maar zo'n vette hap op de vroege morgen is toch ongezond?' vroeg Jelle.
'Dat valt wel mee,' reageerde meester en hij schoof zijn kruk naar het midden van de klas en zette het pak pannenkoekenmeel erop. 'Weten jullie wel wat hierin zit?'
'Ja, pannenkoeken natuurlijk,' zei Lars.
'Fout.'
Meester opende het pak en strooide een beetje meel in zijn handpalm.
'Lijkt dit op een pannenkoek?' vroeg hij.
'Er moeten nog melk en eieren bij,' riep Iris.
'Juist,' zei meester. 'En dat samen met het meel maakt een pannenkoek best gezond. Er zitten granen in die goed zijn voor je darmen, eiwitten die bouwstoffen zijn voor je spieren, koolhydraten en vetten die energie geven. En melk is goed voor je botten en tanden.'

'Dus als ik er straks lekker veel van eet, dan doe ik heel gezond,' merkte Joep op.
'Te veel is nooit goed,' zei meester. 'En het hangt ervan af wat je erop doet.'
Een ouder liep met een stapel pannenkoeken de klas in. De kinderen konden kiezen uit een hartige kaas- of spekpannenkoek of een naturel pannenkoek met daarop stroop of suiker.
Jelle nam een hap en spuugde die direct weer uit.
'Wat doe jij nou?' vroeg meester verbaasd.
Jelle begon zachtjes te snikken: 'Ik ..., ik ... lust helemaal geen pannenkoeken.'
Meester sloeg een arm om hem heen. Iedereen vond het zielig, maar meester was op alles voorbereid en gaf Jelle een boterham met chocopasta. Intussen vulde een andere ouder de glazen met een fruitshake.
'Jullie vitaminen,' zei meester. 'Weten jullie nog waarom?'
Iris antwoordde met volle mond: 'Twee stk frui en twee hndrd gram groent pr dag.'
De meeste kinderen hadden na twee pannenkoeken genoeg, behalve Joep. Hij at en at en kwam in totaal op zes.
'Burp,' deed hij.
'Joep,' zei meester. 'Schaam je!'
'Excuses, maar die laatste was er een te veel.'
'Ik had je gewaarschuwd: te veel is nooit goed.'
Iedereen zette zijn bord en glas in een krat, dat vervolgens door een van de ouders werd opgehaald. Meester nam met een vaatdoekje de tafeltjes af en klikte daarna het digibord aan.
'Tijd voor het echte werk,' zei hij. 'Jullie hebben genoeg energie om goed op te letten.'
'Als we gaan rekenen niet, hoor,' zei Sophie. 'Daar heb ik nooit puf voor.'
'Voor een lesje biologie wel,' zei meester, 'dat is je lievelingsvak,' en hij toonde op het digibord een plaatje van het maagdarmstelsel van de mens.
'Let allemaal goed op,' zei hij. 'Ik ga uitleggen wat er op dit moment in jullie lichaam gebeurt met de pannenkoeken.'
'Die worden verteerd,' antwoordde Lars wijs.
'Juist,' zei meester, 'maar daarvoor moeten ze wel eerst via je mond en slokdarm naar je maag. Daar wordt alles gekneed en worden er verteringssappen toegevoegd. Ook is je maag een tijdelijke opslagplaats voor het voedsel.'

'Dan zit die van mij nokkie vol,' zei Sem.
'Burp!' deed Joep weer, maar nu hield hij zijn hand voor zijn mond en zei erachteraan: 'Pardon.'
'En hoe gaat je eten dan verder?' vroeg Sophie nieuwsgierig.
'Na je maag komt het voedsel in je darmen,' legde meester uit. 'In je darmen worden voedingsstoffen afgegeven aan je bloed, zodat ze door je lichaam kunnen stromen. Daar worden ze gebruikt voor warmte, beweging, groei en reserve.'
'En hoe kan het dan dat je elke dag moet poepe... eh ... naar de wc moet?' vroeg Rutger.
Meester antwoordde: 'Er zitten ook onverteerbare stoffen in je voeding. Die worden door je darmen verder getransporteerd naar je ... eh ...'
'Poepgat,' zei Sjors.
Meester knikte.
Net als bij kanoeten, dacht Tijs. De trekvogels haalden hun voedingsstoffen uit kokkeltjes en nonnetjes en poepten het schelpengruis naar buiten. En als de vogels krabben en garnalen aten, dan raakte hun maag minder snel vol en hoefden ze minder vaak naar de wc.
Meester rondde zijn les over voeding en vertering af en zei: 'Je leeft gezond als je gevarieerd eet en voldoende beweegt.'
Daarop rijmde Lars: 'Scheet, want die hoort er ook bij als je eten verteert.'

Na schooltijd vroeg Iris aan Tijs of hij met haar meeging.
'Ja, leuk,' zei Tijs, 'maar ik moet me eerst even melden bij meester.'
'Waarom?' vroeg Iris.
Tijs haalde zijn schouders op. 'Geen idee.'
'Zie ik je dan straks?'
Tijs knikte en liep de gang in naar het kantoor van meester. In de werkkamer stond een groot bureau met daarop twee computerbeeldschermen. In de vensterbank lachte juf Ilse op een foto.
Meester plofte in zijn bureaustoel en zei: 'Ga zitten.'
Tijs nam plaats op een rechte stoel.
Meester boog zich licht naar voren en zei: 'We krijgen morgen bezoek van iemand die van heel ver komt. Zijn naam is Amadou.'
Oké, dacht Tijs, en waarom wil meester dit nu alleen aan mij vertellen?
'Amadou woont in Mauritanië,' ging meester verder.
Tijs veerde overeind. 'Hé, dat ligt in Afrika.'
'Klopt,' zei meester, 'en Amadou weet veel van kanoeten in Mauritanië.

Nu dacht ik: als ik je daarover informeer, dan kun je alvast vragen bedenken en die morgen aan Amadou stellen. Dat is misschien handig voor je spreekbeurt.'
'Ja!' zei Tijs. 'Te gek! Dat ga ik zeker doen, want van het Afrikaanse wad weet ik nog niet zoveel. Bedankt, meester!'
'Geen dank.'
Tijs schoof zijn stoel naar achteren. 'Mag ik nu gaan?'
Meester knikte. 'Maar,' zei hij, 'niet verder vertellen, hè. Het moet een verrassing blijven.'
'Dat beloof ik,' zei Tijs, pakte zijn tas en liep naar de deur.
Meester wendde zich tot zijn computer. In de deuropening bleef Tijs staan.
'Maar, meester,' zei hij, 'hoe kent u Amadou eigenlijk?'
Meester draaide zich weer om. 'Dat is een eh ..., nogal lang verhaal,' zei hij.
Tijs was benieuwd. 'Wilt u het vertellen?' vroeg hij.
Meester keek in zijn agenda, peinsde even en gebaarde: 'Nou, vooruit. Ik zal het je vertellen. Je bent er nu toch.'
Tijs nam weer plaats.
'Mijn broer is een fanatiek vogelaar,' begon meester, 'en hij gaat regelmatig met onderzoekers naar West-Afrika. Om precies te zijn gaat hij dan naar het waddengebied in Mauritanië, want daar overwinteren veel wadvogels. Toen ik een jaar of vijfentwintig was, mocht ik een keer mee. Dat was een heel bijzondere ervaring.'
Meester keek naar een foto aan de muur. Op de foto was een houten open zeilboot te zien waarin een donkere man aan het roer stond.
'Is dat Amadou?' vroeg Tijs.
Meester knikte. 'Ik heb Amadou ontmoet tijdens de expeditie met mijn broer en de vogelonderzoekers. Amadou was een heel vrolijke en behulpzame man. In korte tijd bouwde ik een band met hem op en nog steeds hebben we veel contact.'
Tijs zag aan het gezicht van meester dat het hem ontroerde. Meester staarde naar de foto.
'Zonder Amadou waren we aan ons lot overgelaten,' zei hij. 'Amadou gaf ons tips hoe we goed konden omgaan met de hitte en meer van dat soort slimme weetjes. Ook was hij zeer geïnteresseerd in het onderzoek. Mijn broer heeft hem toen geleerd hoe je vogelsoorten kunt herkennen en kleurringen afleest.'

Tijs knikte.
'En,' zei meester, 'naast het vogelen geeft Amadou ook les aan de kinderen uit het dorpje Iwik. Ik mocht een keer met hem mee en ...'
Meester slikte even.
'En?' vroeg Tijs.
'Ik schrok nogal van het klaslokaal. De kinderen zitten daar op houten banken en Amadou heeft alleen krijtjes en een bord als lesmateriaal.'
Tijs was diep onder de indruk van wat hij hoorde.
Meester leunde achterover in zijn bureaustoel en zuchtte: 'De mensen leven daar zo ontspannen. Hier moet alles volgens de klok. De tijd bepaalt ons leefritme.'
Daar was Tijs het helemaal mee eens. Meester keek op zijn beeldscherm en schrok.
'Maar nu moet ik snel weer aan het werk,' zei hij.
Tijs knikte. Dat bedoelde meester dus. Hij stond op en liep weer naar de deur. Daar bleef hij nog even staan en zei: 'Ik zou wensen dat wij in Nederland ook meer ontspannen konden leven.'
Meester knikte, glimlachte en trok vervolgens zijn gezicht weer in een strakke plooi. 'Je vertelt niks door aan de anderen, hè.'
'Beloofd,' zei Tijs en hij liep de gang op.

Buiten stond niet alleen Iris op hem te wachten, maar ook Mieke.
'Zo, dat duurde lang,' zei Mieke. 'Heb je soms straf gekregen?'
Tijs schudde zijn hoofd.
'Waarom moest je dan met meester meelopen?' vroeg Iris nieuwsgierig.
'Ik heb gezellig een praatje gemaakt met meester,' antwoordde Tijs.
'Gezellig een praatje gemaakt met meester,' herhaalde Mieke. 'Dat geloof ik dus niet, hè.' Haar stem klonk een beetje geïrriteerd.
'Dan geloof je het niet,' zei Tijs en hij haalde zijn schouders op.
'Waarover hebben jullie het gehad?' vroeg Iris.
'Dat mag ik niet zeggen.'
'Zie je wel,' zei Mieke. 'Je hebt gewoon straf gekregen, maar omdat Iris erbij is, durf je het niet te zeggen.'
'Ik heb helemaal geen straf gekregen,' reageerde Tijs verontwaardigd. 'Wat is er met jou aan de hand?'
Iris vertelde dat Rutger die middag geen tijd voor Mieke had en dat ze daarom pissig was.
'Ik ben helemaal niet pis...'

‘Mis,’ klonk de stem van Lars.
‘Hé, waar kom jij ineens vandaan?’ vroeg Iris verbaasd.
‘Ik moest taal nog afmaken,’ antwoordde Lars. ‘En wat doen jullie hier nog?’
Mieke wees naar Tijs. Die legde nog een keer uit dat meester hem had uitgenodigd, maar dat hij niet mocht vertellen waarom.
Iris zuchtte: ‘Ik word zo moe van meester Sietse en juf Ilse. Ze hebben alleen maar geheimen voor ons.’
Mieke trommelde met haar vingers op het stuur van haar fiets. Ze vroeg aan Tijs: ‘Als we je nu trakteren, vertel je het dan?’
‘Nee,’ hield Tijs vol. ‘Ik heb meester eerlijk beloofd om mijn mond te houden.’
‘Jij bent ook veel te gehoorzaam.’
Mieke stak haar tong naar hem uit. Ze gaf Iris een seintje.
‘Eh, ja,’ zei Iris. ‘We gaan.’
‘Jongens zijn stom,’ morde Mieke op de fiets.
‘Dat valt wel mee,’ zei Iris, ‘maar jij bent chagrijnig, omdat niet alles gaat zoals jij wilt.’
‘Helemaal niet!’ reageerde Mieke verontwaardigd. ‘Rutger moet gewoon tijd voor mij vrijmaken en Tijs moet gewoon vertellen wat meester heeft gezegd en jij ...’
De stemmen van de meiden verdwenen in de verte. Lars kwam naast Tijs staan.
‘Heeft Mieke last van haar hormonen?’ vroeg hij.
‘Ik denk het wel,’ zei Tijs, ‘maar gelukkig gaat dat wel weer over.’

De volgende morgen liep meester zenuwachtig heen en weer door het lokaal. De kinderen werden er gek van.
‘Meester, wat is er?’ vroeg Lars.
‘Niets,’ antwoordde meester en hij stopte zijn handen in zijn broekzakken.
‘Jawel, er moet iets zijn. U bent heel onrustig,’ zei Sophie.
‘Ik, onrustig?’ Meester schudde zijn hoofd. ‘Hoe komen jullie erbij?’
Sem schoot in de lach. ‘Dat is toch niet zo moeilijk, meester. Als ik door de klas ga rennen, dan vraagt u ook wat er met mij aan de hand is.’
Meester bleef pardoes staan. ‘Ik ren toch niet door het lokaal?’ vroeg hij verschrikt.
‘Rennen is misschien wat overdreven,’ zei Mieke, ‘maar u loopt wel heel zenuwachtig door het lokaal. Normaal doet u dat ook niet.’

Meester zuchtte: 'Oké, ik geef toe dat ik een beetje gespannen ben,' en hij drentelde alweer naar de andere kant van het lokaal.
'Waarom?' vroeg Rutger.
'Dat vertel ik nog niet,' zei meester.
'Stoppen!' riep Iris door het lokaal.
Meester bleef staan waar hij stond.
'U moet ophouden met geheimzinnig doen. U lijkt juf Ilse wel.' De stem van Iris klonk kwaad.
'Whooo,' deed Sem. 'Iris wordt boos.'
'Helemaal niet. Maar ik ...' Iris stopte haar gezicht weg in haar handen.
Tijs nam het voor haar op en zei: 'Iris kan er gewoon niet zo goed tegen als iemand een geheim heeft.'
Sem floot op zijn vingers: 'Fiet fieuw.'
En Sjors riep plagend: 'Tijs zit op één lijn met zijn vriendin.'
Tijs keek verbaasd. Hoe wisten zij dat hij wat voor Iris voelde? Of had Rutger hun dat verteld tijdens het voetballen?
'Ik ben het ook met Tijs en Iris eens,' zei Lars.
'En ik ook,' zei Mieke.
Al snel riep iedereen door de klas: 'Meester moet het vertellen! Meester moet het vertellen!'
Meester zwaaide met zijn armen door de lucht als teken dat ze stil moesten worden. Het geroezemoes verstomde.
'Luister,' zei hij.
Maar Mieke onderbrak hem direct weer. 'Ik weet het al,' zei ze.
Iedereen keek naar Mieke.
'Tenminste, ik denk dat ik het weet.'
Meester fronste zijn wenkbrauwen.
'Tijs moest gistermiddag toch bij u langskomen?'
Meester knikte.
'Hij zei dat wij vandaag zouden horen wat u aan hem hebt verteld.'
Meester keek bedachtzaam naar Tijs.
'Ik heb niks verklapt, meester. Erewoord!'
'Waarom noem jij het woord verklappen?' vroeg Joep wijs.
'Ik ... eh ...,' stamelde Tijs.
'Misschien gaat het over de beste-scholen-competitie,' raadde Rutger.
'Fout,' zei Tijs.
'Meester wordt opnieuw papa,' probeerde Sophie.
Tijs schudde zijn hoofd.

‘O, nee, dat kan niet,’ verbeterde Sophie zichzelf. ‘Juf moet eerst negen maanden zwanger zijn en Fien is net geboren.’
‘Misschien gaat meester verhuizen?’ zei Lars.
‘Of hij heeft een nieuwe baan,’ zei Jelle. ‘Dat kan natuurlijk ook.’
‘En waarom vertelt meester dat dan eerst alleen aan Tijs?’ merkte Rutger op. ‘Dat vind ik niet logisch.’
Meester vroeg weer om stilte. ‘Luister,’ zei hij opnieuw. ‘Jullie pogingen zijn allemaal leuk bedacht, maar ook onjuist. Wat wel klopt, is dat we zo bezoek krijgen van iemand uit Afrika.’
Daarna vertelde meester over Amadou en dat hij hem tien jaar geleden al had ontmoet.
‘Ik was toen vijfentwintig en ik was met mijn broer op expeditie naar West-Afrika. Heb ik jullie al eens verteld dat mijn broer meehelpt met het tellen van vogels?’
De klas knikte van ja.
‘Mooi,’ zei meester. ‘Tijdens die expeditie heb ik met eigen ogen gezien hoe het leven is in Mauritanië. Ik heb gezien hoe de kinderen naar school gaan, wat ze overdag doen en wat hun hobby’s zijn. Ik kan jullie vertellen, jullie hebben hier niets te klagen.’
Meester legde de nadruk op zijn laatste woorden. Veel kinderen knikten heftig. Ze konden zich wel een beeld vormen van hoe het leven er aan de andere kant van de wereld uit moest zien.
Meester ging verder: ‘Na die expeditie heb ik met Amadou contact gehouden. Het wordt straks de eerste keer dat ik hem weer zie.’
‘Spannend,’ zei Mieke. ‘Nu begrijp ik waarom u zo zenuwachtig bent.’
Meester liep alweer een rondje door het lokaal. ‘Ik hoorde een paar maanden geleden via mijn broer dat Amadou deze week op bezoek is in Nederland om te praten met vogelonderzoekers, architecten en aannemers over een nieuw te bouwen veldstation in Mauritanië. Ik heb geen moment getwijfeld om Amadou uit te nodigen. Dan kan hij zien hoe het bij ons op school is en kan hij jullie vertellen over het leven in Mauritanië.’
‘Ja, interessant,’ zei Jelle. ‘Wat goed dat u hem hebt gevraagd.’
Daar waren de andere kinderen het mee eens.
‘Hoe oud is Amadou eigenlijk?’ vroeg Mieke.
‘En heeft hij kinderen?’ wilde Iris weten.
‘Zouden ze daar ook computeren?’ vroeg Joep zich af.
‘Dat mogen jullie straks allemaal aan hem vragen,’ zei meester. ‘Maar nu gaan we nog even aan het werk.’

Daar dacht Lars anders over en hij vroeg: 'Maar, meester, kent Amadou wel Nederlands?'
'Nee, joh, natuurlijk niet, oen!' veerde Sjors op. 'Welke persoon die in het buitenland woont kent er nu Nederlands?'
'Mijn tante die in Australië woont,' antwoordde Sophie.
'Ja, maar jouw tante is zelf Nederlands,' snauwde Sjors. 'Zij telt niet mee.'
'Pfff ...,' deed Sophie. Ze vond dat Sjors onaardig deed.
Meester legde uit dat ze in het dorpje waar Amadou woonde Frans spraken. 'Maar Amadou kent ook Engels,' zei hij. 'En wees gerust, ik zal jullie helpen bij het vertalen.'
'Ja, u bent onze tolk,' riep Iris enthousiast.
'Maar, meester,' zei Joep, 'waarom mocht Tijs dit gisteren al weten en wij niet?'
Meester zei: 'Op de plek waar Amadou woont, komen ook kanoeten voor. Tijs doet daarover zijn spreekbeurt en dus dacht ik: als ik het Tijs alvast vertel, dan kan hij thuis wat vragen voorbereiden, want Amadou helpt de Nederlandse vogelonderzoekers als ze daar op expeditie zijn.'
'Duidelijk,' zei Sjors en hij leunde achterover. 'Tijs stelt straks de vragen.'

Een kwartier later werd er op de deur geklopt.
'Ah, daar zal je Amadou hebben.'
Meester wreef in zijn handen en liep naar de deur. In de deuropening verscheen een lange, slanke, donkere man. Hij had kort haar en droeg een grote, wijde witte blouse en een grijze stoffen broek.
'I'm glad to see you,' zei meester en hij omhelsde Amadou.
'Me too, me too,' reageerde Amadou uitgelaten.
Daarna klonken tien kinderstemmen tegelijk: 'Good morning.'
Meester stak zijn duim op.
'A very pleasant good morning,' zei Amadou en hij boog licht voorover.
Lars grinnikte en ging staan. 'Hij moet plassen, meester. Zal ik hem even wijzen waar de wc is?'
Meester schudde zijn hoofd. 'Amadou zegt dat hij jullie een plezierige goedemorgen wenst.'
'O,' zei Lars en hij ging weer zitten.
'Wat beleefd, zeg,' reageerde Mieke.
'Dat zal wel bij de cultuur van zijn land horen,' zei Iris zacht.
Meester pakte zijn bureaustoel en zei tegen Amadou: 'Please, take my seat.'

Amadou zette zijn tas weg en nam plaats op de stoel. Meester introduceerde de klas en gaf daarna Amadou de gelegenheid om iets te vertellen over de plek waar hij woonde. Amadou haalde uit zijn tas een poster waarop zandduinen en een stuk waddenzee te zien waren.
'Dit is de Banc d'Arguin in Mauritanië,' zei hij, terwijl meester vertaalde. 'Het gebied is net zo groot als de provincies Drenthe, Friesland en Groningen samen en net als de Waddenzee een beschermd natuurgebied. Het ligt op de evenaar en de gemiddelde jaartemperatuur is 25 graden Celsius.'
Tijs maakte meteen een aantekening voor zijn spreekbeurt. Er was dus ook een waddenzee in de woestijn! Tegelijk dacht hij aan de kanoeten. De vogels brachten de winter door in Afrika, maar je kon het net zo goed doorzomeren noemen, want in Afrika was het dus altijd tropisch warm.
Meester gaf een seintje dat het tijd was voor de eerste vraag.
De kinderen staken allemaal tegelijk hun vinger omhoog en voordat meester iemand kon aanwijzen, klonk het door het lokaal:
'Hoe oud bent u?'
'Heeft u kinderen?'
'Hoe gaan de kinderen naar school?'
'Kunnen jullie daar ook voetballen?'
Amadou lachte om het enthousiaste geroep. Hij gaf met plezier antwoord op de vragen die meester vertaalde. Hij was zevenendertig. Hij was getrouwd en zijn vrouw en hij hadden een zoon van negen en een dochter van zes. Met zijn vieren woonden ze in een kleine houten hut in het dorpje Iwik op de rand van de Sahara en de Atlantische Oceaan. De inwoners werden Imraguen genoemd, wat zoveel betekende als Mauritaanse vissers. De mensen leefden dus van de vis die ze vingen en die ze verkochten op de visafslag in de dichtstbijzijnde stad met de naam Nouakchott.
Lars kon het niet laten en rijmde: 'Snot.'
Daarop proestte de hele klas van het lachen. Amadou begreep er niets van en ging gewoon verder. Hij legde uit dat de kinderen uit Iwik ook naar school gingen in Nouakchott. Hij liet een foto rondgaan van de school. Daarop was te zien dat de kinderen weinig schoolspullen hadden. Op een andere foto vermaakte een groepje kinderen zich met een leren voetbal die de Nederlandse onderzoekers daar hadden achtergelaten. Iedereen luisterde aandachtig. Meester keek tevreden de klas rond. Hij was blij dat de kinderen het bezoek van Amadou waardeerden.
Tijs mocht de volgende vraag stellen: 'Hoe ziet de Afrikaanse wadbodem eruit?'

'Heel slikkig,' antwoordde Amadou en hij liet een foto zien van een wadplaat in Afrika. Het viel Tijs direct op dat de bodem niet bruingrijs was maar groen. Amadou vertelde dat dat kwam door het zeegras dat erop groeide.
'Daardoor zijn de wadplaten ook zo slikkig,' zei hij. 'Als je erop loopt, heb je flippers nodig om niet weg te zakken.'
Dat snapten de kinderen wel.
'Het zeegras is heel belangrijk,' ging Amadou verder. 'De stengels van de plant breken de golfslag in het water en beschermen daarmee de kust. Ook zorgen de stengels ervoor dat het zand sneller naar de bodem zakt, waardoor het water helder blijft. Dat is fijn voor de plant, want als het zonlicht goed doordringt in het water, kan het zeegras goed groeien. En dat is dan weer fijn voor kleine krabben, vissen en zeepaardjes, want die gebruiken het groene, sliertige gras als verstopplek.'
Van dat laatste liet Amadou ook een foto zien.
Sophie riep meteen: 'O, schattig, die zeepaardjes.'
Tijs wist dat zeegras en zeepaardjes vroeger ook in de Nederlandse Waddenzee voorkwamen, want dat had Jurre hem verteld. Maar nu waren die er niet meer, omdat het Waddenzeewater troebeler was geworden na de aanleg van de Afsluitdijk.
Joep stelde de volgende vraag: 'Wordt het zeegras ook gegeten?'
Amadou knikte. 'Een kanoet wil nog wel eens een sliertje zeegras plukken. Maar dat doet hij alleen in hoge nood als hij niet bij de schelpdieren kan, want in zeegras zitten niet zoveel voedingsstoffen. Weten jullie wat dat zijn?'
De kinderen knikten.
'Fijn,' zei Amadou. 'Dan hoef ik dat niet uit te leggen. Trouwens, ik kan jullie nog een leuke anekdote vertellen.'
'Dat is een kort, grappig verhaaltje,' vertaalde meester.
Amadou vertelde over een expeditie waarbij een van de kanoetenonderzoekers erge trek had. 'De onderzoeker had de hele dag hard gewerkt in de brandende zon en weinig gegeten. De voorraaddozen in het veldstation waren leeg en alleen in de koelkast lag nog wat sla van de avond ervoor. De onderzoeker had het groenvoer gulzig opgegeten en was toen flauwgevallen.'
'Dat is raar,' merkte Tijs op. 'Ik heb geleerd dat je bloedsuiker juist omhoog gaat als je iets eet.'
'Precies,' zei Rutger. 'Daarom kreeg jij ook een snoepje nadat je was flauwgevallen in het ziekenhuis.'

Meester vertaalde wat de jongens zeiden. Amadou knikte.
'Jullie hebben gelijk,' zei hij, 'maar de onderzoeker at een paar blaadjes sla. Dat is moeilijk te verteren en geeft daarom weinig energie. Daardoor ging de bloedsuiker bij de onderzoeker omlaag in plaats van omhoog.'
'Je moet ook geen sla eten,' zei Jelle. 'Sla is vies.'
'Klopt,' zei Joep. 'Doe mij maar een hamburger.'
'Ja, met lekker veel mayo,' riep Iris.
Tijs dacht aan kanoetenpoep en het onsmakelijke verhaal van Jurre.
Amadou moest lachen toen meester vertaalde wat de kinderen zeiden. Daarna trok hij zijn gezicht weer in de plooi en zei: 'Let goed op wat ik nu ga zeggen.'
Hij stak zijn wijsvinger erbij omhoog.
'Een mens moet gevarieerd eten. Dat geldt ook voor een kanoet. Als een mens of een kanoet maar één soort voedsel eet, dan krijgt hij diarree.'
De hele klas schoot in de lach. Een vogel aan de diarree, het moest niet gekker worden. Amadou pakte een foto uit zijn tas en liep een rondje door het lokaal. Op de foto waren dunne klodders witte poep te zien van een zieke kanoet.
'Iel,' deed Iris.
'Getsie,' rilde Mieke.
'Wat een poep,' zei Jelle.
'Snoep,' rijmde Lars.
'Nee, dank je,' zei Sophie en ze trok een vies gezicht bij het zien van de foto.
Tijs vroeg zich af of de kanoet alleen maar zeegras had gegeten.
Amadou schudde zijn hoofd. '*Loripes*,' zei hij.
'Kers,' rijmde Lars.
'Nee,' zei meester. '*Loripes*.'
Amadou knikte en hij zocht even in zijn tas. '*Look*,' zei hij.
'Boek,' rijmde Lars.
Mieke zei geïrriteerd: 'Stoppen, Lars.'
'Flapdrollen, mars.'
Meester vroeg vriendelijk aan Lars of hij zijn rijmwoorden voor zich wilde houden en vertaalde: '*Look* betekent kijk.'
Amadou liet een schelpje aan de kinderen zien. 'Dit schelpje heet *Loripes*. *Loripes* is klein, plat en heeft een dunne schelp. Kanoeten eten deze schelpdieren het liefst, want ze zijn makkelijk door te slikken en te kraken.'

Dat kon iedereen goed begrijpen.
'Maar,' zei Amadou, 'in de kieuwen van *Loripes* leven bacteriën en die zorgen ervoor dat *Loripes* giftig is. Dus als een kanoet te veel *Loripes* eet, dan wordt hij ziek.'
'Vandaar de diarree,' merkte Mieke slim op.
'Inderdaad,' zei Amadou.
Lars keek naar de foto en zei: 'Foute boel.'
Sjors deed met zijn mond het geluid van scheten na. 'Prrrp. Prrrp. Flatsj. Flatsj.'
'Kom, kom,' zei meester, 'niet zo overdrijven. Laten we het netjes houden.'
Amadou merkte dat de klas hem niet helemaal serieus nam met zijn diarree-verhaal.
'Dit gebeurt ook bij mensen, hoor,' zei hij op een waarschuwende toon. 'We hebben een keer een onderzoeker gehad die door eenzijdig voedsel, te weinig drinken en de tropische warmte aan de diarree raakte.'
De kinderen reageerden onmiddellijk. Ze hadden allemaal wel eens last gehad van dunne poep en ze wisten hoe vervelend dat was.
'Toen ik een keer diarree had, moest ik van de dokter een pilletje slikken en heel veel drinken,' zei Iris.
'En ik moest verplicht droge crackers eten,' zei Sem.
'En ik zat de hele dag op de wc te stinken,' riep Sjors.
Meester maande iedereen tot stilte.
Tijs was benieuwd hoe je een kanoet met diarree kon helpen.
'Niet,' zei Amadou. 'Een kanoet helpt zichzelf. De vogel eet gevarieerd. Op het wad van de Banc d'Arguin vindt hij namelijk ook nog een ander klein schelpdier: *Dosinia*. *Dosinia* heeft een iets dikkere schelp, is dus wat moeilijker te kraken, maar een kanoet wordt er niet ziek van. En dat weet de vogel zelf ook.'
'Slim,' zei Joep. 'Maar hoe kunnen jullie dat zien?'
'We pluizen hun poep uit,' zei Amadou. 'Onder de microscoop tellen we alle kleine stukjes schelpengruis en bekijken we welke soorten het zijn. Zo hebben we gezien dat het dieet van een gezonde kanoet bestaat uit een mix van *Dosinia* en *Loripes*.'
De kinderen vonden dat Amadou het allemaal heel goed uitlegde. Amadou pakte een stift en zei: 'Er gebeurt nog iets bijzonders in de Afrikaanse wadbodem.'
Hij tekende een paar sprieten zeegras met daartussenin een aantal kleine krabben, vissen en zeepaardjes.

‘Weten jullie nog wat zeegras is voor deze kleine waddendieren?’ vroeg hij aan de klas.
‘Een schuilplaats,’ antwoordde Sem meteen.
‘Heel goed,’ reageerde Amadou en hij veegde sommige kleine waddendieren weer weg. ‘Tussen het zeegras gaat af en toe een dier dood of er sterft een stukje zeegras af,’ zei hij. ‘Bacteriën die in de slikbodem leven, ruimen dat dode materiaal op. Ze maken daarbij sulfide. Sulfide is giftig voor het zeegras.’
Amadou tekende een doodshoofdje.
‘Foute boel,’ klonk de stem van Lars.
Amadou schetste een paar *Loripes*-schelpjes en zei: ‘Gelukkig voor het zeegras neemt *Loripes* sulfide op. De kieuwbacteriën in *Loripes* maken van het sulfide suikers waarvan *Loripes* kan groeien. Die kieuwbacteriën hebben daarvoor wel zuurstof nodig. In de wadbodem zit geen zuurstof en dus is *Loripes* afhankelijk van het zuurstof dat de zeegrasstengels en -wortels produceren en dat via de sifon met het zeewater de schelp instroomt. En zo is de “kringloop” rond.’
Amadou tekende een cirkel om alles wat hij getekend had. Hij vatte samen: ‘Het zeegras helpt *Loripes* aan zuurstof. *Loripes* brengt het zuurstof bij haar kieuwbacteriën en neemt het sulfide op uit de slikbodem. De kieuwbacteriën zetten op hun beurt het giftige sulfide om in voedzame suikers. Zeegras blij. *Loripes* blij.’
‘Wij blij,’ grapte Lars.
De klas keek hem aan.
Lars lichtte toe: ‘Dat Amadou zo goed kan uitleggen, waardoor wij deze leuke samenwerking tussen dieren en planten begrijpen.’
Meester glimlachte. ‘En daar ben ik dan weer blij mee.’
Hij keek op zijn horloge en gebaarde dat het tijd was voor een laatste vraag. Iris stak haar vinger omhoog.
‘Kan Amadou ons een paar Franse woordjes leren?’ vroeg ze.
Dat vond meester een goed idee. Amadou schreef een eerste zinnetje op het bord.
‘Mon nom est,’ las Iris hardop voor. ‘Wat betekent dat?’ vroeg ze.
Amadou schreef de Engelse vertaling erachter: My name is.
‘Ah, mijn naam is,’ vertaalde Mieke.
Amadou schreef het volgende woord: école.
De kinderen keken elkaar vragend aan.

'Wat staat daar?' vroeg Sem.
'Zijn handschrift is niet te lezen,' vond Lars.
Meester gaf de jongens gelijk. 'Amadou is het ook niet gewend om op een digibord te schrijven,' zei hij.
Amadou keek om. Hij hoorde tussen alle Nederlandse woorden zijn naam. Meester wenkte Amadou naar zijn computer, typte een paar woorden en na een paar muisklikken verscheen er op het digibord een schrijfprogramma. Amadou keek stomverbaasd naar het digibord, naar de computer en weer naar het digibord. Hij schudde zijn hoofd.
'Ongelofelijk,' zei hij in het Frans en hij typte het woord: école.
Lars riep: 'Dat betekent vast "Hé, cool".'
'Fout,' zei meester. 'Ecole betekent school.'
Amadou bevestigde dat het antwoord van meester goed was.
'Volgende woord!' riep Sem.
Amadou typte: Je suis en Pays-Bas.
'Volgens mij gaat het over een jongen die Bas heet,' zei Jelle.
'En die eet jus,' grapte Lars.
Meester lachte. 'De Franse taal is veel te moeilijk voor jullie,' zei hij. 'Er staat: ik ben in Nederland. Pays-Bas betekent Lage Landen. Een groot deel van Nederland ligt namelijk onder zeeniveau, vandaar.'
'En met de klimaatverandering is de kans groter dat de laagste delen vaker zullen overstromen,' zei Tijs wijs. 'Zoals de wadplaten in de Waddenzee. En dan hebben de kanoeten een probleem.'
'Dat is dan jammer voor de vogels,' zei Sjors en hij voegde eraan toe: 'Maar het scheelt ons een boel stankoverlast als ze aan de diarree zijn.'
De hele klas lachte, maar Tijs keek teleurgesteld. Waarom moest Sjors toch weer zo'n rotopmerking maken, dacht hij.
Meester bedankte Amadou voor zijn uitleg. Ze praatten samen nog even verder.
'Amadou is een gave man,' vond Joep. 'Hij is zo relaxed.'
'Veel beter dan meester Sietse,' zei Sem.
Daar was Mieke het niet mee eens. 'Meester is ook heel goed,' zei ze. 'Hij heeft alles prima voor ons vertaald.'
Tijs en Rutger knikten. Sem schudde zijn hoofd.
'Jullie begrijpen me niet,' zei hij. 'Ik bedoel te zeggen dat meester wel eens wat meer relaxed mag zijn. Weet je nog hoe onrustig hij vanmorgen deed?'
'Precies,' zei Joep. 'En meester let altijd veel te veel op de klok.'

Tijs dacht aan wat meester de dag ervoor tegen hem had gezegd. 'De mensen leven daar ook zo ontspannen. Hier moet alles volgens de klok. De tijd bepaalt ons leefritme.'

's Middags bleef Amadou nog even in de klas. De kinderen mochten een voor een laten zien waar ze goed in waren en wat ze leuk vonden om te doen. Amadou keek mee en genoot zichtbaar. En toen ze op het grasveld een potje voetbal speelden en Amadou de ene na de andere truc liet zien, waren Sjors en Sem dolenthousiast.
Vlak voor Amadou vertrok, mocht Tijs nog een paar vragen stellen voor zijn spreekbeurt. Zo was hij goed voorbereid op de dag van morgen.

# Spreekbeurt

De volgende ochtend wreef Tijs de slaap uit zijn ogen. Hij dacht meteen aan zijn spreekbeurt. Hij hoopte dat Bert, Jort en Lieuwe geen moeilijke vragen zouden stellen, want meester had verteld dat zij kwamen luisteren. En hij dacht aan Iris, Lars, Rutger en Mieke, want de spreekbeurt was ook zijn uitblinkerzopdracht. Zou het lukken om een hoog cijfer te halen? En wat zou de rest van de klas van zijn spreekbeurt vinden?
'Tijs, opstaan!' riep vader van onderaan de trap.
Tijs keek op zijn klokje. Het was kwart over zeven. Hij stapte uit bed, liep naar de badkamer, waste zich, kleedde zich aan en ging naar beneden.
Aan tafel wreef hij over zijn buik. Hij had helemaal geen trek. In zijn hoofd hoorde hij de stem van Leonie: 'Je moet altijd iets eten.'
Tijs pakte een beschuit, strooide er hagelslag op, dronk een glas melk en snelde weer naar boven. In de badkamer poetste hij zijn tanden en deed zijn haar.
'Doei, mam en pap!' riep hij.
Moeder keek verbaasd. 'Wat ben je vroeg!'
'Ik moet nog wat spullen klaarzetten voor mijn spreekbeurt. Tot vanmiddag.'
Tijs wist dat hij niet mocht liegen, maar hij wilde naar buiten om zijn zinnen te verzetten. Hij gaf vader en moeder een vlugge kus en racete naar school. Hij zoefde voor het huis van Iris langs. De laatste weken haalde hij haar 's morgens op, maar ze was nu vast nog niet klaar, dacht hij. Op het schoolplein zette hij zijn fiets weg en liep naar het klimrek. Hij wist het nu zeker: zenuwachtig zijn was heel vervelend.
'Hoi,' klonk het ineens.
Tijs schrok van het stemgeluid dat hij herkende. Dat was Iris. Hij draaide zich om.

Iris vuurde meteen drie vragen op hem af: ‘Waarom ben je zo vroeg? Waarom heb je me niet opgehaald? Is er iets?’
Tijs kreeg geen woord over zijn lippen. Hij vond het allemaal zo spannend wat hem straks te wachten stond voor de klas.
‘Waarom zeg je niets?’ vroeg Iris.
Tijs zweeg en hees zichzelf in het klimrek.
Iris klom hem achterna. ‘Je weet zeker dat er niet iets is, hè?’
Tijs knikte.
‘Maar waarom ben je dan zo vroeg?’
‘Jij bent ook vroeg.’
‘Dat is geen antwoord op mijn vraag.’
Tijs hield zich opnieuw stil.
Iris zuchtte en zei: ‘Ik ben zo vroeg omdat ik uit mijn slaapkamerraam zag dat jij voorbij fietste. En ik vind het stom dat je me niet hebt opgehaald.’
Tijs haalde licht zijn schouders op. Hij wist niet wat hij daarop moest zeggen.
Iris keek hem nu nadrukkelijk aan. ‘Of moet je weer een geheim van meester voor je houden?’ vroeg ze.
Tijs schudde zijn hoofd. Iris sloeg haar armen over elkaar.
‘Mooi, dan kun je ook uitleggen waarom je me niet hebt opgehaald.’
Haar stem klonk bits. Tijs hield zich stil. Iris zuchtte opnieuw.
‘Mieke heeft gelijk, jongens zijn stom. Als ze geen zin hebben om je op te halen, dan doen ze het niet. Als ze geen zin hebben om antwoord te geven op je vragen, dan doen ze het niet. Als ze iets dwarszit, dan vertellen ze het niet. Als ...’
Tijs keek haar aan. Iris zag dat hij het moeilijk had. Ineens kreeg ze medelijden met hem. Zonder erbij na te denken deed ze iets wat ze nog nooit had gedurfd: ze drukte een kus op zijn wang. Tijs schrok ervan. Wat deed Iris nu? Iris bloosde.
‘Ik wil graag dat jij mijn vriendje bent,’ flapte ze eruit.
Tijs was overdonderd. Wat een stemmingswisseling! Hij keek haar met grote ogen aan. Iris pakte zijn hand vast. Tijs gloeide.
Iris vroeg: ‘Wil je nu vertellen waarom je zo vroeg op school bent?’
‘Ik ben zenuwachtig,’ antwoordde Tijs.
‘Voor je spreekbeurt?’
‘Ja.’
‘Is dat alles?’
Tijs knikte.

'Je moet je niet druk maken om je spreekbeurt. Je hebt toch veel geoefend?'
Daar gaf Tijs haar gelijk in.
'Als ik een turnwedstrijd heb,' ging Iris verder, 'dan ben ik vlak voor het begin ook heel zenuwachtig. Ik twijfel aan mezelf. Ik ben onzeker. Ik denk dat ik van de evenwichtsbalk val, of dat ik mijn voet over de witte streep van de mat zet.'
Tijs keek haar aan.
'Maar meestal lukt het me toch om een goede oefening te turnen.'
Tijs knikte. Dat had ze op het turnkampioenschap wel laten zien.
'Ik weet zeker,' zei Iris, 'dat als je straks voor de klas staat en begint te vertellen, dat je zenuwen dan heel snel minder worden.'
Intussen stroomde het schoolplein vol kinderen. Rutger rende naar het klimrek en zag Iris en Tijs hand in hand zitten.
'Hé, is het aan?' vroeg hij.
Het tweetal trok meteen hun handen terug.
Rutger klom omhoog en herhaalde: 'Is het nu aan? Is het echt? Zijn jullie een setje?'
Iris reageerde plechtig: 'Geheim.'
'Ik dacht dat jij niet tegen geheimen kon.'
'Eh ..., nee ..., klopt, maar nu even wel.'
'We zijn gewoon vrienden van elkaar,' zei Tijs. 'Net als jij en ik. En soms moet je dan even elkaars hand vasthouden.'
Rutger begreep er niks van. Iris legde uit dat Tijs zenuwachtig was voor zijn spreekbeurt straks.
'O, dan heb ik een beter idee,' zei Rutger. Hij zag dat Lars en Mieke het schoolplein op fietsten. 'Laten we met zijn vijven in een kring gaan staan, net als bij aanvang van een voetbalwedstrijd.'
Tijs zuchtte. 'Moet dat nou echt?'
Lars en Mieke kwamen erbij staan en Iris vertelde ook aan hen dat Tijs zo vlak voor zijn spreekbeurt zenuwachtig was en even geen zin had in leuke dingen.
'Dan is het juist goed om nog even te ontspannen,' zei Rutger. 'Kom, we maken een kring.'
In de kring legden de kinderen hun armen over elkaars schouders.
Iris riep: 'Yel, yel, yel! Tijs die redt het wel!'
'Op je spreekbeurt,' zei Mieke en ze stak haar duim omhoog.

In de klas kon Tijs zich niet concentreren. Voortdurend dacht hij aan zijn spreekbeurt. Pas toen er op de deur werd geklopt, veerde hij overeind.
'Binnen,' riep meester.
In de deuropening verscheen juf Ilse met Fien. Tijs slaakte een zucht van verlichting. Hij dacht even dat Bert, Jort en Lieuwe er al waren.
'Nou ja, wat een verrassing!' riep meester verheugd en hij liep naar zijn vrouw en dochtertje toe.
'Zoenen! Zoenen!' brulde Sjors.
Meester keek hem fronsend aan. Juf lachte. Ze was blij de kinderen weer te zien. Ze haalde uit haar schoudertas een broodtrommel. 'Hier, die ben je vergeten,' zei ze.
'Oei, meester,' zei Sem. 'Dat zijn minpunten.'
Meester kreeg er een kleur van.
'U boft maar met zo'n vrouw,' zei Joep.
'Nu heeft juf zeker een zoen verdiend,' riep Sjors weer.
Meester gaf zijn vrouw nu toch een kus. De ooh's en aah's gingen door de klas.
'Wacht maar tot jullie groot zijn,' zei meester plagend en hij zette de broodtrommel op zijn bureau.
'Mogen we Fien van dichtbij zien?' vroeg Mieke.
Juf keek naar haar man.
'Nou, vooruit,' zei meester, 'maar niet te lang, want we hebben vandaag veel te doen.'
Juf haalde Fien uit de draagzak en liep naar Mieke. Die voelde aan de piepkleine handjes.
'Hou oud is ze nu?' vroeg ze.
'Tien weken,' antwoordde juf.
'Hoeft Fien nu nooit meer in een koevieze?' merkte Lars op.
Sem schoot in de lach: 'Fien is geen koe, hoor.'
'Lars bedoelt een couveuse,' zei juf.
'Dat kennen we,' zei Mieke. 'Een couveuse is een apparaat om te vroeg geboren baby's mee in leven te houden.'
'Een soort tweede buik,' vulde Tijs aan.
Iris wilde weten hoe zwaar Fien nu was.
'Twee kilo,' antwoordde juf.
Jelle tekende twee pakken suiker. 'Zoveel dus.'
Sem overlegde met Rutger. 'We ruiken poep!' riepen ze.
Iedereen kneep gelijk zijn neus dicht.

‘Fien heeft te veel onverteerbare stoffen in haar darmen,’ zei Jelle wijs.
Meester glimlachte.
‘Gaat u de luier maar verschonen,’ zei Rutger. ‘Dan kunnen wij even bijkletsen met juf.’
Daarop trok meester een zuur gezicht. Juf schudde haar hoofd.
‘Nee, laat mij het maar doen,’ zei ze. ‘Jullie moeten weer gauw aan het werk. Een andere keer praten we wel bij.’
Ze liep met Fien in haar armen de klas uit.
‘Aah,’ klonk het teleurgesteld, maar meester kwam al weer met zijn bekende ‘hup, hup’.
Het duurde niet lang of er werd opnieuw op de deur geklopt. Menno deed open.
‘Ik heb bezoek voor groep 7 en speciaal voor Tijs,’ zei hij.
Tijs veerde overeind. Hij was zijn spreekbeurt even vergeten door de komst van juf. Hij stak voorzichtig zijn hand op toen hij Bert, Jort en Lieuwe zag. De rest van de klas keek verbaasd naar de drie mannen.
‘Wie zijn dat?’ vroeg Sjors.
Meester gaf de drie heren een hand.
‘Dit zijn vast inspecteurs voor de scholencompetitie,’ gokte Sem.
Tijs en Rutger schudden allebei hun hoofd.
‘Dat kan niet,’ proestte Iris. ‘Moet je die kleren zien.’
Ook Mieke en Sophie giechelden om de gerafelde blauwe trui van Bert, de sportschoenen van Jort en het witte T-shirt van Lieuwe met daarop een afbeelding van een roestrode kanoet.
‘Dit zijn drie onderzoekers,’ zei meester. ‘Ze doen aan wadvogelbiologie en ze komen straks luisteren naar de spreekbeurt van Tijs.’
Iedereen keek naar Tijs. Die kreeg een kleur als een tomaat.
‘We zien jullie straks,’ zei meester.
De deur viel in het slot en onmiddellijk begon het geroezemoes. Sem vroeg zich af waar Bert, Jort en Lieuwe onderzoek naar deden. Mieke was benieuwd naar hun leeftijd en Sophie wilde weten waarom Jort op sportschoenen liep.
Meester maakte met zijn ‘hup, hup’ duidelijk dat het tijd was om aan het werk te gaan. Het bleef een poosje stil, tot Rutger zich vooroverboog en Sem aantikte.
‘Psst,’ zei hij. ‘Geef de volgende zin door: Tijs en ik geven straks in de pauze bij het klimrek een persconferentie over de drie onderzoekers.’

De zin ging als een lopend vuurtje door de klas. Lars haalde zijn schouders op bij het woord persconferentie.
Daarop liet Rutger een tweede zin door het lokaal gaan: ‘Een persconferentie is een bijeenkomst waarbij jullie vragen mogen stellen over de drie onderzoekers aan Tijs en mij. Doorgeven.’
Lars knikte nu bedachtzaam.
Tijdens het speelkwartier verzamelde iedereen zich bij het klimrek.
Rutger nam de leiding. ‘We gaan het net zo doen als bij voetbal,’ zei hij. ‘Jullie staan of zitten aan die kant.’ Hij wees naar een lijn die hij in het zand had getekend. ‘Tijs en ik blijven bij het klimrek en wij zijn de zogenaamde voetbaltrainers aan wie jullie vragen mogen stellen.’
Tijs knikte. Hij had eigenlijk geen zin in vragen zo vlak voor zijn spreekbeurt, maar hij begreep best dat iedereen nieuwsgierig was. Rutger wenkte, waarop Tijs kenbaar maakte dat ze een eerste vraag mochten stellen.
‘Ben je zenuwachtig?’ vroeg Joep.
‘Nee,’ loog Tijs.
‘Alleen vragen over de onderzoekers,’ maakte Rutger duidelijk. ‘Niet over ons.’
Daarop vroeg Iris: ‘Ik wil graag weten of die onderzoekers altijd zulke kleren dragen.’
Tijs en Rutger knikten allebei. Joep vond dat een wetenschapper altijd een pak moest dragen en een hoed op zijn hoofd.
Rutger antwoordde: ‘Dat dacht ik op onze eerste stagedag ook, maar dat blijkt dus niet zo te zijn.’
‘Maar die man met dat vogel-T-shirt,’ hikte Sophie.
‘We weten zijn naam niet,’ proestte Iris.
‘Die lijkt nu net een kind,’ lachte Mieke.
‘Eh ..., tja ...,’ Rutger wist niet wat hij daarop moest antwoorden. Hij keek naar Tijs, maar die haalde ook zijn schouders op.
‘We hebben hier geen mening over,’ zei Rutger. ‘Andere vraag.’
‘Hoe heet die man?’ vroeg Jelle.
‘Lieuwe.’
‘En de andere twee?’
‘Bert en Jort.’
‘Dit is best leuk,’ zei Lars, ‘zo’n confetti.’
‘Persconferentie,’ verbeterde Mieke.
Sem vroeg: ‘Waarom doen ze onderzoek naar vogels?’

Rutger antwoordde: 'Daarover vertelt Tijs straks meer in zijn spreekbeurt.'
Tijs knikte instemmend.
'Naar welke vogels doen ze eigenlijk onderzoek?' vroeg Jelle.
Rutger aarzelde even en zei: 'Volgens mij alleen naar kanoeten.'
Tijs wist wel beter. De waddenwetenschappers deden ook onderzoek naar lepelaars en rosse grutto's. Maar dat kon Rutger niet weten, want die hoge-poten-vogels waren niet in wadvogelverblijven gehuisvest en hadden ze dus niet gezien tijdens hun stage.
'Hoe zien die kanoeten eruit?' vroeg Joep.
'Tijs heeft straks een foto.'
'Heeft Tijs zijn stem verloren of zo?' merkte Sjors op. 'Hij geeft nergens antwoord op.'
'Nee,' zei Rutger. 'Tijs mag nu niet te veel zeggen. Dat is niet goed voor zijn stem.'
Tijs knikte. Hij voelde dat hij steeds zenuwachtiger werd. Het moment van zijn spreekbeurt kwam nu wel heel dichtbij.
'Is het niet supersaai om onderzoek te doen naar maar één soort vogel?' vroeg Sem.
'Dat gaat toch vervelen?' voegde Joep eraan toe.
'Nee,' klonk Rutger stellig. 'Ik dacht ook dat het saai zou zijn, maar het is juist supergaaf. Je mag varen met een rubberboot en je mag 's avonds lekker lang opblijven, omdat je ook 's nachts dingen doet.'
De zoemer ging. Bert, Jort en Lieuwe zaten al achter in het lokaal. Tijs mocht meteen beginnen. Iedereen in de klas zag dat hij zenuwachtig was. Tijs dacht nog vlug even aan wat oom Mervyn een halfjaar geleden tegen hem had gezegd: 'Als je iets zelf leuk vindt en je weet er veel van af, dan kun je ook makkelijk andere mensen enthousiast maken.'
Toen begon Tijs. Hij vertelde over het vogelpaspoort van de lepelaar, over kleurringen, het nemen van bodemmonsters en de echoscoop. Af en toe trilde zijn stem, maar toen hij op het digibord een foto liet zien van Jurre, die tot aan zijn middel onder het slik zat, en iedereen begon te joelen, lachte Tijs net zo hard mee. Daardoor ontspanden zijn buikspieren. Het spreken ging ineens een stuk makkelijker en Tijs vertelde enthousiast verder over kanoeten, kokkeltjes, nonnetjes, krabben, zeepokken, zeesterren, oesters, garnalen en blaaswier. Van alle dieren en planten had hij een foto en van nonnetjes liet hij een paar echte exemplaren zien.
Iris, Mieke en Sophie reageerden enthousiast toen ze de schelpjes zagen

in de kleuren wit, geel, oranje en rozerood. En de jongens waren positief verbaasd toen Tijs vertelde dat een nonnetje niet zomaar een lekkere hap voedsel kon nemen, maar dat het schelpdier alles via een dun buisje moest opzuigen.
'Eten via een rietje,' merkte Joep op.
Na een kwartier was Tijs uitgepraat. Iedereen klapte uitbundig.
'Geweldig, Tijs! Heel goed gedaan,' jubelde Bert.
Jort en Lieuwe gaven zelfs een staande ovatie.
'Je hebt een pluim verdiend,' zei meester. 'Je hebt mooi verteld, duidelijke foto's gebruikt en je hebt er zo te zien veel werk aan besteed. Tijd voor een paar vragen.' Meester keek de klas rond.
Sem stak als eerste zijn vinger omhoog. 'Op het schoolplein zei Rutger dat je zou vertellen waarom er onderzoek wordt gedaan naar kanoeten.'
Tijs knikte. Hij dacht even na en vroeg aan meester: 'Mag ik even op uw computer?'
Meester gaf toestemming. Tijs zocht op internet naar de website van de Waddenvereniging en opende een webpagina met plaatjes van een straaljager, een baggerschip en een boorplatform.
'Dit zijn allemaal stoorzenders voor de dieren en planten in de Waddenzee,' zei hij. 'Door militaire activiteiten schrikken vogels op. Door het boren naar gas en het baggeren van vaargeulen kan de wadbodem zakken en kunnen wadplaten onder water blijven. In dat geval heeft een kanoet ineens veel minder plekken om naar voedsel te zoeken. Daarom willen de onderzoekers laten zien hoe belangrijk de wadplaten zijn voor vogels.'
Bert, Jort en Lieuwe staken alle drie hun duim omhoog.
Sem knikte. 'Goed antwoord,' zei hij.
Mieke was de volgende met een vraag. 'Werken kanoeten ook wel eens samen?'
'Wat is dat nou voor domme vraag,' zei Sjors. Hij draaide zich om. 'Ik weet niet of je het weet, hoor, maar een vogel kan niet praten. Dus hoe wil je dat dan onderzoeken?'
'Er is vast een manier om daar achter te komen,' zei Mieke.
'Dat maak je mij niet wijs.'
'Parijs,' rijmde Lars, die ook even wilde laten horen dat hij er nog was.
Tijs dacht na en zei: 'Ik weet wel dat kanoeten vaak in een groep naar voedsel zoeken en dat ze dan samenwerken. Dat is handig want zo kunnen ze elkaar helpen bij het snel vinden van kokkeltjes en nonnetjes die zich in de wadbodem hebben verstopt.'

Bert knikte en hij voegde er nog een voorbeeld aan toe: 'Op de toendra helpt het mannetje mee bij het uitbroeden van de eieren. Als het vrouwtje op zoek gaat naar insecten, dan komt het mannetje terug naar het nest. Zo blijven de eieren warm op de koude toendrabodem.'
'Wat lief,' vond Iris.
'En wat gebeurt er dan als de ouders elkaar niet meer leuk vinden?' vroeg Sem.
Tijs snapte meteen wat hij bedoelde. De ouders van Sem waren namelijk pas gescheiden.
'Alle kanoetenmannetjes en -vrouwtjes gaan uit elkaar,' zei Bert.
De kinderen keken verbaasd.
'Ja,' zei Bert, 'als de eieren uitkomen, dan stopt de samenwerking. Het vrouwtje gaat ervandoor en het mannetje moet de opvoeding in zijn eentje doen.'
'Pfff,' deed Joep. 'Als mijn vader thuis alles bepaalde, dan mocht ik nooit meer op mijn spelcomputer.'
En Sophie gebaarde druk: 'En ik zou niet weten wie er dan het eten moest maken! Mijn vader kan echt niet koken, hoor!'
Iedereen wilde wat zeggen en Sem riep er het hardst bovenuit. Hij had ervaring en kon precies vertellen hoe het bij hem thuis ging. Het duurde even voor het weer stil werd.
'Is je vraag over samenwerken zo goed beantwoord?' vroeg Bert beleefd.
'Keurig gedaan, meneer,' zei Mieke.
Bert ging weer zitten.
Meester keek de klas rond en zei: 'Als er geen vragen meer zijn, dan gaan we de spreekbeurt van Tijs afronden.'
Alle handen bleven omlaag. Dat was een goed teken, dacht Tijs, want dan had hij vast alles goed uitgelegd.
Meester keek op de klok en schrok zich een hoedje. Hij riep heel hard: 'NEE!', stond gelijk op en liep naar zijn bureau. De spreekbeurt van Tijs had langer geduurd dan hij had gepland.
Sophie zag de verbaasde blikken bij de drie onderzoekers. 'Let niet op onze meester, hoor,' zei ze. 'Hij kan er niet zo goed tegen als iets langer duurt dan de bedoeling was.'
'Hup, hup, pak allemaal je pen,' deed meester gehaast. 'We hebben nog tien minuten tot de zoemer gaat en ik wil de spreekbeurt afronden voor de pauze begint.'
'Dat lukt nooit,' zei Joep.

'Jawel, dat lukt wel, want Bert, Jort en Lieuwe mogen niet het idee krijgen dat we ons niet aan een tijdsplanning kunnen houden.'
'Haha,' schaterde iedereen.
Meester deelde vlug een stapel blanco briefjes uit en zei: 'Zoals gisteren afgesproken, noteert iedereen welk cijfer hij wil geven. Ik bereken het gemiddelde van jullie cijfers en ik vergelijk dat met het cijfer dat ik in gedachten heb. En, o ja, je mag op het briefje ook een tip en top schrijven. De tip voor wat er beter kan en de top voor wat al goed is.'
De kinderen gingen aan de slag. Bert, Jort en Lieuwe liepen zachtjes het lokaal uit. Ze gaven Tijs een schouderklop en fluisterden: 'Heel goed gedaan.'
Tijs voelde zich trots door de complimenten.
'Klaar!' riep Sjors en hij gaf zijn blaadje terug aan meester.
De andere kinderen hadden meer tijd nodig.
'Opschieten!' riep meester ongeduldig. 'Ik wil voor de pauze ook nog een stukje uitleg geven.'
'We kunnen niet racen,' zei Jelle.
'Mafkezen,' rijmde Lars.
'Ik doe het lekker rustig aan,' zei Joep.
'Nee, niks daarvan. Hup, hup.'
Meester tikte zenuwachtig met zijn vingers op het bureau. Vervolgens drentelde hij van links naar rechts door het lokaal. Zijn ogen keken zoekend rond. Zodra iemand klaar was, nam hij vlug het briefje in.
'U loopt nu net zo te rennen als gisteren,' merkte Sem op.
Meester trok zich er niks van aan en zei nerveus: 'Door al die visites blijft het gewone schoolwerk veel te lang liggen. Van wie heb ik nog niet het briefje terug?'
Jelle stak zijn vinger omhoog.
'Doe maar rustig aan, Jelle,' zei Sjors. 'Het schoolwerk wacht wel.'
Jelle had zijn pen in zijn mond en keek naar het briefje. Meester kwam voor zijn tafel staan.
'Ik weet geen verbeterpunt, meester.'
'Dat hoeft ook niet.'
'Oké, dan ben ik klaar.'
Meester nam meteen het briefje aan. Toen ging de zoemer.
'Dingdong,' deed Lars. 'Groep 7 heeft vertraging.'
De kinderen schaterden van het lachen en liepen dollend het lokaal uit.
Meester zuchtte. Zijn tijdsplanning liep helemaal in het honderd op deze manier.

’s Middags zat Tijs op het puntje van zijn stoel toen meester zijn cijfer ging voorlezen.
‘Ik heb het uitgerekend. Je hebt een acht-en-een-half. Chapeau!’
‘Cadeau,’ rijmde Lars.
Tijs straalde.
Lars riep enthousiast: ‘Je bent een UITBLINKER! Je bent geslaagd voor de club!’
Toen werd het stil. Zeer stil.
‘Eh, dat denk ik,’ aarzelde Lars en hij keek verschrikt om zich heen. Eerst naar Rutger, toen naar Iris en tot slot naar Mieke. Mieke keek hem strak aan. Lars kreeg een knalrood hoofd. Hij had duidelijk zijn mond voorbijgepraat. Tijs zag de felle ogen van Mieke. Hij kon aan haar gezicht aflezen wat ze wilde zeggen: ‘Lars, verdorie, dit was niet de afspraak. Je weet toch dat de Uitblinkerzclub een geheim moet blijven?’
Meester doorbrak de stilte. ‘Wat houdt ‘club’ en ‘uitblinkers’ precies in als ik vragen mag?’
Lars hield zijn lippen stijf op elkaar. Hij durfde niets meer te zeggen. Ook Mieke, Rutger, Tijs en Iris hielden zich stil. Ze keken elkaar om beurten aan. Ze wisten niet wat ze moesten doen. Eerlijk vertellen wat de club inhield? Dat was zeker voor Iris en Mieke geen optie. De meiden wilden het samenzijn met Tijs en Rutger graag zo lang mogelijk geheimhouden.
‘Mag ik het soms niet weten?’ vroeg meester. Hij keek vragend de klas rond.
Niemand reageerde.
‘Wie horen er bij de club van uitblinkers?’ Meester trommelde met zijn vingers op het bureau.
Rutger bewoog langzaam zijn hand omhoog. Tijs en Lars volgden. Mieke en Iris keken elkaar aan en staken toen ook hun hand op.
‘Ah,’ reageerde meester. ‘We hebben in de klas te maken met een geheim gehouden groepje.’ Hij ging er eens goed voor zitten. ‘Ik ben dol op geheimen. Vertel, wat is de club van uitblinkers?’
Iedereen keek naar Lars.
‘Nou …,’ stamelde Lars. ‘Wij …, eh …,’ en hij keek om zich heen.
‘Wij vertellen het liever niet,’ schoot Mieke te hulp.
‘Ai, jammer,’ zei meester en hij vouwde zijn handen achter zijn hoofd. ‘Maar ik begrijp het, een geheim is een geheim.’
Mieke knikte.
‘Dat vind ik te makkelijk,’ zei Sem. ‘Mieke en Iris worden altijd boos als u

geheimzinnig doet en nu hebben ze zelf een geheim en dan hoeven ze het niet te vertellen.'

Dat beaamde meester. 'Je hebt wel gelijk,' zei hij, 'maar misschien overdonder ik de club van uitblinkers door het zo ineens te vragen.'

'Lars heeft het ook plotseling geroepen,' bracht Joep in.

'Inderdaad, we willen het gewoon van ze horen,' zei Sjors. Hij sloeg zijn armen over elkaar.

Al snel ontstond er een welles-nietes-discussie tussen de vijf leden van de Uitblinkerzclub en de rest van de klas.

Meester riep boven iedereen uit: 'Ik heb ook nog een geheim!'

Onmiddellijk werd het stil.

'Maar dat vertel ik alleen als de club van uitblinkers ons vertelt wat de club van uitblinkers is.'

'Nou, vooruit,' zei Mieke, want ze was wel nieuwsgierig naar het geheim van meester. 'We zijn een groepje van vijf die leuke dingen doen en we laten aan elkaar zien waar we goed in zijn.'

'Oké,' zei meester. 'Dan is het nu mijn beurt.'

Hij zette zijn kruk in het midden van de klas en begon: 'Zoals jullie weten zijn we nog altijd in de race om een uitblinkende school te worden.'

Iedereen spitste zijn oren.

'Vandaag zat bij de post deze brief.' Meester hield een vel papier omhoog. 'Daarin staat het volgende: Uw school, De Achtsprong, is gekozen tot een van de vier scholen om mee te doen aan de scholencompetitie.'

Iedereen begon te klappen. Meester maakte een sussend gebaar en las verder: 'We vragen u om foto's en filmpjes te sturen over vier categorieën: taal, knutselen, sport en voorlezen. U mag zelf weten hoe u dat aanpakt. Een commissie kiest uiteindelijk uit de foto's en filmpjes van alle vier de scholen een winnaar.'

Meester deed de brief terug in de envelop.

'Klinkt ingewikkeld,' zei Lars.

'Ik heb geen camera,' reageerde Sem.

'En hoe kun je taal nu filmen?' vroeg Mieke zich hardop af.

Meester sloeg het taalboek open. 'Daar verzinnen we nog wel wat op,' zei hij. 'Het is nu hoog tijd om aan het werk te gaan. Hup, hup.'

# Briefgeheim

Twee dagen later was het zover. Meester had een plan bedacht voor het maken van de filmpjes en foto's voor de scholencompetitie. Op het digibord schreef hij de vier categorieën: taal, knutselen, sport en voorlezen.
'Voor taal gaan we iets met rijmwoorden doen,' zei hij.
'Iets voor Lars,' riep Joep gelijk.
'Die is goed in rijmen,' vulde Sophie aan.
Lars dacht even na en dichtte het volgende rijmpje:

*Lijm, rijm, geheim*
*Ik doe de categorie rijm*
*Jij, hij, zij*
*Wij zijn vandaag allemaal blij*

Meester schoot in de lach. 'Lars, we zijn nog niet begonnen, hoor,' zei hij.
Jelle wilde graag het onderdeel knutselen doen. Daar was iedereen het mee eens, want dat kon Jelle goed.
'Mogen Sem en ik bij sport?' vroeg Sjors.
'Ja, samen met Iris,' antwoordde meester. 'En Sophie mag voorlezen.'
Sophie straalde. Lezen was naast paardrijden wat ze het allerliefste deed.
Tijs kreeg de opdracht om foto's te maken, want hij had tijdens zijn spreekbeurt laten zien dat hij daar goed in was. Rutger kreeg van meester een camera voor het filmen. Achter het woord montage schreef meester de naam van Joep, want die was goed met computers. En Mieke werd regisseur, want zij was tenslotte het regeltype van de klas.
'Maar, meester,' vroeg Rutger, 'hoe moet ik rijmen nu filmen?'

'Daar mag je samen met Mieke, Tijs en Lars over nadenken. Ik wil namelijk dat jullie bij deze groepsopdracht veel samenwerken.'
Mieke kwam met het idee om filmpjes te maken van de onderdelen sport, knutselen en voorlezen. 'En van de gedichten maken we foto's,' zei ze.
Iedereen ging aan de slag. Tijs hielp Jelle bij het zoeken van knutselspullen. Sophie zocht een boek en las wel vijf keer hetzelfde stukje zodat ze dat straks goed aan de klas kon voorlezen. Sem en Iris liepen naar de gymzaal om te bedenken wat ze wilden laten zien. Buiten op het grasveld oefende Sjors zijn voetbalkunsten en Mieke en Rutger verkenden alle plekken waar iets ging gebeuren, zodat Rutger straks precies wist uit welke hoek hij het beste kon filmen. Lars pakte een vel papier en dichtte:

*Poep, stront en pies*
*Boer, zweet en scheet*
*Het is allemaal vies*
*Het is maar dat je het weet*
*Scheet*

Meester las het hoofdschuddend.
'Als we dit opsturen, dan eindigen we als laatste,' zei hij.
Lars beet op zijn pen en dacht na. Meester reikte hem drie onderwerpen aan: 'Maak maar gedichten over dieren, verkeer en liefde.'
Lars draaide zijn blaadje om en begon opnieuw. Hij schreef:

*Kalf, kip en koe*
*Twee van de drie doen boe*

*Wesp, bij en mug*
*Zij zijn alle drie heel vlug*

*Dit rijmpje gaat over drie grote en drie kleine dieren*
*Allemaal zijn ze groter dan zes mieren*

*De koe en het kalf lopen in de wei*
*Alleen de kip die legt een ei*

*De wesp en de mug kunnen je vervelend prikken*
*Alleen de bij maakt honing waaraan je kunt likken*

*Dit gedicht ging over drie boerderijbeesten en drie kriebelbeesten*
*En niet over mafkezen*

Tijs knikte. 'Mooi gedicht,' zei hij.
Meester stak zijn duim op. 'Ga zo door!'
Het tweede gedicht schreef Lars over verkeer:

*Fiets*
*Niets*

*Bus*
*Kus*

*Boot*
*Sloot*

*Alles rijmt*

*Stuur*
*Trekker*

*Station*
*Trein*

*Band*
*Auto*

*Niets rijmt*

*Maar het klopt allemaal wel*
*Fietsbel*

Tijs klapte in zijn handen. 'Prachtig!' zei hij.
Het derde onderwerp vond Lars het moeilijkst. Hij was niet verliefd, dus hoe kon hij daar nu over rijmen? Mieke en Rutger hielpen hem daarbij.
Tijs las nog een keer het gedicht over dieren en maakte een foto. Hij dacht daarbij aan kanoeten. Een kanoet at op de toendra ook kriebelbeesten. Langpootmuggen om precies te zijn. Zouden langpootmuggen ook prik-

ken als een kanoet zo'n diertje met zijn snavel te pakken had? Tijs voelde de prik van een slok cola in zijn mond. Hij rilde ervan.
Lars tikte hem aan. 'Klaar.'
Tijs keek naar het blaadje en las het gedicht:

*Ik ben verliefd*
*Of nee, toch niet*
*Jij bent op mij*
*Ik niet op jou*
*Ik maak jou blij*
*Dat zegt zij*

'Helemaal mee eens,' zei Sophie. 'Dit gedicht past precies bij mij. Sjors wil met mij, maar ik niet met hem, maar volgens Iris wordt Sjors blij van mij.'
'Twan,' zei Lars.
Sophie kreeg een kleur. Twan zat bij haar op de leesclub, maar dat wisten toch alleen Mieke en Iris?
'Naam boven het plakplaatje op je agenda,' zei Lars triomfantelijk.
Sophie legde vlug haar leesboek erop.
Tijs maakte ook van het laatste gedicht een foto.
In het knutsellokaal was Jelle druk in de weer met papier, schaar, lijm, plakband en viltstiften. Joep verleende daarbij assistentie, want er waren nog geen filmpjes om te monteren. Mieke dirigeerde de andere kinderen naar het grasveld. Sjors deed daar een paar voetbaltrucs, waaronder het hooghouden van een bal. Dat lukte hem tien keer achter elkaar.
'Knap, hoor,' zei Sophie.
'Nu moeten jullie in een muurtje gaan staan,' zei Sjors.
'Wat bedoel je daarmee?' vroeg Iris, die geen verstand had van voetballen.
'Dat jullie naast elkaar gaan staan op een rij met je gezicht naar de bal.'
'Mal,' rijmde Lars.
'Lars, even serieus,' zei Mieke.
'Zere neus.'
'Lars!' zei Mieke nu harder. 'Hou je even in.'
'Spin.'
Mieke werd nijdig.
'Stop,' zei meester. 'Zo werken jullie niet goed samen. Mieke vraagt beleefd aan Lars of hij stopt en Lars stopt met rijmen.'
Ze deden gehoorzaam wat meester van hen vroeg. Daarna zette Sjors de

muur op de juiste afstand en ging zelf achter de bal staan. Sem stelde zich op in het doel en Rutger stond langs de zijlijn met de camera. Sjors nam een aanloop en krulde de bal fenomenaal om de muur in de kruising.
'Gooooaaaalllll!' riep hij uitgelaten.
Meester klapte in zijn handen. 'Keurig,' zei hij.
Mieke nam iedereen weer mee naar binnen. Rutger kreeg de opdracht om even bij Joep en Jelle te filmen. In de gymzaal deed Iris een handstand, waar Tijs een foto van maakte. Toen Sem een paar gewichten optilde, zag iedereen zijn spierballen. Die waren niet groot, maar toch.
Terug in de klas stelde Mieke voor om van de tafels en stoelen een kleine tribune te maken. Dan leek het net alsof Sophie ging voorlezen in een theaterzaal. Iris vond het een goed plan, maar dan moesten ze op het digibord ook een foto laten zien van een podium met aan weerszijden gordijnen.
'En als Sophie daar dan recht voor gaat zitten, lijkt het net echt.'
Sjors en Sem sleepten met tafels en stoelen en Joep plaatste een nepmicrofoon bij de kruk van meester.
Meester jubelde: 'Hiephoi voor de hele klas!'
De kinderen keken hem verbaasd aan.
'Ik ben blij te zien dat jullie zo goed samenwerken,' legde hij zijn vreugdekreet uit.
Sophie nam plaats op de kruk en Rutger installeerde zich achter in het lokaal voor het filmen. Mieke haalde ook Joep en Jelle erbij, zodat de klas compleet was. Sophie las een spannend verhaal voor waar iedereen aandachtig naar luisterde. Na afloop gaf meester haar een pluim.
'Je mag voortaan vaker voorlezen,' zei hij.
Dat vond Sophie geweldig om te horen.
'En nu is het tijd voor pauze,' zei meester. 'Dat hebben jullie wel verdiend.'
Maar Jelle wilde verder met zijn knutselopdracht. Spontaan bood iedereen aan om te helpen. De pauze kon nog wel even wachten.
'Ik heb het basisframe voor een lampion al klaar,' zei Jelle. 'Ze moeten alleen nog afgewerkt worden.'
En dus plakte Lars een roze neus op een zwart-wit vlak, zodat hij een echte koeienlampion kreeg, versierden Sjors en Sem hun voetballampion, knipte Sophie bladzijden uit een tijdschrift voor haar leeslampion, kleurden Mieke en Iris hun lampion als een regenboog en knipte Tijs twee vleugels uit een stuk papier waarna Jelle die zorgvuldig vastplakte en Tijs een heuse vogellampion had. Meester maakte vervolgens een foto van alle kinderen met hun lampion.

Daarna riep hij: 'En nu is het wel tijd voor pauze! Anders raken jullie nog overwerkt.'
De kinderen renden het lokaal uit.

's Middags monteerde Joep de filmpjes aan elkaar en selecteerden Mieke en Tijs de foto's. De anderen hielpen Jelle bij het opruimen van de knutselspullen. Na een dag hard werken was alles klaar. Meester was trots op de klas en trakteerde op spekkies.
Daarop vroeg Rutger verbaasd: 'We hebben toch nog niet gewonnen?'
'Klopt,' zei meester, 'maar ik wil deze feestelijke dag leuk afsluiten. En bovendien hebben jullie een beloning verdiend voor het goede samenwerken.'
Daar kon iedereen zich in vinden en meester beloofde dat hij de foto's en filmpjes meteen ging opsturen.
'En dan maar hopen dat we winnen,' zei Sophie.
Lars vatte de dag als volgt samen:

*Ik ben goed in rijm*
*Dat is voor niemand een geheim*

*Voorlezen doet Sophie*
*Want dat geeft haar energie*

*Sjors schiet met veel gevoel*
*Elke bal snoeihard in het doel*

*Iris kan de handstand*
*Sem is zo sterk als een olifant*

*Mieke zorgt ervoor dat wij goed samenwerken*
*En zo maakt Jelle met ons mooie knutselwerken*

*Tot slot maken Tijs en Rutger foto's en filmpjes*
*En monteert Joep alles heel mooi en simpeltjes*

*We hopen dat de commissie het allemaal mooi vindt*
*Zodat onze klas wint*

Iedereen klapte voor Lars, waarna de zoemer klonk voor het uitgaan van de school.

Een week later, in de kring, hield meester een grote envelop omhoog.
'De uitslag van de scholencompetitie,' zei hij.
'Spannnnnend,' deed Sophie nerveus.
Iris klapte opgewonden in haar handen.
'Is ie verzegeld, meester?' vroeg Sem.
'Hij was verzegeld, maar ik heb natuurlijk al even gekeken.'
'En?'
Meester opende de envelop en haalde de brief eruit.
Hij las voor: 'Geachte meneer De Jong. Hierbij deel ik u en alle collega's, leerlingen, ouders en verzorgers de uitslag mee van de scholencompetitie. In de categorie knutselen is uw school op plaats vier geëindigd.'
Jelle keek beteuterd.
'Hoe kan dat nou?' reageerde Mieke verontwaardigd.
'We hebben zulke mooie lampionnen gemaakt,' zei Lars.
Meester haalde zijn schouders op en las de volgende regel: 'In de categorie taal is uw school tweede en voor sport deelt u de tweede plaats met basisschool De Morgenster.'
'Dit wordt helemaal niks,' zei Rutger. 'We hebben al drie categorieën verloren.'
'Maar,' en meester stak zijn vinger op, 'in de categorie voorlezen hebben we de eerste plaats behaald!'
'Hoera!' riep Sophie blij.
Mieke en Iris klapten hun handen stuk. Meester ging op zijn kruk staan. Nu keek iedereen verbaasd. Meester kwam bijna tot aan het plafond.
'We hebben ...,' zei hij. 'We hebben ...'
De kinderen wachtten in spanning af wat er zou volgen.
'We hebben het beste gemiddelde van alle scholen,' riep meester blij. 'En daarmee zijn we de winnaar!'
Iedereen slaakte een vreugdekreet. Sommigen sprongen op en maakten een vreugdedansje. Anderen gaven elkaar en meester een *high five*. Het gejuich zwol aan tot orkaankracht. Zonder dat ze het doorhadden, verscheen Menno in de deuropening.
Toen meester Menno opmerkte, maande hij iedereen met stemverheffing tot stilte: 'Allemaal weer gaan zitten!'
De kinderen namen plaats op hun stoel en meester vroeg aan Menno:

'Maakten we te veel lawaai?'
'En of jullie veel lawaai maakten,' zei Menno. 'Ik dacht even dat de school in brand stond. Ik kon het geluid aan de andere kant van het gebouw horen.'
'Sorry voor de overlast,' verontschuldigde meester zich, waarna hij er opgewekt aan toevoegde: 'Ik heb zojuist mijn klas op de hoogte gebracht van het grote nieuws.'
Menno knikte: 'Dan begrijp ik jullie enthousiasme.'
Hij draaide zich om en liet de deur in het slot vallen. Meester plofte neer op zijn kruk en zuchtte zachtjes. De kinderen hadden door dat er iets niet klopte. Menno had zojuist heel teleurgesteld het lokaal verlaten.
'Waarom is Menno niet blij?' vroeg Joep.
Meester haalde licht zijn schouders op.
'Het is vandaag ook meesters-en-juffen-dag,' zei hij. 'Er is taart bij de koffie en er is geld voor het uitzoeken van cadeaus.'
'Nou, dan is het toch dubbel feest,' merkte Lars luchtig op.
'Behalve voor Menno,' zei meester.
'Krijgt Menno geen taart?!' riep Joep verbaasd.
'Jawel,' zei meester. 'Maar hij krijgt geen geld voor een cadeau, omdat hij geen eigen klas heeft.'
'Dat is ook fraai,' zei Tijs.
'Dat is helemaal niet fraai!' riep Jelle verontwaardigd.
'Ja, dat bedoel ik toch,' zei Tijs. 'Het is oneerlijk dat Menno niks krijgt.'
De rest van de klas knikte instemmend.
'Het is superoneerlijk,' reageerde Sophie boos. 'Menno hoort net zo goed bij de meesters en juffen, of hij nu wel of niet een klas heeft.'
'En hij doet altijd heel goed zijn werk,' vulde Iris aan.
'Mee eens,' zei Jelle en hij sloeg zijn armen over elkaar.
'Jullie hebben helemaal gelijk,' zei meester. 'Menno is de meest betrouwbare werknemer die ik ken. Hij is altijd als eerste op school om de deur te openen. Hij ontvangt bezoekers altijd heel vriendelijk en hij staat altijd voor je klaar. Hij heeft nog nooit iets geweigerd.'
Tijs balde zijn vuisten. 'Ik vind dat Menno ook een cadeau moet krijgen.'
Sem gaf hem gelijk.
'Ik snap het, jongens,' zei meester. 'Maar we moeten precies verantwoorden wat we van het geld kopen. Ik kan er dus niet een klein beetje van afsnoepen voor Menno.'
'Dan houden we zelf een geldinzamelingsactie in de school,' stelde Mieke voor.

Sophie voegde daaraan toe: ‘En van dat geld kopen we iets leuks voor Menno.’
‘Jaaa!’ riep Iris. ‘En laten we Menno ook uitnodigen voor ons schoolreisje.’
‘Te gek!’ riep Tijs. ‘Dan krijgt Menno zeker het gevoel dat hij erbij hoort.’
De hartverwarmende reacties van de klas toverden een lach op meester zijn gezicht.
Mieke lichtte haar plan verder toe: ‘Als iedereen één euro meeneemt, dan hebben we al heel snel een groot bedrag bij elkaar.’
‘Een geweldig goed plan,’ zei meester. ‘Weet je wat, ik ga gelijk een mailtje sturen aan alle kinderen, meesters en juffen, ouders en verzorgers. Behalve naar Menno natuurlijk, want het moet wel een verrassing blijven.’ Hij gaf de kinderen een knipoog.
‘Zet u dat er even in koeienletters boven,’ zei Joep, ‘want Menno maakt op het schoolplein met heel veel ouders een praatje en mijn moeder kan zoiets niet voor zich houden.’
Meester knikte.
‘Dit vind ik nu wel een leuk geheim,’ zei Iris.
Waarop Lars rijmde: ‘Secondelijm, want we mogen niks verklappen.’
Iedereen moest lachen. Ondertussen ratelden de vingers van meester snel over het toetsenbord.
‘Zo, klaar,’ zei hij.
Sophie was nu wel benieuwd wat ze precies gewonnen hadden met de scholencompetitie. Meester pakte een tweede envelop van zijn bureau en haalde er een cheque uit.
‘Tweehonderd euro,’ zei hij.
‘Wow!’ riep Sjors.
‘Vet, daar kun je acht nieuwe computerspellen van kopen,’ berekende Joep.
‘Of heel veel leesboeken,’ zei Sophie, die de stapel al voor zich zag.
Maar meester schudde zijn hoofd: ‘Er zit nog een brief bij de cheque en daarin staat: Te besteden aan het verbeteren van de kwaliteit van het onderwijs.’
‘Wie bepaalt dat?’ vroeg Sjors.
Meester antwoordde: ‘De mevrouw waar ik jullie al eens over verteld heb.’
‘U bedoelt de directrice van alle basisscholen,’ zei Mieke voor haar beurt.
Meester knikte.
‘Gamen is anders ook heel leerzaam,’ zei Joep.
‘En lezen ook,’ vond Sophie.

Meester glimlachte. 'Ik zal met de andere meesters en juffen overleggen hoe we dit geld goed kunnen besteden. Maar nu gaan we aan het werk. Hup, hup.'

Drie dagen later had groep 7 al een mooi bedrag bij elkaar voor een cadeau voor Menno. Tijdens een brainstormsessie in de klas hadden ze bedacht dat ze Menno twee concertkaarten gingen geven voor een optreden van zijn favoriete band.
Meester zei: 'En nu moeten we nog bedenken waar we naartoe gaan op schoolreisje.'
'Naar een pretpark!' riep Sem.
'Of naar een dierentuin,' stelde Sophie voor. 'Dat is nog leuker.'
Sjors schudde zijn hoofd. 'Ik wil liever een rondleiding door een voetbalstadion.'
'Maar dat willen wij niet,' sprak Mieke voor haarzelf en Iris.
'Ik heb een beter plan,' zei meester en hij deelde papier uit. 'Jullie mogen allemaal opschrijven waar je het liefst naartoe wilt en met welk vervoermiddel. Ik maak vervolgens een keuze.'
Algauw dacht iedereen diep na.
Sjors seinde naar Sem: 'Schrijf jij ook op dat we naar een voetbalstadion moeten? Dan maken we meer kans.'
'Doe ik,' zei Sem.
Iris haalde Mieke over dat ze ook moest opschrijven dat ze beslist met een bus op schoolreisje moesten. Dat hoorde zo. Joep schreef:

*3D-bios. En niet op de fiets, want dan krijgen we ongelukken.*

Lars en Sophie wilden allebei iets met dieren. Tijs was in overleg met Rutger.
'Denk je dat we met de klas naar de Waddenzee kunnen?' vroeg hij.
'Vast,' zei Rutger.
'Dan laten we iedereen zien hoe mooi het daar is.'
Rutger knikte. 'Goed plan,' zei hij.
Jelle dacht na en dacht na, maar hij kon niets bedenken. Hij leverde een leeg blaadje bij meester in.
Meester las aandachtig alle papiertjes waar wel wat op stond en zei uiteindelijk: 'We gaan op Modderdag en met een bus.'
Een aantal kinderen keek verbaasd.

Sjors was vastbesloten. 'Als we iets met modder gaan doen, dan ga ik niet mee,' zei hij.
'Modder stinkt,' zei Sem en kneep zijn neus dicht.
'En het is vies,' vond Jelle.
'Pies,' rijmde Lars.
Sjors riep: 'Weten jullie nog van vorig jaar op de boerderij? Dat wil ik dus niet weer, hè.'
'Stel je niet aan,' zei Rutger. 'Of ben je soms een watje?'
'Dat hoop ik niet,' zei meester, 'want er is geen plaats voor watjes als we gaan wadlopen.'
'Niet grappig,' vond Sjors.
'Mee eens,' zei Sem. 'Ik vind het allemaal maar niks.'
Meester legde uit dat hij met iedereen rekening moest houden. Zo wilden Lars en Sophie iets met dieren en die kwam je tegen in de Waddenzee. En om daar te komen, moesten ze onder andere met een bus en dat wilden Iris en Mieke weer heel graag.
'Maar op het wad kun je niet voetballen,' zei Sjors nukkig.
'Het wordt echt heel leuk,' beloofde Tijs.
Maar Sjors en Sem haalden hun schouders op.
'Jullie mogen ook hier blijven,' zei meester. 'Dan zitten jullie weer een dagje bij juf Ilse in de klas. Ze is terug van zwangerschapsverlof.'
'Eh ..., dan denk ik dat we wel mee willen,' zei Sem.
Sjors knikte. Juf Ilse was heel aardig, maar als ze moesten kiezen tussen wel of geen school, dan was de keuze snel gemaakt.
'Ik heb er zin in,' zei Lars.
'Ik ook,' riep Sophie enthousiast.
'Zo mag ik het horen,' reageerde meester.
En Joep zei: 'Ik wil wel eens met eigen ogen zien of het waar is wat Tijs allemaal heeft verteld.'
Waar Mieke aan toevoegde: 'En wat hij samen met Rutger heeft meegemaakt op stage.'

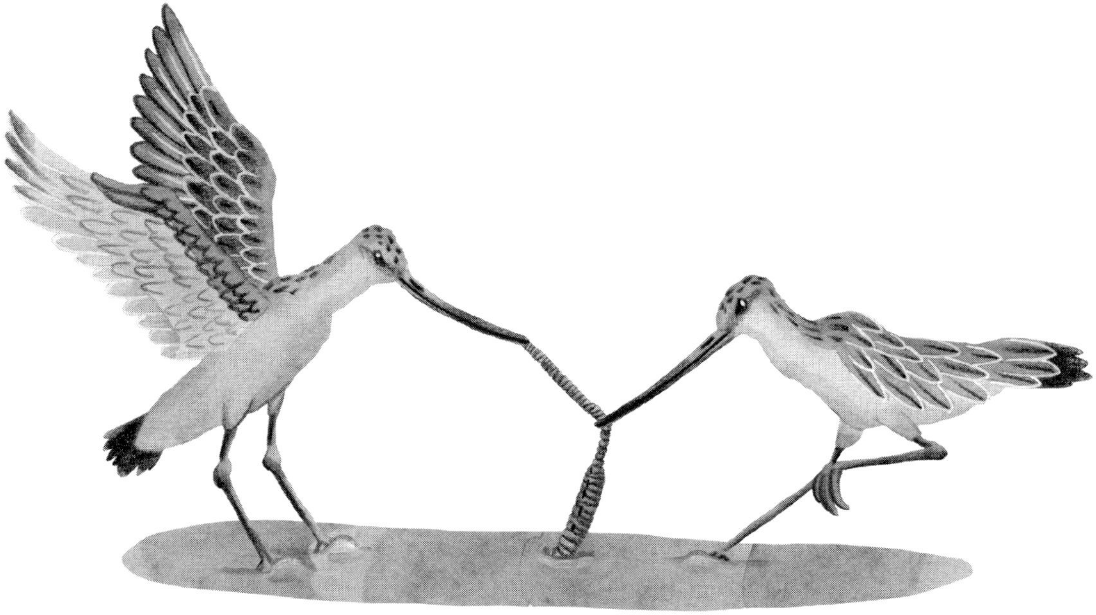

# Modderdag

Twee weken later stond er een kleine bus voor de school. Meester Sietse ging met groep 7 en conciërge Menno op schoolreis. Op het plein zwaaiden de andere kinderen en leerkrachten van de school hen uit. Een paar ouders riepen: 'Veel plezier!'
De buschauffeur toeterde en reed de bus de weg op.
'Eindelijk, we gaan,' zei Rutger en wreef in zijn handen. 'Ik heb er zin in.'
'Anders ik wel,' reageerde Tijs enthousiast. 'Het is al weer even geleden dat we op het wad stonden.'
'Precies,' zei Rutger. Samen zaten ze voor Lars en Jelle, en achter Sjors en Sem. Joep zat alleen voorin, maar dat vond hij niet erg, want zo kon hij ongestoord met zijn telefoon spelen.
'Wie denk je dat ons gaat rondleiden?' vroeg Rutger.
Tijs haalde zijn schouders op. Meester had daarover de laatste dagen een beetje geheimzinnig gedaan.
'Misschien neemt meester ons wel mee het wad op,' zei Rutger.
'Daar geloof ik niks van,' zei Tijs. 'Volgens mij kent meester de weg en de gevaren op het wad niet.'
Rutger schoot in de lach. 'Je hebt gelijk. Dan kunnen wij nog beter voor gids spelen.'
Tijs gaf hem een *high five*. De bus draaide de snelweg op. Op de achterbank hadden Iris, Mieke en Sophie de grootste lol.
'We geven Sjors een duw, zodat hij in de modder valt,' grapte Sophie.
'En we haken Tijs en Rutger pootje,' giechelde Iris.
'En ik geef Rutger een modderzoen,' bedacht Mieke opgewonden.
Daar keek Sophie een beetje raar van op.
'Hoe wil je dat dan doen?' vroeg ze.

'Gewoon,' antwoordde Mieke, 'een beetje modder op mijn lippen smeren en dan hup.'
'Op zijn mond?' vroeg Iris.
'Nee, joh. Getver. Gewoon op zijn wang.'
'Brrr,' rilde Sophie. 'Jij liever dan ik. Ik geef liever een kus zonder modder.'
'Aan wie?' wilde Iris gelijk weten.
'Geheim.'
'O, nee, hè,' mopperde Iris. 'Je weet dat ik daar niet tegen kan.'
'Jij wilt toch ook niet vertellen op wie je bent?' reageerde Sophie bits.
'Jawel, hoor. Ik ben op Tijs.'
Jelle hoorde ook de reactie van Iris en riep door de bus: 'Iris is op Tijs, Iris is op Tijs.'
Tijs draaide zich om, waarop Jelle wegdook in zijn stoel.
Sjors ging staan en verhief zijn stem: 'Wie wil er snoep?'
Elf handen gingen omhoog, want ook Menno en meester deden mee. Sjors deelde uit, maar de meiden gaf hij niks.
'Snoep voor mannen,' zei hij.
'Pfff, dan hou je het toch lekker voor jezelf,' sneerde Sophie.
Mieke haalde een doos met chocolaatjes uit haar tas. Sjors keek er verlekkerd naar.
'Ruilen?' vroeg hij.
'Mij best,' zei Mieke, 'maar wel eerlijk oversteken.'
Sjors gaf Mieke dropveters, winegums en smarties en kreeg daarvoor in ruil een paar mini-marsjes en mini-twix.
'Ook voor de anderen,' zei Mieke er nadrukkelijk bij.
De kinderen smikkelden van de zoetigheid. Na een uur stopte de bus in de haven van Harlingen. Een voor een stapten ze uit. Het geluid van een scheepstoeter klonk. De veerboot naar Terschelling vertrok.
'O, nee!' riep Tijs. 'We hebben de boot gemist.'
'Kalm, kalm,' zei meester. 'We hoeven niet naar het Waddeneiland. We gaan vanaf het vasteland met een andere boot naar een wadplaat.'
Tijs vond dat maar raar. Hij was gewend om vanaf een eiland het wad op te gaan.
Ze liepen twee aan twee over de kade. Een fijn najaarszonnetje scheen op de vissersboten en zeilschepen in de haven. Bij een klipper hield meester halt. Hij zei: 'We vervolgen onze reis met de bruine vloot.'
'Met welke vloot?' vroeg Rutger.
'Botervloot,' rijmde Lars.

'Nee, boot,' corrigeerde Menno. 'De boten van de bruine vloot zijn speciaal voor op de Waddenzee. Ze hebben weinig diepgang en kunnen daarmee makkelijk over de wadplaten varen.'
'Of die tot heel dichtbij naderen bij laagwater,' klonk de stem van de schipper. Hij stak zijn hoofd uit de stuurhut. 'Welkom aan boord, allemaal!'
'Jaaa!' klonk het uitgelaten. 'We gaan varen!'
Aan boord kreeg iedereen een reddingsvest. Sjors en Sem vonden dat vet.
'Gaaf, zo lijken we net van de reddingsbrigade,' riep Sem uitgelaten.
Sjors hief zijn armen en brulde voor iedereen die het maar horen wilde: 'Jullie redder in nood, voor als er storm komt.'
Daarop pakte Rutger zijn telefoon. Hij checkte het weerbericht. Alleen al van het woord 'storm' moest hij naar de wc.
Mieke stond naast hem. 'En?' vroeg ze.
'Vanmiddag onweer, regen en harde wind.'
'Nee, echt?' zei Mieke.
'Grapje,' plaagde Rutger.
'Pfff,' zuchtte Mieke. 'Ik dacht even ...'
Rutger sloeg een arm om haar heen. 'Ik word net zo snel zeeziek als jij, dus als het echt slecht weer zou worden, dan was ik niet zo opgewekt.'
De schipper startte de motor en ze voeren de haven uit. Op de Waddenzee hees hij het zeil.
De kinderen zaten op het dek en kregen drinken en koek van meester en Menno. Na een halfuurtje varen sprong Tijs op. Hij zag tot zijn grote verbazing op een wadplaat neef Jurre, die met hooggeheven armen stond te zwaaien.
Tijs stootte Rutger aan: 'Ik weet wie ons gaat rondleiden.'
Het zeilschip ging voor anker. Tijs klom als eerste via een ladder van de boot en knuffelde zijn neef. Jurre stelde zich aan de andere kinderen voor en hij had meteen een vraag: 'Voor wie is dit de eerste keer op het wad?'
Alle handen gingen omhoog, behalve die van Rutger en Tijs.
'Dan is er werk aan de winkel,' zei Jurre vastbesloten, 'want ik vind dat jullie moeten weten hoe belangrijk en leuk het wad is.'
'Doe geen moeite,' zei Sjors. 'Wij houden niet van modder.'
Sem knikte. 'Dat is vies en het stinkt,' vulde hij aan.
Jurre deed net alsof hij het niet hoorde en haalde met zijn vinger een laagje slik van de bodem. 'Deze modder is heel belangrijk,' zei hij. 'Daar heeft Tijs jullie vast al iets over verteld.'
'Was niet interessant,' zei Sjors. 'We blijven bij ons standpunt.'

‘Voor de volle honderd procent,’ viel Sem hem bij.
Ook Jelle schaarde zich achter het duo. Hij stond met dichtgeknepen neus voor zich uit te kijken. Hij vond ook dat het wad stonk. Tijs baalde van de reacties van zijn klasgenoten. Meester was evenmin blij met de negatieve opmerkingen. Hij klapte in zijn handen en zei: ‘Kom op, jongens, wat enthousiaster graag, het wordt hartstikke leu…’
Toen gebeurde het. Voordat meester zijn zin kon afmaken, gleed hij onderuit. Iedereen schoot in de lach.
Lars riep: ‘Heel leuk, meester!’
Meester keek verbouwereerd naar zijn broek en zwarte handen.
‘Hmmm …,’ mompelde hij.
‘U lijkt nu net een vies varken,’ reageerde Sjors.
‘Nou, nou, wat een praatjes,’ zei Menno. Hij dacht even na en kwam met een idee: ‘Laten we allemaal op één been gaan staan. Wie dat het langst volhoudt, wint.’
Iris liet zien dat ze op turnen zat. Ondanks de zachte ondergrond, was het voor haar geen probleem om in balans te blijven. De meeste kinderen gaven het al snel op, maar Sjors wilde zich niet laten kennen. Hij sloofde zich uit, maar moest dat uiteindelijk wel bekopen, want hij verloor zijn evenwicht en viel pardoes op zijn billen in het slik. De rest van de klas had het niet meer. Iedereen bulderde van het lachen.
Sophie hikte: ‘Zonder dat ik hem een duw geef, valt hij al om.’
Sjors hees zichzelf weer overeind. Met een vies gezicht keek hij naar het slik dat aan zijn broek en handen plakte.
‘Dit bedoel ik dus,’ klaagde hij. ‘Die vieze snertmodder.’
Meester sloeg een arm om zijn schouder.
‘Je bent niet de enige die is gevallen,’ zei hij koeltjes.
‘Getver!’ piepte Sjors. ‘Nu zit het ook op mijn jas.’
De meiden proestten het uit. De stoerste jongen van de klas gedroeg zich als een watje.
Menno fluisterde in het oor van meester: ‘Dit was precies waarop ik hoopte. We krijgen Sjors wel zover dat hij het straks leuk gaat vinden.’
Jurre vroeg de aandacht van de groep en tekende met zijn greep een halve cirkel in de bodem.
‘Kom allemaal maar om mij heen staan,’ zei hij. ‘Voordat ik jullie iets ga vertellen over de bodem van de Waddenzee en de dieren die daarin leven, wil ik dat jullie vertrouwd raken met de bodem. Doe mij daarom allemaal maar na.’

Jurre haalde zijn wijsvinger weer door het slik en streepte op zijn linker- en rechterwang wat modder. Jelle trok een zuur gezicht. Sem hield koppig zijn handen op zijn rug.
'Watjes,' zei Iris.
'Jullie zijn toch jongens?' merkte Sophie op.
'Dus?' zei Sem.
'Die durven toch alles?'
'Klopt,' zei Lars en hij streepte driftig meerdere strepen op zijn linker- en rechterwang. 'Het voelt best fijn.'
Mieke tekende een zonnetje op Iris' linkerwang. Tijs en Rutger schminkten zelfs hun voorhoofd vol.
Tegen Sem en Jelle zei Jurre: 'Jullie kunnen niet mee zonder modder op je gezicht.'
Daarop kliederde Jelle toch maar wat modder op zijn wangen, want als iedereen het deed, dan wilde hij er ook bij horen. Zo was Jelle nu eenmaal.
Sem hield vol: 'Ik vertik het om modder op mijn gezicht te smeren. Ik blijf wel hier.'
Meester schudde zijn hoofd. 'En wat doe je dan als het water terugkomt?'
Sem keek argeloos om zich heen. 'Wanneer komt dat dan terug?'
'Over een uur,' antwoordde Jurre.
'O, maar dan zijn jullie al weer terug.'
'Dat denk ik niet,' zei Jurre, 'want we gaan aan de andere kant van de wadplaat weer aan boord.'
'Ik, eh ...' Sem draaide zich om, smeerde vlug een piepklein streepje modder op zijn wang en zei: 'We kunnen gaan.'
Jurre nam meteen een paar grote passen. Sjwop, sjwop, klonk het. Tijs en Rutger volgden met gemak, maar de andere kinderen hadden er meer moeite mee. Vooral Joep zakte diep weg.
'Je zit te veel achter je computer,' riep Mieke hem toe.
'Daardoor ben je nu te dik,' zei Rutger.
'En je moet minder snoepen,' raadde Iris aan.
Joep hoorde het gelaten aan. Zijn hoofd kleurde rood van inspanning. Hij kreunde en pufte. Ook Sjors had het zwaar.
'Een gemiddelde voetbaltraining is makkelijker,' zei hij.
'Maar dit is wel goed voor je kuitspieren,' zei Sem. 'En je weet wat dat betekent, hè? Zaterdag schakelen we die twee snelle aanvallers van Wit Geel met gemak uit als we moeten sprinten om de bal.'
Sjors gaf toe: 'Toch wel handig, zo'n modderbodem.'

Joep bleef ploeteren. Tijs kwam naast hem lopen en liet hem zien hoe je je ook schaatsend over de wadbodem kon voortbewegen. Met die techniek ging het direct een stuk makkelijker. Meer kinderen probeerden te schaatsen en al snel daagde Menno meester Sietse uit voor een wedstrijdje. De kinderen stelden zich op langs een denkbeeldige baan.
'Klaar voor de start, af!' riep Lars.
Het slik spatte alle kanten op. Meester Sietse deed zijn best, maar Menno won. Er klonk applaus, waarna Jurre iedereen weer bij elkaar riep.
'Zo, dat was genoeg sport voor vandaag.'
'Nou en of,' hijgde meester buiten adem.
Lars stak zijn vinger op. 'Wie weet wat er op modder rijmt?'
De andere kinderen keken hem niet-begrijpend aan.
'Verfklodder,' zei Lars en zette een stip slik op zijn neus.
Iedereen lag in een deuk.
'Goed,' zei Jurre. 'Genoeg grappen en beweging voor nu. We gaan serieus aan de slag. Wie kent er al een waddendier?'
'Ja, ik!' riep Sophie enthousiast. 'De wadpier!'
'Uitstekend,' zei Jurre.
'Gaan we er eentje opgraven?' vroeg Tijs ongeduldig.
Jurre plaatste zijn greep op de wadbodem en haalde een worm naar het oppervlak.
Tijs pakte het dier op en liet het op zijn hand glibberen. Jelle deinsde achteruit. Sophie deed juist een stap naar voren.
'Ik ook, ik ook!' riep ze uitgelaten.
Jurre tekende met zijn greep de in- en uitgang van een wadpierenhuis op de bodem. Hij gaf aan waar de wadpier zijn woon- en slaapkamer had en waar hij naar de wc ging.
'Zien jullie al die spaghetti op het wad?' vroeg Tijs.
'Je bedoelt die sliertjes?' vroeg Lars.
'Ja.'
'Daar ligt de hele bodem vol mee.'
'Klopt,' zei Tijs en haalde zijn vinger erdoorheen. 'Dit is allemaal poep.'
De meeste kinderen trokken een vies gezicht en het klonk van alle kanten:
'Getver!'
'Iel!'
'Bah!'
Lars voelde aan de opgedroogde stukjes slik op zijn wang.
'Ik weet niet of ik het nu nog steeds zo fijn vind voelen.'

Tijs grinnikte. 'Het klinkt viezer dan het is, want wadpierenpoep is de schoonste poep die er bestaat.'
'Het is gefilterd zand,' verduidelijkte Jurre.
De kinderen waren stomverbaasd. Poep die toch schoon was, daar hadden ze nog nooit van gehoord. Tijs vertelde dat bij elk hoopje zand één wadpier hoorde.
'Worden die ook door vogels gegeten?' vroeg Lars. Hij kende het zoeken naar wormen van merels in de tuin en van grutto's in het weiland.
'Wadpieren worden gegeten door rosse grutto's,' zei Jurre. 'Dat zijn lange, slanke vogels met een kaarsrechte snavel. Ze slurpen de glibberige wadwormen zo uit het slik naar boven.'
'Brrr,' rilde Iris. 'Dat doet me denken aan mijn vader die zijn spaghetti naar binnen slurpt. Hij heeft dan overal rode saus in zijn snor.'
Ze liepen een stukje verder de wadplaat op. De ondergrond werd steviger. Het leek nu net een zandplaat. Joep vroeg zich af hoe Jurre naar de wadplaat was gekomen. Jurre gaf hem zijn verrekijker en wees naar een rubberboot in de verte.
'Daarmee,' zei hij.
'Heb je dat hele eind al gelopen?' vroeg Joep verbaasd, toen hij zag hoe ver weg de rubberboot lag.
'Nee, ik ben hier samen met Jort. Hij is onderzoeker bij het NIOZ. Jort heeft mij hier afgezet en is zelf naar de andere kant gevaren om wadvogels te tellen. Hij komt zo ook deze kant op.'
'Hé, maar dat is ook toevallig,' zei Joep. 'Jort ken ik, die is bij ons in de klas geweest.'
Jurre keek hem vragend aan. Joep vertelde enthousiast over het bezoek van de onderzoekers bij de spreekbeurt van Tijs.
'Ah,' zei Jurre. 'Nu begrijp ik waarom jullie meester het oké vindt als ook Jort een deel van de excursie geeft.'
Jort naderde intussen de groep. De kinderen begonnen enthousiast naar hem te zwaaien. Het viel Mieke meteen op dat Jort nu geen sportschoenen droeg, maar een groot waadpak.
'Cool, zo'n pak,' zei Sjors. 'Daarmee word je vies en toch ook weer niet.'
'Je blijft er over doorzeuren hè,' zei Sophie, 'dat de modder tot in je haren zit nadat je bent uitgegleden.'
'Hmpf,' reageerde Sjors en haalde zijn schouders op. 'Ik vind het nu niet meer zo erg, maar voor een volgende keer lijkt het me best handig.'
Jort kwam bij de groep. Hij had zijn telescoop meegenomen. Hij fluis-

terde: 'Als jullie heel stil zijn en je voorzichtig omdraaien, dan zien jullie heel dichtbij een grote witte vogel.'
Sophie herkende gelijk de lepelaar. Ze fluisterde opgewonden: 'Daarover heeft Tijs verteld in zijn spreekbeurt.'
Joep fronste nadenkend toen hij zag dat de lepelaar gehaast met zijn snavel van links naar rechts zwiepte.
'Hij is op zoek naar garnalen en visjes,' legde Jort zachtjes uit. 'Die lepelt hij op uit de geul.'
Lars keek naar een poeltje met water. 'Waarom zoekt hij dan hier op het wad naar die beestjes? Bij het strand is het zeewater veel helderder.'
'Dat zou onverstandig zijn,' zei Jort. 'Een stekelbaarsje of een garnaal moet zo'n grote pollepelsnavel natuurlijk niet zien aankomen. Een lepelaar zoekt daarom liever in een modderig geultje.'
Jort zag door zijn telescoop een groep kanoeten. Een voor een mochten de kinderen door de lens kijken. Ze waren allemaal onder de indruk van de enorme aantallen vogels die ze zagen.
Joep vond de lange, dunne poten onder het lijf van een kanoet geniaal.
'Het lijken wel stelten,' zei hij. 'De vogels zakken bijna niet weg in de modderige bodem.'
Meester wist te vertellen dat de vogels op het wad daarom ook wel steltlopers werden genoemd.
Jort vroeg: 'Heeft een van jullie de kanoet met kleurringen al ontdekt?'
'Ja,' zei Mieke. 'Ik zag volgens mij een geel ringetje.'
Jort knikte. Op zijn tablet liet hij een kaartje van de Waddenzee zien met daarop de route die de vogel had afgelegd.
'Interessant,' zei Menno, die zichtbaar genoot van het uitstapje met de kinderen. 'Zo kun je heel goed zien dat deze vogel elke dag een vaste route vliegt.'
'Klopt,' zei Jort. 'Met een zendertje hebben we deze kanoet gevolgd. We zien dat hij tijdens hoogwater uitrust op Richel, een onbewoond eiland vlak onder Vlieland. Bij afgaand water begint hij met voedsel zoeken in de buurt van Richel, daarna gaat hij naar Griend en vanaf daar vliegt hij naar de Ballastplaat langs de Friese kust. Op de terugweg stopt hij weer bij Griend en bereikt hij Richel als het weer hoogwater is. Richel is dus zijn hoogwatervluchtplaats.'
'Hoe werkt zo'n zendertje?' vroeg Joep geïnteresseerd.
Jort haalde een model uit zijn jaszak. 'Op de bovenkant van dit apparaatje zit een zonnepaneeltje. Daarmee wordt het batterijtje van stroom voor-

zien en kan de zender via een antenne signalen sturen naar een grote computer op het NIOZ. Die computer stuurt de signalen door naar mijn tablet.'

'Waarom vliegt de kanoet elke dag hetzelfde rondje?' vroeg Tijs.

'De kanoet volgt het ritme van het getij,' antwoordde Jort. 'Het tijdstip van laagwater schuift namelijk op van west naar oost. Als de kanoet vanaf het wad bij Richel vertrekt, begint de wadbodem bij Griend net droog te vallen. Voedsel zoeken op de Ballastplaat kan pas tweeënhalf uur na laagwater bij Richel. Een kanoet stemt zijn eetritme dus af op het opschuiven van de droogvallende wadbodem. In een dag van vierentwintig uur kan hij zo zeventien uur naar kleine schelpdieren, krabben en garnalen zoeken.'

Mieke begon direct te rekenen. 'Het is twee keer eb en vloed op een dag, heeft Tijs verteld tijdens zijn spreekbeurt. Twee keer tweeënhalf uur is vijf uur. Dat betekent ... Eh ... Hoe lang duurt eb en vloed?'

Jort zei: 'Eb duurt ongeveer zevenenhalf uur en vloed ongeveer vijf uur. In één eb-en-vloedcyclus kan een kanoet op één plek ongeveer zes uur naar voedsel zoeken, drie uur voor laagwater en drie uur na laagwater.'

'Ah,' zei Mieke. 'En met twee keer een getij per dag is dat dus twee keer zes uur is twaalf uur. En deze kanoet blijft niet op één plek, maar vliegt mee met het getij. Hij kan dus twaalf plus vijf is zeventien uur naar eten zoeken!'

'Perfect uitgerekend,' zei Jort. 'Deze kanoet maakt een werkdag van zeventien uur.'

'Ik word er nu al moe van,' zei Joep.

Tijs dacht na. Waarom zou een kanoet zoveel moeite doen? Hij kon toch ook op één plek blijven?

Jort legde uit: 'Deze kanoet heeft waarschijnlijk geen sterke maagspieren. Hij eet daarom het liefst zachte prooien, zoals garnalen en nonnetjes met een dunne schelp. Die prooien komen in kleinere hoeveelheden voor op het wad en daarom moet hij langer zoeken naar voedsel.'

'Toch blijf ik het bijzonder vinden dat hij zeventien uur per dag werkt,' zei Joep. 'Dat houdt hij toch niet vol?'

'Een kanoet is dat wel gewend,' zei Jort. 'Op de toendra zit de vogel vaak zeventien uur lang op de eieren om te broeden.'

'Hé, het stipje beweegt,' zag Sophie op het scherm.

Jort pakte onmiddellijk zijn verrekijker. 'Je hebt gelijk. De vogel heeft het luchtruim gekozen. Hij vliegt een stukje verder.'

'Tjonge,' zei Sem. 'Dit is best gaaf.'
'Fantastisch mooi werk,' zei Jort. 'We kunnen op deze manier heel precies bepalen waar een vogel broedt, overwintert en waar hij voedsel zoekt. Met die informatie kun je de leefgebieden van de vogels beter beschermen, omdat je weet waar ze naartoe gaan en waar ze graag zijn.'
'Mag ik nog even door de telescoop kijken?' vroeg Lars.
'Natuurlijk,' zei Jort. 'Ga je gang.'
'Dat dacht ik al,' zei Lars. 'Een paar kanoeten hebben een rode kleur en zijn dikker, of zijn dat andere vogels?'
'Dat zijn ook kanoeten, maar dan in zomerkleed,' antwoordde Tijs.
Daarop vroeg Sjors geïnteresseerd: 'En waarom hebben sommige dan nog een zomerkleed en andere niet?'
'Dat zal ik uitleggen,' zei Jort. 'Een kanoet is een kanoet. In het Latijn, de taal van de oude Romeinen die in de wetenschap gebruikt wordt voor planten- en dierennamen, hebben ze daarom allemaal dezelfde voornaam: *Calidris canutus*. Toch is de ene kanoet de andere niet. Daarom zijn in het Latijn de achternamen verschillend. Er zijn kanoeten die voluit Calidris canutus canutus heten. Hun achternaam is dus *canutus*. Zij broeden op het schiereiland Tajmyr in Siberië, overwinteren op de wadplaten van de Banc d'Arguin in West-Afrika en maken op de heen- en terugreis tussen die twee gebieden een tussenstop in de Waddenzee. Zij hebben in de Waddenzee altijd een zomerkleed, want alleen in Mauritanië vervangen ze hun roestrode dons- en dekveren voor grijs-witte winterveren.'
'En de vogels die al wel grijs-witte veren hebben, waar gaan die dan naartoe?' vroeg Jelle.
'Die blijven in de winter in de Waddenzee,' antwoordde Jort. 'Die kanoeten broeden in Noord-Groenland en Noordoost-Canada en brengen de winter door in de Waddenzee. Zij heten in het Latijn voluit *Calidris canutus islandica*.'
'Dat begrijp ik niet,' zei Rutger.
'Wat begrijp je niet?'
'Dat die vogels in de Waddenzee blijven. Het is in Afrika in de winter toch veel warmer? Dat heeft Tijs ons verteld in zijn spreekbeurt.'
Jort lachte. 'Ja, maar dat is wel vijfduizend kilometer verder vliegen.'
'Daarvoor hebben ze toch vleugels.'
'Klopt, maar vliegen kost ook energie.'
'En toch zijn er kanoeten die naar Afrika vliegen,' merkte Tijs op.
'Ik zal het uitleggen,' zei Jort. 'In West-Afrika is het gemiddeld 25 graden

Celsius en als de zon volop schijnt, wordt het nog warmer. Een kanoet heeft in Afrika dus maar weinig energie nodig om warm te blijven.'
'Slim,' vond Lars.
'Maar,' zei Jort, 'met die tropische temperaturen is het in het voorjaar wel lastig om veel te eten, want door het kraken van kleine schelpdieren in de maag produceert een kanoet ook warmte in zijn lijf en dat is nou net wat hij niet nodig heeft. Met een beetje pech kan de wadvogel zelfs oververhit raken midden op de dag.'
Mieke dacht even na en zei: 'In de Waddenzee heeft een kanoet geen last van oververhitting.'
'Precies,' zei Jort. 'En daarom blijven er ook kanoeten in Nederland. Al moet je niet denken dat die het hier altijd goed voor elkaar hebben, want als het in de winter zo koud wordt dat de wadplaten bedekt raken onder een laag sneeuw en ijs, zijn er geen nonnetjes te vinden. En die heeft een kanoet juist op zulke momenten heel hard nodig als energiebron om op temperatuur te blijven.'
'Ai,' zei Lars. 'En dan is het foute boel.'
'De vogels behoren dus tot twee verschillende ondersoorten,' besloot Jort. 'De "Afrika-kanoet" maakt vanaf de Arctische toendra een extra lange vlucht naar het zuiden, met als beloning dat hij verzekerd is van goed weer, terwijl de "Waddenzee-kanoet" vliegkosten bespaart, maar het risico loopt dat de Waddenzee bevriest en het voedsel onbereikbaar is.'
Rutger knikte. 'Ik snap het.'
'Gaan we weer verder?' vroeg Sophie.
'Nee, wacht, nog heel even,' zei Sem en hij keek door de telescoop. 'Ik heb nog een vraag. Of nee, eigenlijk twee. Waarom poetsen de vogels zich de hele tijd? En waarom likken ze met hun snavel aan hun achterste?'
Jurre zette zijn pet recht. 'De heren en dames poetsen hun veren meerdere keren per dag, zodat die netjes op hun plek blijven zitten. En na een poetsbeurt wrijven ze hun veren in met was uit de stuitklier. Die stuitklier zit vlak boven de staart. Door de was wordt het verenkleed waterafstotend. Wel zo handig voor als het regent!'
'Slimmeriken,' zei Sjors.
Menno tikte meester op zijn schouder. 'Ze beginnen het al leuk te vinden.'
Meester glimlachte. De hele klas deed intussen enthousiast mee. Zelfs Jelle had meer praatjes dan anders en ook Joep kreeg er plezier in nu hij zich de techniek van het wadschaatsen eigen had gemaakt.
Ze liepen een flink stuk over de wadplaat en genoten van de natuur. Tijs

en Rutger kwamen ogen en oren tekort om krabben op te pakken, garnalen te vangen en vragen te beantwoorden.
Na een tijdje begon Joep steeds meer met zijn benen te wiebelen. 'Sorry,' zei hij, 'maar ik moet naar de wc.'
'Eh ..., die is hier niet,' antwoordde Tijs.
Meester kwam naar hem toe. 'Ga maar even verderop,' zei hij.
Joep schudde zijn hoofd. 'Dat gaat niet.'
'Je kunt toch wel staand piesen,' merkte Sjors op.
'Ik ... eh ... moet dat andere,' stamelde Joep.
'Nou,' zei Sjors. 'Dat is hier al helemaal geen probleem. Het wad ligt tjokvol wadpierenpoep. Daar kan die drol van jou ook nog wel bij.'
Iedereen bulderde van het lachen, behalve Joep, want hij moest echt.
'We zijn zo terug bij de boot, Joep,' zei meester. 'Daar kun je naar het toilet.'
Ze liepen in een rechte lijn over de wadplaat naar het zeilschip. Het water kwam intussen op. Er was geen tijd meer om te treuzelen, maar de hoofden van de kinderen zaten nog vol vragen.
Zo vroeg Sem: 'Jurre, je zei net dat een vogel opvet voordat hij op reis gaat. Maar is de vogel dan niet veel te zwaar om op te stijgen?'
Jurre gaf de beurt aan Tijs. Die antwoordde: 'Een kanoet heeft lichte, holle botten en een dunne huid. Ook verkleint een kanoet zijn maag vlak voor hij vertrekt, want onderweg heeft hij die niet nodig. Hij houdt namelijk geen pauze als hij vliegt.'
'Niet?' Sem reageerde verbaasd. 'Maar hij moet toch eten, drinken en poe...'
'Nee,' smeekte Joep. 'Begin niet over poep.' Hij liep al met samengeknepen billen over het wad.
Tijs vertelde dat een kanoet onderweg niet hoefde te eten, omdat de vogel zich vlak voor vertrek volpropte met vetten en eiwitten.
'Dat begrijp ik niet,' zei Mieke. 'Meester heeft ons geleerd dat je niet veel in één keer kunt eten.'
'Inderdaad,' zei Iris, 'want dan raakt je maag vol.'
Tijs aarzelde. Hierop had hij geen antwoord paraat. Hij keek vertwijfeld naar Jort.
'Een kanoet kan zijn maag tijdens het opvetten vergroten,' zei Jort. 'Zo kan hij genoeg eten om dikker te worden. Als hij voldoende is opgevet, past een kanoet zijn lichaam vlak voor vertrek opnieuw aan: hij verkleint zijn maag en vergroot zijn hart en borstspier, zodat hij onderweg niet moe wordt.'

'Tjee,' zei Lars. 'Wat handig allemaal.'
Mieke fluisterde tegen Iris: 'Echte uitblinkers, die vogels.'
De ondergrond werd zompiger. Dat betekende dat ze bij de rand van de wadplaat kwamen.
'Ik wil als afsluiting nog één ding met jullie doen,' zei Jurre.
'Ja, leuk!'
'Kom maar op!'
'Wij zijn benieuwd!'
Jurre raakte verlegen van de enthousiaste reacties. De kinderen kregen er steeds meer zin in, merkte hij. Van opwinding begon hij Amelands te praten: '*Jimme moete nou óp jimme knippels sitte gaan óp fijf meter ùùt mekaar.*'
Tijs deed meteen wat Jurre zei, maar de rest bleef niet-begrijpend staan. Tijs verstond als enige het Amelands en vertaalde: '*Jimme* betekent jullie en *knippels* betekent knieën.'
Iedereen knielde neer op de bodem.
'*Dóé jimme snuut naar het wààd tóé.*'
Opnieuw verbaasde gezichten.
'*Snuut* betekent snuit, oftewel je neus,' tolkte Tijs.
Ze hingen nu allemaal met hun gezicht vlak boven de bodem.
'Ik kan de modder bijna kussen,' riep Sophie gekscherend.
'Dat durf je toch niet,' daagde Sjors haar uit.
'Eh, nee,' zei Sophie, en ze dacht aan wat Mieke in de bus stoer had geroepen, over de modderkus die ze aan Rutger ging geven, maar uiteindelijk zou ze het vast niet doen.
'*Kiek nou opzij over de wààdflakte,*' klonk de stem van Jurre.
Tijs draaide zijn gezicht een kwartslag en keek een heel eind over de Waddenzeebodem. De rest deed hem na, dat was gemakkelijker dan proberen het Amelander dialect te begrijpen.
'We zien steeltjes,' merkten Lars en Sem op.
'*Dat hêwe jimme goed síéén,*' zei Jurre, '*mar het binne gien stiekels,*' en hij deelde aan iedereen een loep uit. '*Kiek aast nog mar íééns.*'
Mieke rechtte haar rug. Ze was er klaar mee. 'Meneer, kunt u weer gewoon Nederlands praten?'
'O, sorry,' verontschuldigde Jurre zich onmiddellijk. Hij herhaalde: 'Kijk met de loep nog maar eens.'
'Er zitten schelpjes aan de steeltjes,' riep Sophie verheugd.
'En verder bestaan ze uit zand,' zei Iris.
'Jullie zijn fantastisch,' riep Jurre blij. 'Dat is precies wat je moet zien. Het

zijn namelijk schelpkokerwormen. Zij bouwen een eigen huisje van aan elkaar geplakte zandkorrels en schelpfragmenten.'
'Het lijkt net een bos,' vond Jelle.
Jurre lachte. 'Een mini-oerwoud op het wad.'
Iedereen kwam weer omhoog. Langzaam bewogen ze zich door de zachte modderbodem naar de zeilboot. Joep mocht als eerste aan boord.
'Niet te veel stinken, hè!' riep Sjors.
Sem stootte hem aan. 'Jij ruikt anders ook niet lekker met al dat slik op je gezicht en kleren.'
'Dat laat ik er lekker op zitten,' zei Sjors. 'Ik heb vandaag geleerd dat je daar heel zuinig mee moet zijn, want er zijn heel veel dieren van afhankelijk.'
Meester begon spontaan te klappen.
'Goed zo, Sjors,' riep hij blij. 'Je hebt waardering gekregen voor iets waar je eerst helemaal niks van wilde weten.'
Sjors kreeg een kleur. Hij gaf toe dat hij het allemaal best leuk had gevonden.
'Vooral die krab was cool,' zei hij druk pratend, waarbij hij doelde op de ridders van het wad met hun sterke pantsers en schilden, die Tijs had laten zien.
Nadat iedereen via de ladder weer aan boord was geklommen, haalde de schipper het anker op en voeren ze terug. Halverwege Harlingen kwam een rubberboot op volle snelheid langszij. Het waren Jurre en Jort. De kinderen vonden het prachtig, want daardoor ging het water golven en deinde de zeilboot op en neer. Alleen Rutger en Mieke trokken wit weg, ze werden meteen misselijk. Meester reikte hun een spuugzak aan, maar voor ze echt zeeziek konden worden, voeren ze de haven van Harlingen binnen.
'Tijd voor ijs en patat!' riep meester. 'Want Jelle heeft mij vanochtend in de bus alsnog verteld wat hij graag zou willen op een schoolreisje.'
'Jaaa!' riep iedereen verheugd.
Sjors sloeg een arm om Jelle heen. 'Je bent een held,' zei hij.
Dat kon Jelle wel waarderen, en alsof ze echte vrienden waren, die nooit ruziemaakten, liepen ze de snackbar binnen. Ook Jurre en Jort aten een patatje mee. Zo eindigde het schoolreisje als een zeer geslaagde dag.

's Avonds zat de Uitblinkerzclub bij elkaar in het clubhuis.
'Ik vond het heel leuk,' zei Mieke, 'maar ik ben wel moe,' en ze legde haar

benen languit. ‘Dat wadlopen is best zwaar.’
‘Daar ben ik het helemaal mee eens,’ zei Iris. ‘Dat wadlopen is net een sport.’
‘Een heel gave sport, want er is zoveel moois te zien,’ reageerde Lars verheugd.
Tijs was blij om te horen dat hij niet langer de enige was die de Waddenzee een mooi gebied vond. Rutger pakte een glas limonade die ze zelf in de keuken hadden klaargemaakt.
‘Wie weet er nog een spannend verhaal?’ vroeg hij.
Mieke dacht na. Iris beet op haar lip.
‘Ik niet,’ zei Lars.
Tijs pakte zijn telefoon. Hij herinnerde zich vaag iets wat hij een poos geleden had gelezen. Hij zocht in zijn mail.
‘Ja, hebbes, ik weet het weer.’
‘Ik ben benieuwd,’ zei Mieke.
Ook de anderen gingen er goed voor zitten.
‘Er waren eens twee kanoeten,’ begon Tijs. ‘Een mannetje en een vrouwtje. Ze waren verliefd op elkaar en ze wilden heel graag papa en mama worden. Ze vlogen samen naar de toendra om daar te paren. Op de kale toendravlakte was het koud. Heel koud! Overal lagen plukjes sneeuw en ijs, en elke nacht daalde de temperatuur tot onder het vriespunt.’
‘Brrr …,’ rilde Iris.
‘Toch maakte het mannetje een nestkuiltje,’ ging Tijs verder. ‘Het vrouwtje legde daarin vier eieren en het mannetje en het vrouwtje deden er vervolgens alles aan om de eieren warm te houden. Maar helaas, een van de eieren vroor kapot.’
‘Oh,’ reageerde Mieke geschrokken.
‘Wat zielig,’ zei Iris.
Tijs knikte. ‘Vind ik ook. Maar,’ zei hij, ‘het lukte het mannetje en het vrouwtje wel om de andere drie eieren uit te broeden.’
‘Fijn!’ zei Iris.
‘Gelukkig maar,’ reageerde Mieke opgelucht.
‘De eischalen barstten kapot,’ vertelde Tijs, ‘en de kanoetenkuikens kropen een voor een uit hun ei. Ze waren meteen vliegvlug en konden zelf insecten vangen. Een van de jongen was daar alleen niet zo goed in en die verhongerde.’
‘Wat sneu,’ zei Rutger.
Dat vond Lars ook en hij vroeg hoe het verderging.

'De twee overgebleven kanoeten groeiden snel,' zei Tijs, 'en na een paar weken waren ze groot en sterk genoeg om op reis te gaan. Maar vlak voordat ze wilden vertrekken, kwam er een roofdier langs.'
Mieke en Iris kropen tegen elkaar aan.
'Het was een poolvos,' zei Tijs. 'De poolvos lustte wel een pluizig, mals kanoetenjong. Vader kanoet probeerde de poolvos te misleiden. Hij deed net alsof hij gewond was. Hij liep heel sloom en met een hangende vleugel bij het nest vandaan. Zo vormde hij een makkelijke prooi om te pakken. De poolvos zag zijn kans schoon en sloop naar het mannetje toe. Pas toen de poolvos heel dichtbij kwam, vloog het mannetje op om te ontsnappen.'
'Geniaal,' zei Rutger.
'Maar,' zei Tijs, 'de poolvos liet zich niet kennen en kwam voor een tweede keer terug. Het kanoetenmannetje probeerde zijn foptruc nog een keer, maar de poolvos trapte er niet opnieuw in. In plaats van het mannetje achterna te gaan, rende hij op het nest af en peuzelde allebei de jongen op.'
'Nee,' zei Mieke treurig. 'Nu zijn ze alle vier dood.'
'Wat een triest einde,' zei Lars.
Iris veegde een traan van haar gezicht. Ze pakte een papieren zakdoekje. Tijs stelde haar gerust. Hij zei: 'Het jaar erop legde het vrouwtje weer vier eieren. En toen hadden het mannetje en vrouwtje wel succes. Alle eieren kwamen uit en alle vier de jongen waren groot en sterk genoeg om te beginnen aan hun eerste vliegreis naar de Waddenzee.'
'Ja,' snotterde Iris, 'toch nog een goede afloop!'
Rutger wilde weten hoe Tijs aan dit verhaal kwam.
'Dat heeft Lieuwe mij verteld.'
Mieke vroeg: 'En hoe weet Lieuwe dat het om hetzelfde mannetje en vrouwtje gaat?'
'Dat weet ik,' zei Rutger en hij keek naar Tijs. 'Mag ik?'
Tijs knikte.
'Lieuwe heeft dat vast gezien aan de kleurringen die het mannetje en vrouwtje om hun poten hebben.'
Tijs stak zijn duim op. 'Helemaal goed.'
'Ik vind het een mooi verhaal,' zei Iris. 'Spannend en toch een goed einde.'
Tijs glunderde. Bijna een jaar geleden dacht hij dat hij de enige was met belangstelling voor waddendieren en de zee, maar na vandaag gold dat voor de hele klas.
'Je bent geslaagd,' zei Mieke blij.